동학의 심성론과 마음공부

생명의 감응, 우주 마음의 활동

동학의 심성론과 마음공부

생명의 감응, 우주 마음의 활동

정혜정 지음

도서출판 모시는사람들

＊이 저서는 2007년도 정부재원(교육과학기술부 학술연구조성사업비)으로 한국연구재단의 지원을 받아 연구되었음.(NRF-2007-B00054(I00152))

머리말

 우리는 흔히 전통사상이라 하면 유불도(儒·佛·道/仙)를 꼽는다. 한국 고유 사상에 유불도 삼교 사상이 전래·습합되고 이는 시대를 거듭하며 한국인의 정신을 빚어내는 근간이 되었다고 볼 수 있다. 고대 삼국시대부터 고려까지 1,000여 년의 불교 시대와 조선 왕조 500년 동안의 성리학 시대 그리고 그 저변에 흐르고 있던 고유사상과 도교가 상호 교차하면서 하나의 그물망을 이루어 온 것이 우리의 사상적 지형이자 토대라 할 것이다. 동학은 그 토대에서 피어난 사상으로 우리의 사유를 대표한다. 동학은 "한울을 모신(侍天) 인간이 다양한 한울(人乃天)을 표현하고 세상을 기르는 생명사상"이다. 여기에는 유불도 삼교 전통이 녹아 있다. 동학을 이해하기 위해서는 삼교 전통을 고찰하여 동학과의 연맥을 살펴볼 필요가 있다. 불교의 심즉불(心卽佛)과 동학의 심즉천(心卽天)은 불교와 동학의 연맥을 엿보게 하는 대표적인 사례이다.

 불교에는 다양한 학파가 있고 이들이 여러 경로로 한국에 전해져 불교학이 발전했지만 그중 대표적인 것은 선(禪)과 기신론(起信論), 그리고 화엄학을 꼽을 수 있다. 이들은 성리학에 영향을 준 대표적인 불교 학파이기도 하다. 선불교의 수행이 성리학의 주일무적·상성성(主一無適·常惺惺)의 경(敬)공부에, 기신론의 일심이문(一心二門)이 성리학의 심통성정론(心統性情論)에, 화엄학의 육상(六相)이 성리학의 이일분수(理一分殊) 등에 영향 준 것이 그러하다.

 불교는 인간이 지향해야 할 우주 근원과 그것이 드러난 현상에 주목하였고 그 우주 본체·법칙을 인간 마음과 인간 본성에서 읽고자 했다. 만물의 원천이 되는 우주의 이치는 공(空), 진여, 청정심, 불성 등으로 명명되면서 이는 모든 존재에 갖추어져 있다는 보편성을 지닌다.

불교가 마음과 본성을 같은 것으로 보는 심성일치(心性一致)의 심성론이라면 성리학은 마음 안에 본성을 따로 구분하는 심통성정론(心統性情論)을 주장했다. 조선 선승들은 유불 혹은 유불도 결합을 통해 삼교를 회통시키거나 불교에 바탕하여 유교를 비판, 흡수하고자 했다. 특히 득통 기화, 허응당 보우, 서산 휴정, 운봉 대지 같은 조선의 선승들은 유불 결합을 통해 독창적인 사상들을 전개했는데 유가의 우주 본체인 천리(天理)나 오상(五常)의 인간 윤리를 불교적으로 해석하거나 성리학의 천리(天理)와 불교의 일심(一心)을 융섭하여 인즉천(人卽天) 사상을 제기하기도 하였다. 또한 기신론을 바탕으로 무극과 태극을 체용 관계로 이해하였고, 특히 운봉 대지 선사는 성리학의 태극 논변에 영향받아 심성론에서 다성론(多性論)을 주장했고 '성일다논쟁(性一多論爭)'을 벌인 바 있다.

한편 성리학의 핵심은 이일분수론(理一分殊論)이라고 볼 수 있는데 이를 체계화한 주자는 불교 화엄의 개체가 지닌 모습의 여섯 가지 가운데 총상(總相)과 별상(別相), 동상(同相)과 이상(異相)을 주목하여 "전체의 이치는 하나로서 같고 이것이 개체로 나뉘어 부여될 때의 개별리는 각기 달라진다."는 이일분수론을 제기했다. 그리고 이를 다시 '이동기이(理同氣異)'라 규정했다.

화엄의 육상에서 전체와 개별, 동일과 차별이 회통될 수 있는 것은 공(空)이 사유의 바탕이 되고 있기 때문에 가능한 것이었다. 그러나 주자는 공(空)의 개념을 제거하면서 개체 안의 보편성과 다양성을 동시에 설명하고자 하였지만 결국 보편성과 다양성은 이원화되거나 혹은 다양성 간에 존비(尊卑) 개념이 끼어들게 되었다. 즉 주자는 개체 안에서 어떻게 그 리(理)가 개별리로서 다르면서 동시에 보편리로서 같을 수 있는지를 구체적으로 설명하지 않았고 리(理)의 편전(偏全)까지 덧붙이고 있어 복잡한 양상을 드러내었던 것이다.

그러나 조선 성리학자들은 이일(理一)과 분수(分殊)를 동시에 만족시키는 방법을 나름대로 탐색했다. 이기호발(理氣互發-퇴계 이황), 이통기국(理通氣局-율곡 이이), 이동성이(理同性異-남당 한원진), 이기동실(理氣同實-외암 이간), 이기통·이기국(理氣通·理氣局-녹문 임성주), 이함만수·이분원융(理含萬殊·理分圓融-노사 기정진) 등으로 당대의 유학자들은 지속적으로 사유를 전개해 갔다고 할 수 있고 궁극적으로 동학에 와서 리(理)와 기(氣), 리(理)와 분(分)이 하나로 회통된 일리만수(一理萬殊)로 귀결되었음을 볼 수 있다.

이와 같이 전통 철학에서 마음(心)과 본성(性), 개체와 전체의 관계를 어떻게 보느냐 하는 것은 중요한 것이었고 이는 곧바로 수행을 통한 인간 완성과 직결되는 문제였기에 성리학이든 불교든 마음은 사유의 핵심이 되었다. 특히 불교 『유식학(唯識學)』은 마음을 여덟 가지로 접근하여 진실된 마음을 원성실성(圓成實性)이라 명명하고 이를 네 가지 지혜(四智)로 설명하였다. 또한 『대승기신론』에서는 마음을 일심·이문·삼대(一心·二門·三大)의 체·상·용(體相用)으로 설명하여 인간 본연의 청정심이 무명(無明)에 의지하여 발현되고 정법훈습을 통해 무명이 감추어짐을 제시했다.

도교 또한 삼교 중 하나로서 한국 전통 사유에서 중요한 위치를 차지한다. 그러나 본 저서에서는 도교적인 분석은 특별히 가하지 않았다. 그것은 도교가 모든 것을 포함하는 동시에 모든 것에 도교가 녹아들어 있어 한국사상에서 특출하게 부각되지는 않는다고 보기 때문이다. 그러나 동학에서 도교적 영향은 유교나 불교에 비해 그 비중이 결코 적지 않다는 것은 분명히 말하고 싶다. 수운은 마음을 상징하여 궁궁(弓弓)이라 표현하고 이를 "가슴에 간직하고 있는 불사약(不死藥)"이라고 하였다. 또한 한울의 가르침인 21자 주문을 '장생주(長生呪)'라 지칭한 바 있다. 이는 도교의 무위자연의 도로서 불사장생의 생명력을 만물의 원천으로 표현한 것이다. 또한 도가의 자생자장(自生自長)하는 생명 본체관을 내포하고 있다 할 것이다.

동학의 한울(天)은 곧 심(心)이자 성(性)으로 자신과 세계를 무궁히 변화하게 하는 생명의 힘이다. 여기에는 불교 '공성(空性)'의 전일성과 무궁성, 유가의 천인합일적 '초월성', 도가의 무위자연적 '생명주재성'이 묘합되어 있다. 동학에는 전통사상이 추구해 온 인간 심성 이해의 결정체가 구현되어 있고 인내천의 영성에 따라 스스로가 한울 마음으로 살고자 하는 생명의 진실이 담겨 있다.

삼교합일을 강조하는 사상 전통에서 그 사유의 중심은 체용일치(體用一致)의 마음 이해에 있다. 우주 근원과 그것이 드러나는 작용이 둘이 될 수 없으며 이는 인간과 모든 만물에 부여되어 있는 이치임을 강조한다. 그리고 인간 개체가 자신에 국한된 경험이나 망념(妄念)에 집착하지 않고 우주 근원과 합일되면 그대로 진리가 활동하는 삶이 된다. 여기에는 자연히 근원적 생명성과 관계적 연대성 그리고 개체의 다양성이 포함된다. 동학의 영성은 자신이 갖추고 있는 우주 본체인 생명과 하나 되고 한울로서 활동하고자 하는 데에서 드러난다.

동학에서 영성이란 본연의 마음, 본연의 성품 또는 인간이 구현하고 있고 또 구현해야 할 본연의 도(道)를 지칭하는 것으로, 인간 안에서 생생불식(生生不息)하고 순전(純全)하면서 바른 지혜로 활동하는 생명성이다. 영성은 우리의 의식적 마음을 넘어서 우주의식과 생명의 근원으로까지 연결되는 우리 존재의 가장 깊은 곳으로의 도달이라고 할 수 있다. 마음공부는 바로 이 생명성을 자기 안에서 키워 가고 발현시키고자 하는 자기 교육을 뜻한다. 이는 인간의 심적 능력 중에서 우주 자체의 가장 깊은 심장부로부터 가장 깊은 자원을 끌어낼 수 있는 내적인 능력이자 우주 생명과 합하여 활동하는 전일적 도야이다. 만물이 한울을 모셨고 한울과 합한 인간 개체에 의해 세계가 다양하게 창조된다는 전일적 사유는 동학의 독특함이며 인간 삶의 의미에 많은 시사점을 줄 것이다.

현대 교육은 경쟁 속에서 획일된 지식을 강제하고 외부로부터 자본주의로 학습자를 규정해 가는 통제의 교육이라 할 것이다. 여기에는 학습자 개인이 자신의 개별성에 기초해 자신의 생명 활동을 펼쳐 나가고 자신의 영성을 길러 가는 도야는 없다. 자본주의 국가 체제를 위한 현대교육의 문제점을 극복하고 이웃, 공동체, 지구, 그리고 궁극적으로 우주와의 합일에 이르러 전일적 삶을 실현하는 것에 도야의 목적이 있다.

도야란 근대 독일 신인문주의적 전통에서 개별적 자기 능력의 계발로서 의미 부여되어 온 바 있지만, 동양적 의미에서 도야란 심신연마의 영성 도야의 의미가 강하다. 동학의 마음 도야는 ① 내 자신의 생명에 귀 기울임 ② 한울 생명에 감응하여 이를 지킴 ③ 일리만수(一理萬殊)의 개체적 생명의 영성 표현 ④ 자신의 영성을 세계와 관계 지우고 우주 마음으로 활동하는 생명의 감응에 있다.

"동학이 가르쳐 주는 마음공부와 영성의 도야"가 오늘날 서구 논리에 치이는 학문 풍토에, 그리고 경쟁과 성공을 일삼는 교육 현장에 이 땅의 스승님들이 주는 선물이 되었으면 한다. 아울러 어려운 출판사 상황에서도 이 책의 출간을 흔쾌히 결정해 주신 박길수 대표님과 소경희 편집장님께 감사드린다.

2012년 10월
정혜정

차례 ------------------------------- 동학의 심성론과 마음공부
생명의 감응, 우주 마음의 활동

머리말 5

1부 | 조선 성리학을 통해 본 동학의 심성론 이해 ─────── 15

01 성리학의 이기체용론과 심성론 ── 17

1. 불교와 주자의 체용론적 사유 ── 19

   1) 불교 사상의 체용론 ── 19

   2) 주자 사상의 체용론과 심성론 ── 21

2. 불교와의 비교를 통해 본 주자 체용론과 심성론 ── 27

   1) 주자의 이일분수(理一分殊)와 불교 ── 29

   2) 주자의 이(理)와 공·무(空·無) ── 31

3. 주자의 심성론은 만물일체적이고 생태적인가? ── 33

   1) 주자의 생성지리와 만물일체 ── 33

   2) 주자의 '인(仁)'과 만물일체 ── 37

   3) 주자의 이일분수와 만물일체 ── 40

4. 주자의 이기심성론에 대한 교육철학적 검토 ── 43

02 퇴계 율곡의 이기심성론 이해 ── 47

1. 불교 화엄 육상과 주자의 이일분수에 있어서 개체성 ── 49

   1) 화엄에서의 개체성 ── 51

   2) 주자의 이일분수에 있어서 개별자 ── 56

2. 퇴계와 율곡에 있어서 개체성 이해 ── 62

  1) 퇴계의 개체성 이해 ── 63

  2) 율곡의 개체성 이해 ── 67

3. 한국 전통 사유에 나타난 개체성 논의와 교육 ── 73

03 유학의 인물성동이론과 동학의 심성론 ── 79

1. 인물성동이론에 나타난 개체성 이해 ── 81

  1) 남당 한원진의 『주자언론동이고(朱子言論同異考)』와 이동성이(理同性異)의 개체성 이해 ── 82

  2) 외암의 이기동실(理氣同實)·심성일치(心性一致)와 개체성 이해 ── 87

2. 녹문 임성주와 기사 노정진의 이일분수 이해와 개체성 이해 ── 90

  1) 녹문 임성주의 이기통(理氣通)·이기국(理氣局)으로서의 개체성 이해 ── 90

  2) 노사 기정진의 이함만수(理含萬殊), 이분원융(理分圓融)의 개체성 이해 ── 94

3. 동학의 '일이기(一理氣)'와 '일리만수(一理萬殊)' 사상에 나타난 개체성 이해 ── 98

2부 | 불교의 마음 이해와 동학의 심성론 ──────── 103

01 유식학의 마음 이해 ── 105

1. 『유식삼십송』에 나타난 마음 이해와 식전변(識轉變) ── 105

2. 식전변과 사분설(四分說) ── 109

3. 마음의 존재 양태와 가립성 : 삼성과 삼무자성 ── 112

4. 유식성의 심성을 향하여 ── 115

02 『대승기신론』에 나타난 마음 이해와 '정법훈습'의 내감 교육 ── 117

1. 『대승기신론』에 나타난 일심(一心) 이해 ── 119
2. 청정한 마음과 어두운 마음의 일체성 ── 120

   1) 청정한 마음과 어두운 마음의 한길 ── 120

   2) 어두운 마음의 상속성: 근본불각(根本不覺)과 지말불각(枝末不覺) ── 122

   3) 청정한 마음의 활동: 본각(本覺)과 시각(始覺) ── 125

   4) 청정한 마음과 어두운 마음의 상호훈습 ── 128

3. 정법훈습과 내감교육의 의의 ── 131

   1) 기신론과 서구 내감교육과의 개념 차이 ── 131

   2) 정법훈습의 내감교육 ── 135

   3) 일심(一心)·진여(眞如)에 놓여지는 내감교육의 의의 ── 139

03 운봉 대지 선사의 심성론과 마음공부의 의미 ── 143

1. 유가의 태극논변과 운봉의 유불 교섭 ── 145

   1) 조한보·이언적의 태극논변과 운봉의 유가 이해 ── 147

   2) 권상유·박세채의 태극논변과 운봉의 다성론 ── 155

2. 운봉의 심성론 이해 ── 160

   1) 운봉의 심성론과 여래장 ── 160

   2) 운봉의 다성론 논증 ── 163

   3) 운봉의 다성론에 나타난 마음공부의 의미 ── 170

04 불교를 통해 본 동학의 심성론 이해와 만물일체 ── 173

1. 동학의 불교적 사유와 마음 이해 ── 174

   1) 본연 한울로서 마음과 궁을의 천인동체(天人同體) ── 174

   2) 마음과 허[虛](無) ── 176

3) 공적활발(空寂活潑)의 생명적 마음 ── 177
　2. 동학의 심성론과 수심정기(守心正氣) ── 179
　　1) 인의예지가 아닌 수심정기 ── 179
　　2) 무형유적과 수심정기 ── 181
　3. 동학의 만물일체 사상과 마음공부 ── 184
　　1) 천지부모의 만물일체와 천지공경의 도야 ── 184
　　2) 체용일치의 만물일체와 공공심의 도야 ── 186

3부 | 유불 전통의 수심(修心) 공부와 동학의 마음공부 ── 191

01 성리학의 격물치지 공부와 동학 시정지(侍定知)의 마음공부 ── 193

　1. 들어가는 말 ── 193
　2. 주자의 공부 방법론 이해 ── 195
　　1) 미발체인(未發體認)과 이발찰식(已發察識)에 대한 주자의 입장 ── 195
　　2) 경(敬)과 선(禪)의 지관(止觀) ── 198
　　3) 격물치지(格物致知) ── 200
　3. 동학의 영성과 마음 교육 ── 209
　　1) 심천상합(心天相合)의 시정지(侍定知)와 영성교육 ── 210
　　2) 동학의 주문(呪文) 수행과 시정지(侍定知) ── 212
　　3) 동학의 성경신(誠敬信) ── 215

02 염불선(念佛禪)과 동학 주문(呪文)의 마음공부론 ── 221

　1. 선불교와 염불선의 마음공부 ── 222
　　1) 선불교와 염불선(念佛禪) ── 222

2) 선(禪)과 염불의 결합 형태 ── 225

   3) 조선 염불선과 마음공부 ── 227

  2. 동학 주문(呪文)의 마음공부에 나타난 염불선의 영향 ── 233

   1) 동학의 21자 주문과 의미 ── 233

   2) 염불선과 동학의 주문공부 ── 234

   3) 동학의 마음 이해와 마음공부 ── 236

03 동학의 성심신 삼단 이해와 마음공부 ── 241

  1. 의암의 공적활발(空寂活潑)의 성심론(性心論)과 불교적 이해 ── 241

  2. 성심신(性·心·身) 삼단(三端)의 결합체로의 우주 마음 이해 ── 246

  3. 본래아(本來我)로서 삼성(三性)과 삼심(三心) ── 249

  4. '본래아(本來我)'의 실현과 성심신의 마음공부 ── 252

   1) 우주 마음의 자각과 활동 ── 252

   2) 이신환성(以身換性)의 마음공부 ── 254

주석 ── 256
찾아보기 ── 291

1부

조선 성리학을 통해 본 동학의 심성론 이해

01 성리학의 이기체용론과 심성론

02 퇴계 율곡의 이기심성론 이해

03 유학의 인물성동이론과 동학의 심성론

01
성리학의 이기체용론과 심성론

　현대교육에서 서양 사유 체계로 교육 받고 자라난 세대들은 서양의 사유는 자연스럽고 쉽게 이해가 된다고 생각하면서 동양철학이라고 하면 막연하고 어렵고 또 구체적이지 못한 것으로 여겨 이를 폄하하는 경향이 있다. 여기에는 몇 가지 요인이 더 가세된다. 첫째, 동양철학은 종교이지 철학이 아니라는 것이다. 교육은 모름지기 종교로부터 분리되는 중립성을 지녀야 하기에 학문적 대상으로서의 과학성이 결여되어 있는 동양철학은 교육 내용에 포함될 수 없다고 말한다. 마음의 도야나 깨달음의 인간 완성을 지향하는 것은 종교이지 교육이나 학문의 대상이 아니라는 것이다. 둘째, 동양철학에 입각한 교육 내용은 인간 수양에 지나치게 과다한 비중을 두고 있다는 것이다. 즉 동양철학은 지식들을 배우기보다는 욕심을 덜어내는 수행과 규범에 치중하고, 실용적인 쓰임을 추구하기보다는 고답적이고 번잡한 텍스트를 암기하는 교육이어서 실제성이 결여되어 있다고 비판한다.
　현대교육은 종교에 관한 중립과 서구 근대적 세계관 하에 인문과학·사회과학·자연과학적 지식만을 교육 내용으로 삼는 전제를 내걸어 전통사상을 교육 내용에서 거의 배제시켜 왔다. 서양식 분류대로 하면 종교로 편입되는 유불도와 같은 사상은 과학적 지식이 아니게 되는 것이다.

그러면 서구 교육이론은 모두 종교가 아닌 과학일까? 인간 수양은 실용성과 무관한가? 코메니우스, 루소, 헤르바르트 등의 이론은 모두 기독교를 배경으로 한 이론이다. '왜 서구 교육이론은 교육과학적 이론이고 동양 교육이론은 종교적 이론이어서 배제되어야 하는가?'를 묻지 않을 수 없다. 그러한 이분법이 성행하게 된 것은 우리가 서구적 세계관에 길들여져 왔고 근대 과학이라는 범주로 교육을 재단하며 동양 사유를 교육학적으로 다듬는 노력을 기울이지 않았기 때문일 것이다.

물론 현재 교육철학계에서 동양 사유에 많은 관심을 갖는 경향을 볼 수 있다. 그중에서도 가장 많은 노력을 기울여 연구되고 있는 분야는 유가(儒家)이다. 그러나 그 접근 방법이 치밀한 분석을 통해서 교육적 함의를 끌어내기보다 막연한 기대를 전제하고 자의적인 해석을 가하는 경향이 있다. 김대용은 기존의 유교 교육 연구 논문들을 검토·정리하여 이들 연구들이 유교에 대해 대체적으로 긍정적인 경향을 나타내고 있음을 말했다.[1]

유교 교육 연구의 대다수는 유교를 현대교육의 대안 이념으로까지 제시하고 있다. 특히 몇몇 연구자들은 유가의 전일적 사고로 이원론적인 서양 윤리를 보완할 수 있다고 말하고 주자학이 생태학적이라 주장하기도 한다.[2] 그러나 이는 유가 내부자적 편향으로 기울어져 그 현대적 검토나 다양한 해석이 차단되고 있다는 인상을 준다. 동양 사유의 이론을 교육학적으로 다듬는 노력은 동양 사유를 그대로 긍정한다는 것의 의미는 아닐 것이다.

주자는 잘 알려진 바와 같이 불교와 도가에서 많은 영향을 받았고 그 논리적 사유를 빌려왔지만 이(理)의 개념에서 공(空) 개념을 제거했고 화엄 육상으로부터 이일분수론을 독자적으로 발전시켜 갔다. 그러나 그는 생성지리(生成之理)의 이치(理)를 오상(五常)으로 변형시켰기에 이는 불교나 노장의 생태적·전일적·우주중심적 사유와 간극을 갖게 되는 원인이 된다. 본 장에서는 주자의 체용론이 이원화되어 가는 과정을 살펴보고 살아 움직이는 생성의 이치가 규범적 이(理)로 고착되어 감에 따라 어떻게 만물일체로부터 벗어나는지를 탐색해 보고자 한다.

1. 불교와 주자의 체용론적 사유

불교 사상은 근본적으로 체용론의 사유이다. 불교는 우주 근원인 본체(本體)와 그 작용으로서의 용(用)이 하나라는 관점에서 세계를 보고자 한다. 서양 전통 철학에서는 현상계 너머에 초월적인 본체계를 상정하여 본체와 현상이 이분화되지만 불가나 노장 사상에 기반을 갖고 있는 동양철학의 사유는 체용일치로서 우주 본체가 곧 작용으로 드러난다고 본다. 현상계 이외에 다른 본체계를 전제하지 않는다. 경험하는 이 현실 세계가 그대로 본체 세계 그 자체가 나타난 것이라고 봄으로써 이 현실 세계가 우주 근원의 활동이자 표현임을 강조한다. 이 절에서는 불교와 주자학이 모두 체용론적 사유를 표방하지만 근본적인 차이가 있음을 밝히고 불교의 체용론으로부터 "만물이 우주 근원(한울)의 표현이요 작용"이라는 동학의 사유를 엿보고자 한다.

1) 불교 사상의 체용론

불교 화엄 철학은 우주 세계를 사법계(四法界)와 육상(六相)으로 설명한다. 사법계는 이법계(理法界), 사법계(事法界), 이사무애법계(理事無碍法界), 사사무애법계(事事無碍法界)를 말하는 것으로 본체와 현상이, 그리고 현상과 현상이 서로 무애함을 주장하고 있다. 특히 의상은 이 네 가지 법계에 이이무애(理理無

碍)를 덧붙이고 있다.

또한 육상은 이 세계를 여섯 가지 모습으로 설명하여 체용의 상즉·상입을 강조하고 있다. 집을 비유로 들면 집 전체의 모습은 총상(總相)이고 기둥, 기와, 서까래 등은 별상(別相)이며 이 개별의 상이 모두 집이라는 점에서 동상(同相), 그러면서도 기둥의 모습이 다르고 기와와 서까래의 모습이 다르기 때문에 이상(異相)이라 한다. 또한 모든 부분들이 개별의 서로 다른 모습으로 기능하면서 서로를 의지하여 집이 되므로 성상(成相)이라 하고, 이 개별의 모습 역시 집이라는 전체 근원과의 관련 속에서 결정되는 개체이므로 고정된 실체가 아니고 공(空)이며 변화한다는 점에서 괴상(壞相)이라 한다. 전체와 개체가, 개체와 개체가 서로 의지하고 서로를 넘나들며 세계를 구성하는 것이다.

이와 같이 화엄의 이(理)와 사(事)란 서로 상즉하는 체용으로서 유(有)와 무(無) 어느 것에도 치우치지 않고 유무를 넘어서는 것을 의미한다.[3] 무(無)는 유를 드러내는 힘이요, 유(有)는 무(無)와 결합하여 변화를 지속하는 비실체이다. 따라서 용(用)이 바로 체(體)이고 체가 바로 용이다. 만물은 같은 곳에서 나와 이름만 달리한다. 이 세상 모든 것들은 각각 서로 다른 모습을 하고 있지만 그 실제는 그 근원을 같이 하고 있는 만물일체(萬物一體)·자타불이(自他不二)·동체대비(同體大悲)의 세계이다. 불교 체용론의 사유의 특징은 다음과 같이 세 가지로 요약될 수 있다.

첫째, 만물은 하나의 이치를 근거로 다양한 현상이 드러난 것이므로 우주는 하나의 그물망처럼 연결되어 있는 전일체이다. 특히 인간 마음은 곧 우주 본성으로 인간 마음과 우주 본성은 다르지 않다. 이것은 바다와 파도가 둘이 아닌 것과 같다. 인간 자신의 근원과 우주의 본원이 둘이 아니므로 진정한 자신과 우주 본체는 하나를 이룬다(自他不二). 둘째, 본체와 현상, 개체와 전체(우주), 주관과 객관, 정신과 물질, 마음과 몸을 둘로 보지 않는다. 셋째, 교육적으로 자신을 완성하는 것과 다른 사람과 세계를 완성시키는 것도 서로 다르지 않은 한가지 일이다.

자타불이, 만물일체, 심신일여인 이유는 모든 현상이 ① 관계 인연의 존재 ② 무자성의 비실체(空性) ③ 하나의 이치이기 때문이다. 모든 개별 현상은 관계 인연의 만남을 통해서 이루어진다. 처음부터 전체와 독립되고 불변하는 개체가 있는 것이 아니라 원인과 조건이 만나 개체가 되고 이는 끊임없이 생멸·변화하는 것으로서 공성(空性)에 기반하고 있다. 예를 들어 소가 물을 먹으면 우유가 되고 우유가 젖산을 만나면 요구르트가 되는 현상을 상기해 보자. 우유 자체는 처음부터 독립 불변한 자성(自性)을 갖고 있는 것이 아니라 다양한 조건이 만나서 형성된 것이고 우유 역시 관계 인연에 따라 요구르트, 치즈, 버터로 변해 간다. 공(空)이기에 변화할 수 있다. 또한 개별 현상을 이루는 개체들은 인드라망 구슬처럼 서로를 비추어 내고 있다. 이 역시 자성을 고집하지 않는 무자성의 공성(空性)이 떠받치고 있기 때문이고 이 공성은 모든 만물을 이루는 공통적 기반이기에 만물은 서로 넘나들고 하나가 된다.

2) 주자 사상의 체용론과 심성론

체용의 논리는 불가에서 비롯된 개념이지만 성리학에도 큰 영향을 주었다. 당대 이전의 유가 텍스트에는 체용 논리가 보이지 않는다. 중국 수당 시대의 불교 논리에는 천태(天台)나 화엄(華嚴)에서 체용의 개념이 수없이 반복된다. 송(宋)에 오면 매우 활발하게 유가에서도 체용의 개념을 이용하게 된다. 호원(胡瑗), 소강절(邵康節), 정명도(程明道), 정이천(程伊川), 장횡거(張橫渠) 등에게서 사변(思辨)의 범주로 나타났고, 이후에 주자에게서 변형적으로 구사되었다. 주자학은 체용의 논리 없이는 그 완성을 기대할 수 없다.[4]

사전적 의미로 체(體)란 본체·근원을 말하고, 용(用)이란 작용·현상·표현을 의미한다. 또한 체(體)는 사물의 본체나 주체를 의미하고 용(用)은 귀속되는 부속성을 의미하기도 한다. 유·불 철학에서 체용 관계는 다양한 형식 관계와 내용 관계로 분류해서 파악되어 왔다. 체용의 관계 구조 측면에서 보면 체용일여(體用一如), 즉체즉용(卽體卽用), 체용상섭(體用相攝), 체용일원(體用一源), 체용일이(體用一異) 등의 구별이 있을 수 있고, 내용 면으로는 체용유무(體用有無), 체용동정(體用動靜), 체용은현(體用隱現), 체용일다(體用一多)의 관계로 이해할 수 있다. 대체로 불교의 체용 관계는 공(空)과 유, 이(理)와 사(事), 진여와 생멸, 공적(空寂)과 활발(活潑)로 명명되고 주자의 체용관계는 리(理)와 기(氣), 고요함(寂然不動)과 움직임(感而遂通), 발하지 않은 것(未發)과 발한 것(已發), 성(性)과 정(情), 중(中)과 화(和) 등으로 설명된다.[5] 전자가 본체(體)라면 후자는 작용(用)이다. 특히 주자에게 있어 미발의 본체(體)는 사덕(四德)으로, 사단(四端)은 이발의 작용(用)으로 개념 지어졌다.[6] 그러나 불교에서 심과 성은 일치되는 관계지만 주자학에서 심과 성은 일치되지 않는다.

> 심은 성과 정을 통괄하고 있다. 어딘지 모르게 성과 정을 하나로 이루지만 구별이 없는 것은 아니다. 心統攝性情 非儱侗與性情爲一物而不分別也[7]

유가의 체용론은 엄밀한 의미에서 체용일치의 사유가 아니다. 주희의 심(心)이라고 하는 개념을 논할 때에 흔히 그 반대 되는 개념으로 삼는 것이 불교의 관심설(觀心說)이다. 이는 불교를 비판하는 맥락에서 마음이 마음을 관한다는 설을 비판한 것으로 마음은 어디까지나 주체로 있지 객체가 아니라고 하는 주희의 주장이다. 이는 눈이 눈 자신을 볼 수 없는 것과 같은 이치라는 것이다.

불교에는 마음으로 관한다는 설이 있는데 정말 그렇습니까. 답하기를 마음이라고 하는 것은 사람이 그 몸에 대하여 주체가 될 수 있는 근거일 때 하나이지 둘이 아니다. 주체가 되면 객체가 될 수 없다. 사물에 명하는 것이 物에 명령되지 못하는 것이다. 마음으로 사물을 관하면 사물의 리는 얻을 수 있는 것이다. 지금 만약 사물이 있어 그것에도 마음을 되돌아보아 觀한다면 이 마음 밖에 또 하나의 다른 마음이 있어 그것이 이 마음을 통제할 수 있다는 것이 되어 버린다.[8]

주희가 주장하는 바는 사람 행위 전체를 장악하고 있는 것으로서의 마음은 주체이지 결코 마음을 관한다고 하는 객체적 대상이 될 수 없다는 것이다.[9] 주희는 불교의 관심설을 오류라고 단언한다. 또한 수행에 있어서도 마음으로 마음을 다스리는 것이 아니라 마음을 보존하고 거두는 것으로 환성(喚醒)일 뿐이라 하였다.

> 마음은 단지 하나의 마음으로 있고 하나의 마음으로 하나의 마음을 다스리는 것은 아니다. 소위 存하고 소위 收한다고 말하는 것은 단지 이 喚醒일 뿐이다.[10]

존심은 환성(喚醒), 즉 자각시키는 것일 뿐임을 강조하고 있다. 마음을 불러 깨닫게 하는 것이 아니라 마음이 자각하는 것, 마음 그 자체가 각성하는 것에 다름 아니다. 조존(操存), 존심(存心) 등의 표현도 어디까지나 현실 스스로의 이 마음을 바르게 있어야 할 상태로 정돈하여 보존한다고 하는 마음공부의 맥락에 서 있다. 마음을 각성시키는 공부는 결과적으로 마음을 각성시키는 행위, 즉 공부가 된다. 하지만 이는 무엇이 마음을 자각시키는 주체인가라는 의

문을 풀어내 주지는 못한다.

방심(放心)이라는 것도 『맹자』,「고자상」의 "학문의 도는 그 방심을 구하는 것에 다름 아니다."는 것에 기초한 것으로 마음이 외물의 지배를 받아 주체적인 통제 밖에 있는 상태를 경계하는 것이다. 주희에 의하면 사람은 누구도 성인이 아닌 이상 마음의 바르지 않은 상태(放心)를 고통스러워 하는 것은 당연한 것이고 그 때문에 강학(講學)이나 존양이라는 공부가 필요한 것이다. 사람이 스스로의 마음을 자각하는 경우 그것은 현실적으로는 무엇보다도 먼저 방심을 통해서 나타나는 것이므로 방심을 자각·인식하는 것은 사람이 스스로를 공부에로 요청하는 것이 된다.

한편 주희의 관심설 비판은 불교 비판의 형식을 취하였지만 실제로 주희가 염두에 둔 것은 호남학 비판이었다. 마음이 마음을 관한다고 하는 것에 대한 주희의 비판은 호남학의 소위 이발(已發)의 단예(端倪)·찰식(察識)에 대한 비판을 내포한다. 주희는 마음을 이발에 한정하고 그 이발만을 공부 대상으로 삼는 호남학을 부정하면서 마음을 미발(未發)의 성(性)과 이발(已發)의 정(情)을 겸하여 통괄하는 것이라 재정의했다. 이는 "미발(未發)의 상태인 마음(性)"을 공부론의 영역에 재차 넣으려고 한 것이었다.[11]

> 思慮의 紛擾에 대해 질문했다. 주자 말하기를 '자네는 사려하고 있지 않은 때는 마음이 어떠한 것인가를 알 수 없다. 사려하는 것이야말로 이 마음이 이와 같이 분요하는 것을 아는 것이고 점차 알게 되어 공부처가 된다.(주자문집 권118, 77조)

즉 사려라고 하는 마음이 생겨난 작용이 있기에 그 사려의 어지러움을 반성하는 것이 가능하고 그 가운데서 처음으로 마음의 어지러움을 극복하기 위한 공부가 시작된다. 이는 분요(紛擾)의 제거를 위해 사려를 없애고 다시 사려의 분요를 제거하고자 하는 마음 그 자체도 무화(無化)해 버리는 선(禪)의 공부방법과 대조되는 것이기도 하였다.[12]

> 성은 理로부터 말하는 것이고 정은 발현하여 작용하는 곳을 말한다. 마음은 이 성과 정을 합한 것(管攝)이다. (주자어류 권5, 性以理言 情乃發用處 心卽管攝性情者也)

거듭 말해 주희가 말하는 마음이란 성(性)과 정(情)을 겸하여 말하는 것이다. 심이 성정을 통괄한다는 것은 마음이 성·정과는 다른 수준에서 양자를 포괄하고 다시 양자를 지배하고 있는 것으로 해석된다. 주희의 심성론은 구설로부터 신설(정론)로 나아가면서 변화를 겪었다.

주자의 정론화된 신설은 정(情)이라고 하는 개념의 위치가 확보된 것으로 구설이 가지고 있는 호남학의 호굉을 주희는 다음과 같이 비판하였다.[13]

> 이전 오봉의 설을 보면 마음을 성과 짝하여 말하고 있고 그것으로는 情의 글자의 떨어진 곳이 없다. 나중에 횡거의 심통성정지설을 보니 이 설이 크게 공적이 있음을 알았다. 이와 같이 설하는 것이야말로 처음으로 情의 글자를 얻어 맹자의 설과 같은 것이 된 것이다.(주자어류 권5)

구설에서는 정(情)이 미분화한 그대로 마음에 포함되어 악(不善)에의 가능성을 가지던 것이 신설에서는 곧 마음에 속하여 드러나는 작용이 아니라 정(情)이 마음 가운데 명확히 구분되어 위치지어진 것이다. 마음에 통괄되는 하위 수준에 정(情)이 속한 것이 된다. 그리고 이로부터 마음과 성 사이에도 새로운 관계가 생겨났고 이를 주희는 다음과 같이 비유하여 표현하였다.

> 마음은 대체로 관인(官人)과 같은 것으로 천명은 군주의 명령이고 性은 그 직무와 같은 것이다.(주자어류 권5)

> 마음이 물과 같은 것이라면 性은 물의 고요한 상태, 情은 물의 흐름, 욕망은 물의 波瀾과 같다.(주자어류 권5)

마음과 성의 관계는 관인(官人)과 그 천명의 직무가 물과 그 물 본래의 상태(靜)라고 하는 비유로 제시되었는데 마음은 물, 성은 물의 고요한 상태, 정은 물의 흐름으로, 욕망은 물의 파란(波瀾)이라 한 것은 대승기신론의 체상용(體·相·用) 3대를 연상케 하는 대목이라 할 것이다.

마음은 다양한 요소를 포괄한 현실의 인간이고 성은 인간으로서 있어야 할 본래의 자세라고 할 수 있다. 그러나 관인이란 그 천명의 직무를 행하는 것이어야 하고 그 천명의 직무란 본연의 상태를 의미하기에 마음의 주체인 인간은 성(性)을 자각하고 그 직무를 수행하는 공부자(工夫者)이다.

신설의 두 번째 의의는 성(性)이 공부의 장(場)에서 위치를 확보한 것이다. 그러나 이는 성(性) 자체를 직접 대상으로 하여 공부 방법이 설해진 것을 의미하는 것은 아니다. 주희는 마음의 이(理), 즉 성(性)을 직접 구하는 것이 아니라 외재하는 사물의 이(理)를 궁구할 것을 요구하고 있다. 또한 미발에 대한 공부는 함양·존양이라고 부르지만 이 역시 성(性)을 직접 대상으로 삼는 것은 아니다. 이는 사물의 이치를 궁구하기 위한 선행공부이고 궁리를 통해 활연관통하여 성(性)에 이르는 것이다. 즉 신설의 새로운 도식에 의해 성과 정(情)은 함께 공부 영역으로 설정되었고 구체적인 방법으로 경(敬)과 격물궁리·활연관통이 제시된 것이다.

그러나 마음이 겸하여 통괄하는 성(性)과 정(情)이란 각기 이(理)와 기(氣)라고 하는 주희의 사상 체계를 관통한 이원론의 양항(兩項)으로 환원하는 것이었다. 그런데 이 이(理)와 기(氣)로 대표되는 이원론을 다시 공부·실천의 장에 적용하면 그것은 실현해야 할 이상과 극복해야 할 현실의 이항 대립이 된다. 바꾸어 말하면 성인과 비성인의 이원론이다.

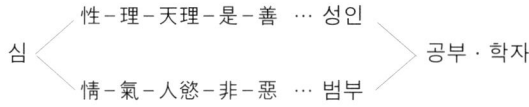

2. 불교와의 비교를 통해 본 주자 체용론과 심성론

중국 성리학자들은 심과 성을 논하면서 한쪽으로는 맹자와 순자 이후로 내려온 유가의 전통 사상을 계승한 동시에 또 다른 한쪽으로는 불교의 심성론을 흡수하였다. 정이천은 심에는 체와 용이 있다고 말하였는데 그는 가장 먼저 불교의 심체용설을 성리학의 심성론에 적용시켜 심성합일론을 건립했던 사람이다.[14]

정이천을 계승한 주자에게서는 체용의 엄격한 구별이 특징적으로 나타난다. 주자는 태극에 동정이 있다고 하여 정(靜)을 태극의 체로, 동(動)을 태극의 용으로 봄으로써 음양의 이기(二氣)를 이끌어 내고, 이 음양이기의 왕복순환 으로부터 오행을 이끌어 내며, 또 이기오행의 묘합에 의해 만물이 화생함을 설명했다. 또한 주자는 "천하에 이(理) 없는 기(氣) 없고 기 없는 이도 없다. 먼 저 하늘의 이치가 있으면 기운도 있게 된다. 기운이 쌓여서 형질이 되면 본성 이 거기에 갖추어진다."[15]고 하여 화엄의 이사무애(理事無碍)처럼 리(理)와 기 (氣)를 불상잡(不相雜)·불상리(不相離)의 관계로 말했다.[16] 주자가 불교를 비판 하고 있지만 본체와 현상을 체·용 관계로 설명하는 방법은 화엄의 이론에서 영향 받은 것은 분명하다.

성리학의 '이기론(理氣論)'에서 이(理)는 불교 용어에서, 기(氣)는 도교에서 따온 말이다. 그리고 주자는 이기(理氣)를 체용 개념으로 설정하면서 점차 중 용의 중화(中·和) 사상으로 해석해 나갔다. "희노애락이 아직 밖으로 드러나 지 않은 것(未發)이 중(中)이며, 발하여 모두 중절한 것을 화(和)"라고 했다. (주희, 1984: 599) 중(中)은 미발의 체(體)이며, 화(和)는 이발(已發)의 용(用)이라는 것이다.

주자는 이러한 논리에 의해 마음이 미발의 성(性)과 이발의 정(情)을 통합시 킨다는 심통성정설(心統性情)을 제기하였다. 즉 마음에는 체와 용이 있는데 그 것이 정감으로 드러나기 이전은 마음의 본체 즉 성(性)이고, 드러난 이후를 마 음의 용(用) 즉 정(情)이라고 말했다.[17] 심통성정이란 마음이 바로 우주 근원의 현현이 이루어지는 장(場)이 된다는 것을 의미한다. 성은 태어나면서 하늘로 부터 부여 받아서 생긴 것이고 정은 사물에 접하면서 생긴 것이다. 심통성정 론은 원래 불교『대승기신론』의 일심이문(一心二門)에 영향 받은 것이라 말해 지지만[18] 주자는 동시에 불교와의 차별화를 시도했다.

첫째, 이(理)의 변형이다. 주자는 불교의 이(理)에서 무(無)를 완전히 걷어내 고 이(理)를 원형이정(元亨利貞: 四時)의 자연법칙적 실체로 설정하였다. 그리고 천리가 개체에 부여된 것을 성(性)이라 하여 인간의 성을 인의예지의 도덕적 규범으로 규정하였는데 이는 오륜 및 그 밖의 모든 일상생활의 조목이 된다.

둘째, 이일분수(理一分殊)의 제기이다. 전체의 이는 하나이지만 개체로 나뉨에 따라 이(理)가 달라진다. 이일(理一)이 이(理)의 본래적 단일성을 의미하는 것이라면 분수(分殊)는 이(理)의 현실적 다양성을 의미한다.

셋째, 불교의 경우 체용론에서 이사무애, 사사무애를 말하여 본체와 현상 그리고 개별 현상들 간의 상즉을 강조하지만 주자의 체·용은 서로 상즉할 수 있는 것이 아니다. 주자가 비록 이기 불상잡(不相雜)·불상리(不相離)를 말하지만 이(理)가 실체화되고 개체의 이(理)로 다르게 나뉨에 따라 상호관계는 불상즉(不相卽)이 된다.

1) 주자의 이일분수(理一分殊)와 불교

주자가 표현한 개체의 이(理)는 대표적으로 "솔개가 날고 물고기가 뛰고 인간에게는 인의가 있는 개체의 이(理)"[19]이다. 이는 "푸른 대나무에서 진여(眞如)를 보고 노란 꽃에서 반야(般若)를 본다."는 선가(禪家)의 말을 모방한 것이다. 그러나 솔개가 날고 물고기가 뛰고 인간에게 인의가 있다는 것은 각각 서로 다른 이(理)에 머물러 형성되는 전체의 질서를 강조한 것이다.[20] 즉 선가(禪家)의 이(理)와는 달리 주자가 말하는 이(理)에는 정해진 한계와 위계적 서열이 있다. 선가의 이(理)가 일체의 생각이나 분별이 없는 경지이고 공(空)을 수반한 무규정성인데 반해 주자가 말하는 이(理)는 정해진 한계를 바탕으로 사유하는 입장이다.

불교는 理一만을 주장하지만 우리는 理一뿐만 아니라 개별적으로 달리하는 구체적인 理를 말하고자 한다. 불가도 천리의 발현을 말하지만 거기에는 도리어 혼란이 있다. 우리 유가는 정해진 한계를 분별한다. 정해진 한계란 군신·부자·부부·장유 등의 인륜관계이다.[21]

주자는 "만물의 일원을 논하면 이(理)는 같고 기(氣)는 다르며 만물의 이체(異體)를 볼 경우 기(氣)는 오히려 같아도 이(理)는 절대로 같지 않은 것이다."라는 관점을 내세워 각기 특수한 개별리를 주장한다. 우주 보편의 이(理)는 하나로서 만물에 다 부여되어 있지만 품부 받은 각각의 기질에 따라 이(理)가 달라진다는 분수리의 전개는 불교가 이일(理一)만을 주장하고 "작용이 곧 성(性)"이라 하여 함부로 방자해짐을 경계하고자 하는 주자의 의도가 있었다. 이는 불교가 본성을 무규정적으로 보면서 보편성을 갖는 무한한 자유·해탈을 지향하는 반면 유가는 개별적 본성에 도덕적 의미를 부여해 도덕적 질서 의식을 확립하고 계급사회를 추구하는 것이라 할 것이다.

그러나 만물이 일체가 될 수 있는 것은 무(無)의 개방성과 무규정성, 즉 관계성에 의한 것이다. 화엄의 일즉다(一卽多)나 주자학의 이일분수는 이 태극과 만물 간의 관계를 체용으로 사고하는 공통점을 지니지만 주자학은 무(無)를 제거하였기에 결국 '일즉다(一卽多)'가 되지 못하고 이일(理一)과 분수(分殊)가 이원화되는 체용의 개념을 갖게 된다. 불가에서 작용이 곧 본체가 될 수 있는 이사무애는 리(理)도 사(事)도 모두 공(空)을 겸하고 있기 때문이다. 주자는 이기 불상잡 불상리(理氣不相雜不相離)의 체용이라 하였지만 이(理)를 유(有)만으로 상정했기 때문에 이기가 분리될 수밖에 없는 모순을 낳게 된다. 주자의 이일분수(理一分殊)가 불교의 이일(理一)을 따왔지만 분수(分殊)로 인하여 이(理)가 달라지기에 그가 의식했든 안 했든 불교의 체용과는 달리 이원화의 길로 가게 된다는 것이다. 이일분수론의 가장 큰 문제점은 이(理)가 하나이므로 같아야 하는 동시에 개별적으로 각기 달라야 한다는 이율배반적인 것에 있다. 주자의 이일분수(理一分殊) 개념은 그 자체가 분리의 모순을 내포한 것으로 이(理)를 실체로 규정한 사유 방식에서 그 모순이 파생된다. 이(理)는 오상으로서 순선하고 기(氣)는 칠정으로 선악이 겸해 있게 되며 기(氣)는 이(理)로 환원될 수 없는 것이었다.

2) 주자의 이(理)와 공·무(空·無)

불교에서 이[體]와 사[用]가 상즉불리(相卽不離)의 관계가 가능했던 것은 공(空)과 유(有)가 함께하는 것이기 때문이다. 공(空)이 있기에 유(有)를 받아들여 통일될 수 있는 것이다. 그러나 주자는 주렴계의 태극도에서 '무극이태극(無極而太極)'을 해석할 때도 무(無)를 배제했다. 반면에 육상산은 무극의 무(無)를 노자적 무로 읽었다. 도가에서 무극은 무(無)이고 태극은 유(有)이며 무에서 그 근원의 시작인 유가 나왔으므로 무가 최종의 시원자가 된다는 것이다. 그러므로 '무극이태극'에 대하여 상산은 그것이 노자의 학문에서 연원된 것이지 유가의 본래적인 것에서 연원된 것이 아니라고 보았다.[22]

하지만 주자는 무극의 '무(無)' 자(字)는 노자의 무와는 그 의미가 다르다고 주장했다. 노자의 무는 '복귀어무극(復歸於無極)'한다는 말이며 이 무극은 무궁하다는 뜻으로 장생(莊生)이 무궁의 문에 들어가서 무극의 들에서 소요한다는 뜻이므로 주렴계의 무극과는 같지 않은 것이라 그는 해석하였다.

> 노자의 무극으로 다시 돌아간다고 하니 그 무극이라는 말은 곧 무궁이라는 뜻이다. 마치 장자가 무궁한 문으로 들어가서 무극의 들에서 노닌다고 일컬은 것과 같은 것뿐이다. … 주렴계가 말하고자 하는 뜻과는 같지 않다. 지금

이것을 인용해서 주렴계가 말한 것이 실지로 여기저기서부터 나왔다고 하니 이것은 또한 이치가 분명하지 못하여 능히 다른 사람의 말하는 뜻을 다하지 못함이 있는 것이다.[23]

주자는 '무극이태극'을 단순히 '형상 없는 이치(無形而有理)'로서 파악하여 도가의 "자무극이위태극(自無極而爲太極)" 또는 "무극생태극(無極生太極)"과 같은 생성론적 견해를 단호히 배격했다. "주역에서는 유와 무를 말하지 않았다는 것이고 유와 무를 말하는 것은 오히려 학자들의 좁은 견해"[24]라 그는 비판했다. 특히 주자가 강조하는 바는 불교의 무·허(無/虛)에 대한 실(實)의 강조였다. 무(無) 사상의 잔재를 제거하고 유(有) 차원으로 시종하는 원리로서 이(理)를 불교와 다르게 규정해 갔다.[25] 그러나 우주 본체에 있어서 공(空)과 무(無)를 배제한 주자의 실체 개념으로는 원칙적으로 만물일체가 가능하지 않다. 공(空)이고 무(無)이기에 생성·변화가 가능하고 개체가 서로 넘나들어 하나가 될 수 있는 것이다. 불교나 노장에서 만물일체가 가능한 것은 공(空) 혹은 무(無)의 사상을 깔고 있기 때문이다. 이(理)를 유(有)로 고착시키고 무(無)를 제거한다면 개체의 이(理)가 서로 넘나들 수 없다. 불교는 심=성=리이기에 상호 환원이 가능하고 불이(不二)이지만 주자의 성(性)과 심(心)은 같지 않기에 상호 환원될 수 없다.[26] 주자의 이와 기, 심과 성은 서로 분리된다.

3. 주자의 심성론은 만물일체적이고 생태적인가?

1) 주자의 생성지리와 만물일체

쓰치다 겐지로는 중국의 전통 사상이 불교를 경유하여 성리학으로 흘러간 것뿐이라고 말하듯이[27] 성리학은 불교에 많은 영향을 받음과 동시에 이를 의식적으로 극복하고자 한 것이기에 불교와 유사한 주제들을 중심으로 사유를 전개한 흔적이 역력하다. 흔히 주자학이 만물일체, 유기체의 철학 혹은 생명 사상으로 이해되는 것은 도가・불가와 함께 유사한 구조를 드러내기에 동양적 탈근대 사상으로 묶이는 것이다.

그러나 만물일체는 유학으로는 불가능한 사상이다. 동양적 사고로서 자연과의 일체감은 불교나 노장의 감각이지 유교는 아니다. 유교식의 인위 세계의 찬미는 자연을 지배하게 되는 것이지 일체감을 갖게 하는 것은 아니었다.[28] 주자 역시 만물일체를 제시하지만 노・불적인 관점에서의 만물일체의 철학과 크게 다르다. 본 절에서는 앞에서도 밝힌 바와 같이 주자학이 유기체 철학이나 만물일체의 철학과는 거리가 멀어져 갔음을 탐색하고자 한다.

불교에서 만물일체라고 하는 것은 크게 세 가지 입장에서 주장될 수 있는데[29] 주자는 그중 한 가지, 즉 만물이 모두 하나의 이치 속에서 나오는 이치를 갖추고 있기 때문에 만물일체라고 주장하는 것을 볼 수 있다.

> 만물을 일체라고 말할 수 있는 까닭은 만물이 모두 이치를 갖추고 있고 이치는 오직 그 하나의 이치 속에서 나오기 때문이다. 만물이 끊임없이 생겨나는 것을 易이라고 한다. 생성할 때에는 만물이 한순간에 생성해서 모두 이 이치를 온전히 갖추고 있다. 사람은 이것을 잘 헤아리지만 사물은 기운

이 혼탁하여 이것을 헤아리지 못한다. 그렇다고 사물이 이치를 갖추고 있지 않다고 말할 수는 없다.[30]

주자는 만물일체를 가능하게 하는 하나의 이치가 하늘과 땅의 마음인 동시에 만물을 생성하는 것이라 하였다. 그리고 이를 통괄하여 말하면 인(仁)이라 지칭한다 하였다.

하늘과 땅의 마음은 만물을 생성하는 것이며 또한 사람과 사물이 생성됨에 있어 각각 저 하늘과 땅의 마음을 얻어 사람과 사물의 마음으로 한다. 그러므로 마음의 덕이 비록 전체를 통괄하여 다스리며 처음부터 끝까지 서로 연결하여 모든 곳에 갖추어져 있다고 말할 수 있지만 한마디로 총괄하면 仁이라고 말할 따름이다.[31]

그러나 이 생성의 인이 점차 어떻게 해석되고 있는지 그 변화를 주목할 필요가 있다. 주자가 '습한 것은 물의 덕이며 뜨거운 것은 불의 덕'이라고 말하고 있는 것처럼 마음의 덕은 생생의 덕이었는데 이는 곧 군신·부자의 도리로 읽혀져 갔다.[32] 하나의 이치인 생성의 이치가 곧 마음의 덕으로서 인(仁)이라 명명되고 동시에 그 덕은 인륜 도리로 해석되는 것을 볼 수 있다.[33] 그리고 주자는 더 나아가 '만물을 생하는 천지의 덕이 모든 만물에 부여되어 있고 이는 하나의 도리에 지나지 않는데 그것은 바로 오상(五常)'이라 지칭하였다.

무릇 天이 物을 생함에 있어서는 물 각자가 一性을 부여받았다. 성은 하나의 도리가 있는 것에 지나지 않는다. 성의 체인 소이는 인의예지신의 5자에 지나지 않는다. 천하의 도리는 이 이상을 벗어나지 않는다.[34]

또 주자는 말하기를 인(仁)은 마치 사계절처럼 네 가지 덕을 지니고 있는데 이를 원형이정(元亨利貞)이라 하고 원(元)이 이 모두를 통괄하는 것처럼 사람의 마음 또한 인의예지라는 네 가지 덕을 지니고 있는데 인(仁)이 그 모두를 포괄한다 하였다. 이 네 가지 덕이 피어나 작용하면 사랑하고 공경하고 마땅하게 하고 옳고 그름을 구별하는 감정이 되는데 불쌍히 여기는 마음이 모든 것을 관통한다. 이는 곧 하늘의 생성지리와 인간의 생성지리가 원형이정과 인의예지로 표현되는 과정을 보여준다.[35]

> 元이라는 것은 천지가 만물을 낳는 실마리이다. 원이라는 것은 生意이다. (元이) 亨에 있음은 생의의 자람이고 利에 있음은 생의의 이룸이며 貞에 있음은 생의의 완성이다. 만일 仁을 말한다면 곧 이 의미이다. 인은 본래 생의이니 측은의 심이다. 이 生意가 상처를 입으면 측은한 마음이 발동한다. 羞惡의 경우는 인이 義상에서 발현하는 것이고 辭讓의 경우는 인이 禮상에서 발현하는 것이고 시비의 경우는 인이 智상에서 발현하는 것이다. 만일 인하지 않은 사람이라면 어찌 의예지가 있겠는가?[36]

주자는 만물일체가 되는 것은 하나의 우주 근원의 이치가 모두 만물에 부여되어 있기 때문이고 그 이치는 생의(生意)의 이치임을 말하고 있다. 그러나 그 생의는 곧 오상 혹은 인의예지로 의미 지어졌다. '만물이 일체가 되는 것은 저 하늘과 땅의 마음을 갖추고 있기 때문이고 이는 곧 만물을 생성하는 본질로서 만물이 공평하게 공유하고 있는 것을 인'이라 했을 때 그 인에 대하여 주자는 규범적 해석을 해 나갔던 것이다. 즉 주자는 본체로서의 인을 곧 의·예·지를 포함하는 의미로 파악했던 것이다.

살피건대 인은 오로지 '사랑하는 것'만을 주재하고 사랑하는 것에 차등을 두는 것은 '의'에 속하는 일이다. 인과 의는 비록 서로 떨어질 수 없지만 그 작용에서는 각각 위주로 하는 것이 있어서 어지럽힐 수 없다. 여기에서 하늘과 땅의 도는 두 가지로 정립할 수 있다는 것을 알 수 있다. 그러므로 단서는 비록 넷이지만 그 네 가지 단서를 정립하는 것은 두 가지[인과 의]일 따름이다. 인과 의는 비록 대립하는 둘이 되지만 인은 실제로 네 가지의 가운데를 관통한다. 대개 개별적인 것으로 말하면 인은 네 가지 가운데 하나의 일이지만 총괄하여 말하면 네 가지를 포괄한다. 그러므로 인은 인의 본체이고 예는 인의 절차와 무늬[節文]이고 의는 인의 끊고 절제함이며 지는 인의 옳고 그름을 분별함이다.[37]

주자가 위와 같이 생성의 이치를 인으로 그리고 인을 인·의에서 인·의·예·지로 해석해 가는 가운데 인(仁)의 의미는 '본체', 예(禮)는 인의 절차와 무늬(節文), 의(義)는 인의 끊고 절제함, 지(智)는 인의 옳고 그름을 분별함으로 규정하고 있는 것이다. 즉 예는 질서를, 의는 차등을, 지는 시비를 파악하는 본성이다.

이상으로 살펴볼 때 천리(天理)는 우주의 생명 이치로 설명되고 이는 다시 원형이정(元亨利貞)으로, 이 원형이정이 인(仁)으로, 인이 다시 인의예지(仁義禮智)로 해석됨을 볼 수 있다. 즉 주자에게 있어 전통적인 생명으로서의 이치 해석이 '생의(生意) → 원형이정 → 인(仁) → 인의예지(사덕)'로 변화되어 실체화·규범화되었음이 드러난다.

주자는 불교에는 자신과 같은 이치에 대한 이해가 없다고 불교를 비판했다. 소옹도 "불교는 군신, 부자, 부부의 도를 버리니 어찌 자연의 리(理)이겠는가?"라고 말하여 불교가 인륜을 기각하는 것은 자연의 리(理)가 아니라고 하었다. 하늘이 만물을 화생할 때 부여받은 리(理)는 오상으로서의 성이다. 주자에게 있어 생성의 리(理)는 곧 오상으로 이해됨을 볼 수 있다. 이렇게 주자는 인을 만물을 생성하는 것으로부터 점차 인의예지로 해석하여 그 내용을 사물화·고착화시켜 갔음을 볼 수 있다.

2) 주자의 '인(仁)'과 만물일체

주자가 인간의 본성을 인의예지(仁義禮智)로 놓는 데는 공맹 유학의 통찰이 근거가 됐다. 맹자가 일찍이 사단(四端)을 말했고 불쌍히 여기는 마음을 인(仁)이라 했지만 주자는 이에 부분 수정을 가했다. 사랑의 감정이 인이 아니라 사랑의 이치 즉 본성이 인이라는 것이다. 즉 작용(作用)을 인이라 해서는 안 되고 본체를 일컬어 인이라고 해야 한다는 것이다. 본성이 인이기에 널리 사랑하는 것이지 사랑하는 것 자체를 인이라고 해서는 안 된다는 의미이다.

> 맹자가 불쌍히 여기는 마음을 인이라고 했다. 그래서 드디어 사랑하는 것을 인이라고 여겼지만 사랑은 원래 감정이고 인은 원래 본성이다. 어찌 오로지 사랑을 인이라고 여길 수 있겠는가? 맹자는 또한 불쌍히 여기는 마음을 인의 실마리라고 했다. 인의 실마리라고 했으니 곧 그대로 인이라고 할 수 없다. 한유는 널리 사랑하는 것이 인이라고 했지만 그것도 잘못된 말이다. 인이라는 것은 진실로 널리 사랑하는 것이지만 그렇다고 널리 사랑하는 것을 인이라고 하는 것은 옳지 않다.[38]

주자는 체와 용을 하나로 결합시켜 말했지만 체가 되는 사단과 작용으로 드러나는 사단지심을 분리시켜 이해함에 따라 체와 용, 이와 기, 성과 정은 서로 상즉하지 못하고 환원 불가능하게 된다. 그가 '인(仁)'을 만물일체나 사랑의 지각으로서 말하는 것을 비판했던 것은 이와 같은 사상적 기반에 서 있었기 때문이다. 정이천의 제자 양시(1053~1135)는 '인이란 만물일체'라 주장했고 사량좌(1050~1103)는 인(仁)을 사랑과 같은 '지각'이라 했지만 주자는 만물과 내가 일체가 되는 것을 인이라고 하면 인이 본체가 되는 실상을 해명하지 못한다고 주장했다. 즉 만물과 내가 일체가 되는 것을 인이라고 주장하는 것은 만물을 자기로 잘못 인식하게 할 수 있다는 것이다. 또한 인을 사랑과 같은 감정의 지각이라고 주장하면 사람들로 하여금 사사로운 욕심을 이치로 잘못 알게 할 수 있다고 하였다.[39] 이는 마치 불가에서 마음의 작용을 곧바로 성(性)이라고 하는 것에 대한 비판과 맞물리는 것이기도 하다. 주자에게 있어 인(仁)은 사랑도 만물일체도 아니다. 즉 인을 만물일체라 하면 개체의 리(理)를 망각케 하고 인을 사랑이라고 하면 지각을 성(性)이라 하여 무리한 힘을 가하게 되니 둘 다 서로 근본의 뜻을 잃고 있다는 것이다. 주자가 이처럼 만물일체나 사랑과 같은 작용을 인이라 개념 짓기를 꺼린 것은 리(理)를 점차 규범적 리(理)인 인의예지로 개념화하는 것을 염두에 두었기 때문이라 할 것이다.

> 원래 하늘과 땅의 마음은 만물을 가득히 생성하는 마음이며 사람에 있어서는 사람을 따뜻하게 사랑하고 만물을 이루어주는 마음으로서 이는 사덕을 포괄하고 사단을 관통하는 것이다.[40]

모든 만물은 하나의 이치로 구성되어 있기 때문에 만물일체라 할 수 있다. 그러나 주자에 와서 그 하나의 이치가 생성의 리(理)에서 원형이정의 리(理)로, 그리고 원형이정의 리(理)에서 인륜 도리의 오상(五常)으로 변형되고 개체의 리(理)가 각각 다르게 나타난다고 주장했기에 만물일체와는 거리가 있게 된다.

주자가 인을 규범화해 갔던 것은 이연평의 영향이 크다 할 것이다. 이연평은 주자에게 정치, 사회나 그 밖의 모든 문제에서 인간의 존엄성과 인간으로서 마땅히 해야 할 본래의 모습을 지키지 않으면 아무런 의미가 없다는 사실을 전달하려고 하였다.[41] 사람들은 삼강을 행하지 않고 의리를 구별하지 못하고 있고, 또한 왕안석이 정치를 담당하고 있기 때문에 사람들은 오직 이익만을 추구하여 의를 되돌아보지 않고 있다는 것이 이연평의 시대 인식이다. 그래서 그는 약소국인 송을 부강하게 하려면 삼강오상의 도를 회복하여 빛나게 하고 의리의 분별을 추진하는 것이 필요하다고 주장했다.

삼강이란 군신, 부자, 부부의 도를 말하고 오상이란 항상 행해야 하는 다섯 가지의 도를 말한다. 이렇게 보면 주자학은 만물일체의 유기체철학이 아니라 인간을 중심에 둔 수직적 질서의 인간관계학이다. 물리는 곧 도리이므로 거기에는 존재와 당위의 구별은 없고 자연도 인간도 함께 가는 것으로 만물을 지배하는 도리는 오상으로 해석되었다. 각기 만물에 도리가 있지만 이는 오상, 즉 인의예지신(仁義禮智信)을 벗어나지 않는다는 것이다. 자연법칙도 규범적 관점에서 말해진다. 왜냐하면 인간이 천리의 보편적 일리(一理)를 가장 빼어나게 품부하고 있기에 개별 사물의 리(理)보다 인간의 오상이 우위에 서기 때문이다.

> 하늘과 땅의 정기를 쌓아 만물을 구성하는데 그중 오행의 우수한 부분을 받으면 사람이 됩니다. 정기의 근본은 참되면서 고요합니다. 그 정기가 아직 드러나지 않았을 때는 5가지 성을 갖추고 있습니다. 그것이 인의예지신입니다. 형체가 이미 생기면 외물이 그 형체와 접촉하게 되고 그래서 마음이 움직이게 됩니다.(주희, 1998: 62)

우주 근원의 보편적 리(理)는 오상으로 읽혀지고 이를 가장 잘 품부한 것이 인간이므로 만물의 리(理)는 인간의 도리에 종속된다. 물리(物理)는 즉 도리이다. 분수에 따라서 리(理)가 부여되지만 기질에 따라서 리(理)가 다르고 온전하지 못하게 된다. 사람이 그 가운데서 가장 온전한 것이라 할 수 있고 그것은 인의예지로 명명된다고 할 때 사물 자체의 원리라는 것도 오상과 분리되어 있지 않다. 사물의 리를 지각하여 활연관통하는 것은 결국 오상으로의 귀결이다. 만물에 내재해 있는 물리(物理) 또한 도덕적 도리와 다른 것이 아니다. 이런 점에서 주자의 학은 윤리학이자[42] 인간관계학이었다. 그리고 자연은 어디까지나 인간 중심의 관점에서 이용되는 도구에 지나지 않는다.

3) 주자의 이일분수와 만물일체

주자는 천인(天人) 합일을 강조했지만 중요한 것은 자연과 인간이 한몸이 아니라 각자의 분수를 통해 형성되는 하나의 전체일 뿐임을 말하고자 한 것이고 처음부터 자연과 인간을 평행적으로 파악했다는 사실이다. 결국 천인합일은 인간의 분수를 통해 실현되는 전체 리(理)와의 합일을 의미한다. 그리고 그 천인합일의 양태도 분수리가 유지되는 한에서의 만물일체이다.

주자가 분수리를 강조했던 것은 질서가 무너진 현실에 있어서 오륜을 회복하고 각자의 분수에 따라 직무가 다르며 그 다름에 따라 질서를 부여하고자 하는 생각의 표현이었다.[43] 질서의 준수를 통해서만 오히려 일체가 실현된다고 보았다. 그러나 그 질서는 이미 고착되는 순간 시대와 상황에 따라 변할 수 없고 살아 움직이는 생동감을 정지시키는 것이 된다.

개체 리(理)의 다름이 하나 된 전체의 이치를 성립시키려면 여기에는 몇 가지 전제가 필요하다. 즉 개체가 녹아짐이 없이 전체와 분리되지 않는 사유체계가 가능하려면 어떤 논리적 설명이나 조건을 제시해야 할 것이다. 하지만 주자는 이에 대한 언급 없이 솔개의 이치, 물고기의 이치, 사람의 이치가 서로 다름을 강조했지 그것이 어떻게 하나로 통일될 수 있는가에 대한 답을 제시하지 않았다.

불교에서 만물일체는 세계의 실상으로 이해되는 것이고 주객 분리를 떨쳐버릴 때 이것이 체험되는 것이지만 주자는 오히려 객관세계에 드러나는 개체의 실재성, 즉 분수리를 강조했다. 물론 정명도까지만 해도 거의 불교와 유사하게 만물일체를 표현한 것은 여러 군데에서 발견할 수 있다. 정명도의 『정성서』에서는 "내외지양망(內外之兩忘)"으로 내심과 외계의 의식을 동시에 잊어버림으로써 만물일체를 실현하는 것이었다. 인(仁)이란 사물과 혼연일체가 되는 것이라 하여 정명도는 다음과 같이 말했다.

> 仁者는 천지만물과 일체가 되어 모두 자신이 아닌 것은 없다. 모두가 자신이라고 인식할 수 있다면 도달하지 못하는 곳이 있을까. 만약 자신이 이 경지를 체득하고 있지 않는다면 만물이 자신과 몰교섭하게 되며 그것은 마치 수족이 불인(마비)이 되어 기가 관통하지 않기 때문에 모두 자신의 신체와 같이 느껴지지 않게 되는 것과 같다.[44]

그러나 정명도와 달리 주자는 외물의 지각과 내면의 활연관통을 결합시켜 만물일체가 됨을 주장했다. 그리고 그 일체는 유교가 강조하는 사회적 윤상(倫常)이 실현되는 경지였다. "군자가 중화에 도달하면 천지가 정위(正位)하고 만물이 생장할 수 있는 소이가 여기에 있을 따름"[45]이라 했다.

주자에게 있어 만물일체는 각각 그 분수리에 따라 드러나는 당연지칙(當然之則)을 파악·종합하여 그 이치를 관철하여야만 이른다고 하는 것이다. 즉 주자의 입장은 만물일체로서의 이치를 주장하는 것이 아니라 개별의 리가 각각 그 마땅한 바의 질서로 준수될 때 만물일체가 됨을 강조한다.

주자는 인(仁)이 천지만물과 일체가 되는 개념을 개진하지 않았다. 대신에 그는 공평무사함을 통해 만물과 일체되는 사고를 함축하면서 현실적 실행의 이념, 즉 '서(恕)'의 개념을 내세웠다.[46]

> 무릇 "인은 타고난 본성이며 사랑은 인의 감정이며 부모님께 효도하고 웃어른께 공손히 하는 것은 인의 작용이다"라고 말했다. "공평무사함은 인을 체득하는 방법이다"라고 말한 것은 "자기의 사사로운 욕심을 이기고 예로 돌아가는 것이 인을 실행하는 것이다"라고 공자께서 말씀하신 것과 같다.[47]

공평무사함은 인을 체득하는 방법이고 이는 "자기의 사사로운 욕심을 이기고 예로 돌아가면 실행되는 것"으로 말해진다. 즉 공평무사함을 통해 인(仁)과 만물일체가 체득된다고 주장하는 것과 같다. 결국 인(仁), 혹은 리(理)를 체득하는 방법은 차등적 질서의 예를 파악하는 데서 오는 공평무사에 있다.

그리고 이는 미묘한 것이기는 하지만 정명도가 말한 '내외지양망(內外之兩忘)' 처럼 주객일치를 통한 만물일체의 체험을 말하기보다는 주객 분리 상태에서 진행되는 것임을 강조하는 것이다. 주자는 자아와 만물 간에 차이가 있음을 전제했고 인간은 어디까지나 도덕규범의 완전한 실현에서 발휘되는 인(仁)을 유지하면서 만물과 일체가 된다고 주장했다.

4. 주자의 이기심성론에 대한 교육철학적 검토

주자는 인(仁)을 만물을 생성하는 것으로부터 점차 인의예지로 해석하여 이전보다 그 내용을 인간 중심적으로 구체화·고착화 시켜 갔음을 볼 수 있다. 모종삼은 정이와 주자가 말하는 인(仁)이란 죽은 것, '활동하지 않는 리'라고 비판한 바 있다.[48] 원래 인의 의미는 생성의 이치였지만 주자가 말한 인은 만물을 기르는 생의(生意)와는 거리가 있다는 것이다. 다시 말해서 주자의 리는 사물화(死物化)되어 단지 정태적으로 존재할 뿐 활동하지 않는 리(理)이다. 이는 다산도 주자의 리(理)를 죽은 리라 하여 비판한 바 있다.[49] 이에 주자의 사유가 안고 있는 몇 가지 문제들을 현 시점에서 교육철학적으로 검토해 보고자 한다.

첫째, 리(理)의 실체화·규범화에 따라 주자의 리(理)는 프로쿠루테스의 침대처럼 정초주의의 폐단을 내포한다는 점이다. 현대적 감각으로 보면 리(理)는 결코 고정될 수 없고 영원불변할 수 없다. 특히 인간에 부여된 리(理)로서 인의는 규범적 질서로 객관화되는데 이는 결국 예학의 편중으로 흘러가 권위주의적이고 완고한 상하질서의 통치규범으로 흘러갔음을 보게 된다. 주자는 우주 근원의 리를 인간관계의 오륜 법칙으로 이해하여 세계를 질서 지우고 예학적 객관화를 완고하게 진행시켜갔다 할 것이다. 따라서 교육은 자연사물보다는 성인의 말씀을 독서하거나 외우는 격물이 주가 되고 주어진 예법을 따라 욕망을 조절하고 기존의 것을 답습하는 가운데 홀연히 초월적 리와 활연관통하는 교육을 말하게 된다. 따라서 교육은 보수적이고 완고하며 고답적인 성격을 띠게 된다.

둘째, 체용일원이라 하였지만 결국 체(體)와 용(用)을 달리 보게 됨에 따라 리(理)와 기(氣), 심(心)과 성(性)의 분리가 이루어지고 물리를 도리에 종속시킴에 따라 만물일체는 추상적인 것이 되며 자연은 인간 중심적으로 지배되게 된다. 리(理)는 단순히 인문사회과학에 의한 자연과학의 포섭이라 긍정되기보다는 자연마저도 오상으로 재단하여 대상을 다루는 역할과 직업에 차별성을 두게 되는 폐단을 주목해야 할 것이다. 사농공상의 차별은 이것과 무관하지 않다.

셋째, 교육의 철학이란 이미 완성되어 있는 철학적 관념을 기원과 상황이 근본적으로 다른 현실의 교육 체계에 적용하는 것이어서는 안 된다. 그것은 그 시대의 사회생활이 갖는 여러 문제를 적시하면서 올바른 정신적·도덕적 습성을 어떻게 그 속에서 형성할 것인가 하는 문제를 분명히 체계적으로 밝히는 것이어야 한다. 주자학은 이러한 교육철학적 기능을 구축하지 못한다. 주자의 철학이 규정한 오상의 도리는 현실 경험에서 비롯된 것을 토대로 한 것이지만 그것을 인간 본성의 속성으로 고착시키는 순간 더 이상 변화하는 시대와 상황의 현실에서 살아 움직이는 힘일 수 없다. 리(理)를 인의예지로 규정하고 이일분수를 말한 주자학은 현실과 유리된 관념적 철학이자 윤리학으로 귀결된다.

넷째, 불교는 관계 인연 조건에 따른 현상의 다름으로 인연을 따라 변화하는 것이고 모두 하나의 리(理)에 뿌리박고 있다. 따라서 본체와 현상이 그리고 개별 현상들 역시 무애로서 상입·상즉한다. 그렇기에 전일적 사유로 지칭된다. 불교에서 개체의 다름은 리(理)의 다름을 뜻하는 것이 아니라 표현의 다양성을 뜻함이었다. 그러나 주자가 공(空)의 리(理)를 유(有)로 고착시키고 분수리(分殊理)를 말하는 것은 이미 본체와 현상이 그리고 현상과 현상이 넘나들 수 없는 요인이 된다. 그러므로 주자의 사유는 전일적이라거나 생태적, 혹은 탈근대적이라 지칭될 수 없는 요소가 크다. 오히려 주자학은 동양판 인간관계학이라 할 것이다. 자연을 관찰, 실험하여 검증된 사실들을 과학 법칙으로 삼아 이성 획득과 인식을 동일시했던 것과 유사하게 주자는 인간과 인간·사물관계의 법칙을 관찰하고 추론하여 선험적 도리와 활연관통시켜 나가고 인의예지의 법칙을 객관화해 나갔다 할 것이다. 분명 주자학은 친환경과 위배되고 유기체 철학으로부터도 벗어났다. 이는 서양의 이성 주체와 다를 바 없는 사단의 자아주체라 할 것이다. 이로부터 자연사물을 인간 중심적으로 이용하는 맥락도 읽혀질 수 있다.

끝으로 불가나 도가가 갖지 못한 사유로 주자의 분수리와 격물치지가 갖는 장점을 주목할 필요가 있다. 불가나 도가와는 달리 일상과 현실의 대인접물 상에서 개체마다 각기 다른 대상의 분수리를 궁리한다고 하는 것은 분명 가치로운 평가가 가능하다. 그러나 이 역시 앞에서 말한 바와 같이 격물 대상이 자연 사물보다 인사(人事)에 초점 맞춰지고 오륜에 의해 질서와 등급이 매겨지는 방편에 지나지 않는 측면이 크다. 주자의 격물궁리가 현대교육에 의미 있게 적용되려면 주자의 격물치지를 발전적으로 해석해 나갈 필요가 있다. 이는 무엇보다도 먼저 주자 당대에 주자학이 갖는 사상적 의의를 규명하는 것에서부터 가능하리라 본다. 남송 멸망의 위기 앞에서 그리고 불교의 문제점을 인식하는 가운데서 그가 가장 가깝고 절실하게 느꼈던 것이 무엇인지? 그리고 그가 이를 중심에 놓고 유학적 전통의 눈으로 도·불 사상을 걸러냈던 사상적 필터와 그가 구축하고자 했던 시스템이 어떠한 것이었는지를 탐색할 때 주자학의 교육적 의미도 드러날 것이라 생각한다.

02
퇴계 율곡의 이기심성론 이해

　불교와 같이 세계를 한몸으로 보는 동양의 전일체적 사고에서 자칫 간과되기 쉬운 것은 개체성의 문제이다. 일부 교육학자들은 동양사상이 동체대비(同體大悲), 만물일체(萬物一體)의 전일성만을 강조하고 개체의 개별적 형성과 정체성의 문제, 혹은 다양성의 문제를 교육에서 담아 내지 못한다고 비판하고 있다. 그러나 동양의 교육사상에서 개체가 결코 무시되지 않는다. 서구 근대의 개체성의 의미와 다를 뿐이고 오히려 동양의 사유의 시발이 개체성의 문제로 시작하고 있다는 점을 주목할 필요가 있다. 즉 서구 근대철학에서의 개체성 사유는 전체와 독립적인 입장에서 전개된 것이고 보편리와 개별리의 연결에 대한 고민이 미약하다. 반면에 전통 사유는 개체 이해를 전체와의 관련에서 출발하여 개체의 완성을 도모하고 있고 이는 심성론과 직결된다.

　이에 본 장에서는 퇴계, 율곡으로 이일분수적 사유가 어떻게 계승되는지를 고찰하여 개체성의 이해에 따른 교육철학적 논의와 그 사상적 맥을 짚어 보고자 한다. 불교 화엄 육상은 전체의 모습인 총상을 개체들로부터 설명해 가고 있다. 별상(別相), 동상(同相), 이상(異相), 성상(成相), 괴상(壞相)으로 설명하면서 이러한 다양한 모습의 개체 스스로가 어떻게 전체(總相)와 하나인지를 설명하고 있다. 그리고 조선 성리학의 이기심성 논쟁과 사상의 전개는 이 개체성의 문제를 둘러싼 치밀한 사유의 역사라 할 것이다. 주자가 정의한 이일분수 개념이 지닌 모순을 해결하고자 조선 지식인들은 이기심성 논쟁을 벌였고 이는 대표적으로 고봉과 퇴계, 율곡과 성혼, 인물성동이논쟁, 그리고 녹문, 노사 등 논리적 치밀성을 확보하기 위한 사상 전개로 이어진다 할 것이다.

성리학의 '이일분수(理一分殊)'는 불교 화엄사상으로부터 영향받은 것으로 특히 화엄 육상의 동상(同相)과 이상(異相)을 주목해 볼 필요가 있다. 본 장에서는 동상과 이상의 개체성 의미가 주자의 이일분수에 어떠한 영향을 주고 어떠한 변용과 차이를 보이는지? 그리고 퇴계와 율곡은 주자의 이일분수를 어떻게 새롭게 전개해 갔는지 분석하여 개체성의 의미를 파악하고자 한다. 퇴계가 제시한 이기호발과 율곡이 주창한 이통기국은 주자의 이일분수를 계승하면서도 독창적인 성격을 지닌다. 이에 화엄, 주자, 퇴계, 율곡 등 각자 갖는 인간 개체성의 이해에 따라 자기 도야가 추구하는 이상적 인간 형성이 무엇인지를 파악해 보는 것도 의미가 크다고 본다.

이일분수란 '전체의 리(理)는 하나로서 같지만 개체로 나뉨에 따라 그 리(理)가 다르다.'는 것인데 주자는 이일(理一)의 보편리와 분수(分殊)의 개별리가 어떻게 한 개체 안에서 성립될 수 있는지 논리적 규명을 행하지 않았다. 불교와 차별성을 두어 개체들의 서로 다른 리(理)를 규정하고 강조할 뿐이지 이것이 어떻게 보편리와 하나일 수 있는지는 언급하지 않았던 것이다. 개체성을 보편리(이일)와 분수리의 이중구조로 놓고 이일과 분수리는 엄연히 다르지만 또 이일이 분수 속에 떨어져 형성된 것이 개별리라고 하여 모순을 자아내었다. 또한 주자는 개별리가 각기 다른 것은 이동기이(理同氣異)일 뿐이라 하면서도 다른 곳에서는 리(理)의 편·전(偏·全)에 따라 개체의 리가 본래부터 나뉨을 말하여 오히려 혼동을 더하기만 하였다. 이는 개별리가 본래부터 차별화되어 결코 보편리로 환원될 수 없음을 의미하는 것이기도 하다.

한편 퇴계에 오면 주자가 말한 이일분수를 놓고 개체 안에서의 보편리와 개별리의 조화를 이루어 보고자 하는 입장에서 이기호발(理氣互發)의 사유가 전개된다. 개별리가 발현할 때 보편리와 개별리를 구분할 필요를 퇴계는 느꼈던 것이다. 즉 그는 주자의 이일분수를 이원화시켜 이일(보편리)을 순선한 이발(理發)로 놓고 분수리(개별리)를 선악이 겸한 기발(氣發)로 보아 보편리와 개별리의 출처를 달리하고 전자는 순선함으로 놓고 후자는 선악 겸비로 놓았다. 그리고 개체 삶의 궁극 목적을 보편리의 발현에 두었다 할 것이다.

그러나 율곡은 개별리라는 것이 기질 안에 부여된 보편리로서의 성(性)이라는 것을 분명히 했고 개별 기질을 떠난 보편리라는 것은 이미 개체를 떠났기에 이는 논의 자체가 성립되지 못한다고 주장했다. 율곡은 퇴계가 리(理)와 기(氣), 본연지성(보편리)과 기질지성(개별리)을 나누는 것을 비판하여 기질지성 안에 본연지성을 포함시켜 통일시키고자 했고 오직 기질에 국한되어 각기 개체리가 형성된다는 이통기국(理通氣局)론을 전개하였다. 여기서 중요한 것은 보편리가 기에 국한될 뿐 온전하고 자약하여 전혀 손상되는 것이 아니라는 것이다. 퇴계처럼 율곡 역시 주희가 말한 이(理)의 편(偏)·전(全) 개념은 포함시키지 않았다.

1. 불교 화엄 육상과 주자의 이일분수에 있어서 개체성

젊은 날 불교에 심취했던 주희는 불교를 비판하고 성리학의 독자적인 철학을 체계화해 감에 있어 이일분수를 핵심 개념으로 삼았다. 원래 이일분수는 일반적으로 알려져 있듯이 정이가 장재의 『서명』에 관한 양시의 의문에 답변하던 과정에서 제기된 명제이다. 양시는 서명의 내용 속에는 묵가의 겸애설과 혼동될 만한 병폐가 담겨 있다고 의심하였다. 이에 대해 정이는 다음과 같이 답변하였다.

> 서명에서는 리일분수를 밝혔다. 묵자의 겸애설은 근본이 둘이면서[1] 나뉨이 없다. 분수의 폐단은 사사로움이 지나쳐 仁을 잃어버린다. 분수가 없는 잘못은 겸애하여 義(친소의 분별)가 없다는 것이다.[2]

정이뿐만 아니라 주자가 묵자와 불교를 싸잡아 비판한 것 중 하나도 저들은 이일(理一)의 하나됨만을 말하지 분수로서 개체의 다름을 말하지 않는다는 것이었다.[3] 인간과 동물이, 인간과 인간이 각각 분수에 따른 개체리와 질서가 있다는 것이고 이는 인륜적 관계 규범으로 표현되어야 할 것이었다.[4] 주자의 개별리는 노장사상처럼 무한한 혼돈으로 나타나거나 가립된 무상(無常)으로서의 공(空)이어서는 안 되었다. 그리고 묵자처럼 무조건적이고 무차별적인 보편적 사랑으로 드러나지도 않는다. 그것은 언제나 개별자로서 그리고 그가 처한 혈연적 사회적 맥락과 구체적인 상황에서 친소에 따라 단계적·차등적으로 발현된다.[5] 이것은 맹자가 어버이를 친한 뒤에 백성들에게 인(仁)하게 하고 백성들에게 인하게 한 뒤에 물(物)을 사랑한다고 한 말과 같다. 그 분수가 같지 않은 까닭에 베푸는 것이 차등이 없을 수가 없다는 것이다.[6]

주자에게 만물일체는 미리 주어져 있는 실상이 아니라 개별리가 분수에 따라 질서를 구현하고 그 구체적인 리(理)를 실현할 때 확보된다. 개별리가 없으면 보편리도 없고 보편리는 개별리에서 드러나고 차등적으로 발현된다. 주자는 가장 가깝고 절실한 것부터 친소원근(親疎遠近)의 우선순위를 매겨나가고 이(理)의 편전과 기의 청탁수박(淸濁粹駁)에 따른 개체성의 질서를 구현하고자 한 것이다.

그렇다면 과연 불교는 주자가 비판한 것처럼 개체의 다름을 말하지 않고 가립된 세계를 설정하여 허무만 일삼는 도인가? 화엄 육상은 개체성을 이해하는 대표적인 논리 체계를 갖고 있다 할 것이다. 주자가 비판한 것처럼 불교가 개체성을 간과하거나 허무만을 말하고자 함이 아니라 주자와는 다른 개체성에 대한 이해 방식을 가졌다 할 것이다.

1) 화엄에서의 개체성

화엄에서 개별자들의 설명은 육상(六相)으로 제시된다. 개체 모습을 여섯 가지(총상, 별상, 동상, 이상, 성상, 괴상)로 설명하고 있다. 총상(總相)은 전체의 모습을, 별상(別相)은 개체의 모습을 말한다. 동상(同相)과 이상(異相)은 개체가 전체와 하나인 모습인 동시에 개체 간 서로 다른 모습을 말하는 것으로 이는 곧 성리학의 이일분수(理一分殊)에 영향을 준 개념이라 할 것이다. 끝으로 성상은 개별의 다른 모습들이 서로 연기하고 의지하여 전체를 이루는 것을 말하고 괴상은 개체들의 무작위의 자법[空性]을 가리킨다. 공성은 불변하는 것이요 무작위하는 자법(自法)인 것이다.[7] 표원이 인용한 법장의 게송을 보면 육상은 다음과 같이 설명되고 있다.

하나는 여럿을 갖추었으니 總相이라 이름하고	一卽具多名總相
여럿이 똑같지 않으니 別相이다.	多卽非一是別相
여러 종류 인연이 스스로 전체에서 同相을 이루고	多類自同成於總
각각의 체가 구별되어 같은 데에서 異相을 드러낸다.	各體別異顯於同
하나와 여럿이 연기하여 오묘한 成相의 이치를 이루고	一多緣起理妙成

> 자법은 늘 작위하지 않으므로 壞性이다.[8]   壞性自法常不作

여기서 주목할 것은 괴상의 의미인데 법장은 괴상을 '연기의 체(體)'라 하면서[9] '부작(不作)의 자법(自法)'으로 설명하고 있고 자법이란 곧 자성(自性)을 의미한다.[10] 결국 표원에게 있어서 자법이란 유위·무위를 아우르면서(亦有爲亦無爲) 유위·무위를 넘어서는(非有爲非無爲) 본체로서 공(空)이다.[11] 그러므로 괴상은 인연이 짓는 바를 따르지 않는 공성(空性)이라 할 것이다.

> 법(자법)은 自體를 이름한다. 자체는 본래 空이다. 둘도 아니요 다함도 없다. 유위·무위를 일컬어 두 가지 작용이라 하고 유도 무도 아닌 것이 곧 유무의 본체가 된다. 본체는 인연이 짓는 바를 따르지 않는 것으로 자법이라 이름하고 자법은 본래 空이다.[12]

개체는 전체로부터 독립되어 존재하는 것이 아니라 전체와의 관련 속에서 존재한다. 전체와의 연관 속에 개체가 있기에 개체는 전체에 의해 존재가 명명되고 전체는 개체들의 연관에 의해 존재한다.[13] 그러므로 개체는 곧 전체요 전체는 곧 개체이다. 이 개체는 위에서 설명한 것처럼 여섯 가지 방식으로 이해할 수 있고 이는 집으로 비유된다. 집 전체[總相]는 기둥, 기와, 서까래 등의 여러 개체[別相]들로 이루어진다. 모든 개별자들은 여러 인연 조건들이 화합하여 생겨난 것으로 모든 개별자들은 서로에 의지해 있다.

> 전체로 말미암는 개별이기에 전체를 성립할 수 있다. 마치 서까래가 곧 집이므로 총상이라 이름하고 집이 곧 서까래이므로 별상이라고 이름하는 것과 같다. 만약 서까래가 집과 상즉하지 않는다면 서까래가 아니고 만약 집

이 서까래와 상즉하지 않으면 집이 아니다. 전체와 개별은 상즉한다.[14]

서까래[15]가 집이다. 서까래가 없으면 집이 성립하지 못하고 집이 성립하지 않으면 기둥, 기와 등의 이름도 없다. 만약 집(전체)과 서까래(개체)가 상즉하지 않는다면 전체는 개체 밖에 있게 되므로 개체가 아니고 개체는 전체 밖에 있게 되므로 전체가 아니다.

(1) 화엄에서의 개체 이해는 곧 전체로서 보편성과 특수성을 동시에 지닌다(一卽多多卽一)

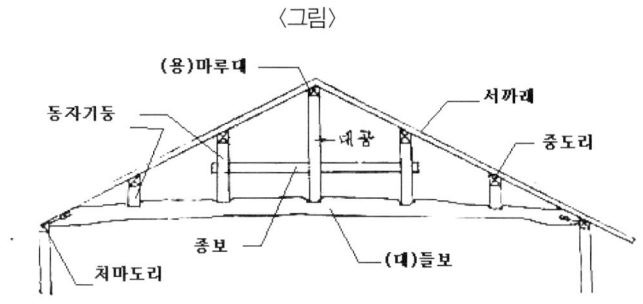

〈그림〉

위의 〈그림〉[16]을 보면서 생각해 보자. 집 전체가 있고 기둥, 대들보, 동자기둥, 중도리, 서까래 등 개체가 있다. 들보는 기둥이 있기에 존재하고 들보가 있기에 동자기둥이 존재하며 중도리 및 마루대가 있기에 서까래가 존재한다. 그러므로 서까래가 집이다. 서까래 개체에는 대들보, 동자기둥, 중도리 등의 모습은 없지만 대들보, 동자기둥, 중도리가 있기에 존재하는 것이다. 이렇게 개체는 자기 이외의 개체들과 상호 의존하여 존재하기에 개체는 전체요 전체는 개체이다. 그러므로 개체와 전체는 한몸이다.

또한 개체와 개체는 서로 인연 조건이 다르므로 형태와 종류가 다르고 각기 다른 역할과 조건을 갖지만 동시에 개체는 서로 의지하여 존재하기에 하나의 전체를 이룬다. 개체와 개체는 서로 의존하는 연기이므로 서로 다르지 않은 하나이다. 개체 모두 집이므로 동상(同相)이라 이름한다.

즉 서까래 등 여러 인연이 화합하여 하나된 집을 지으므로 서로 다름이 없는 고로 모두 사연(舍緣)이라 이름한다. 동상은 서까래 등 여러 인연들에 의거한 것이다. 비록 체는 각각 다르지만 집을 이루는 힘의 측면에서는 그 뜻이 같기 때문에 동상이라 이름한다.[17]

코끼리의 귀, 다리 등 각기 다른 모습이 모두 코끼리이듯이 기와, 기둥 역시 집이다. 또한 기둥, 대들보, 서까래, 기와 등 여러 인연 조건들이 각자의 형태와 종류에 따라 서로 다른 관계를 맺기에 다르다[異相]고 하는 것이다. 서로 여러 인연 조건들이 다르고 번갈아 가며 서로 상대함이 다르기 때문에 집이 구성된다. 그 다름이 없다면 전체[집]는 구성되지 않는다. 다르기 때문에 같은 것이다. 만약 다르지 않다면 서까래가 1장 2척인 경우 기와도 같은 크기가 되어서 본래의 연기법을 무너뜨리기 때문에 집을 이룰 수 없게 된다.[18]

화엄 육상에서 이해하는 동상(同相)과 이상(異相)으로서의 개체성 이해는 여러 '인연이 서로 의지하여' 스스로 전체의 동상(同相)을 이루고 '각각의 인연이 구별되어' 같은 데에서 이상(異相)을 드러내는 개체이다. 이는 주희의 이일분수(理一分殊)나 이동기이(理同氣異)에 따른 개체성의 이해 방식과는 상이함을 알 수 있다.

(2) 모든 개체는 독립·불변하는 자성이 없기에 전체와 하나 되고 자신을 지속적으로 변화, 창조할 수 있다

개체는 다양한 인연 조건들의 끊임없는 변화로 그 종류가 중중무진한 것이 된다. 살아 있는 한, 그리고 존재하는 한 모든 존재는 활동하고 변화한다.

개체들은 다양한 조건을 통해 존재하고 생성-소멸을 반복하는 가운데 존재를 창조한다.

만약 인연 조건의 화합으로 이루어지는 개체성이 아니라 처음부터 독립·고정된 자성의 개체라면 '일즉다다즉일'은 성립하지 않는다. 성상(成相)이란 여러 인연으로 말미암아 집이 이루어지는 것이다. 집을 이루기에 서까래 등을 연기(緣起)라고 하고 서까래라고 하는 연기의 이름이 있다. 그러나 서까래 등 여러 인연들 자체는 '부작(不作)'하기에 집의 의미를 이룬다. 만약 서까래가 작위하여 집을 짓는 것이라면 본래의 서까래라는 존재를 잃기 때문에 집의 의미가 성립될 수 없다. 부작(不作)으로 말미암아 집이 성립할 수 있고 서까래 등 여러 인연이 현전하는 것이다.[19] 즉 개체가 독립·불변하는 자성의 작위가 없기에 집을 이루고 변화·창조될 수 있다. 성상은 괴상의 이면이다. 자성이 공(空)하기에 본래 지은 바가 없으나 인연 조건에 의해 존재하고(成相) 변화하기에 괴상(壞相)이라 한다. 개체의 인연 조건의 무상(無常)함에 따라 전체와 상즉하면서 중중무진하게 전체를 변화·창조해 가는 것이다.

> 괴상이란 … 서까래 등 여러 인연들이 각기 자법에 머물러 본래 不作인고로 괴상이라 한다. … 오로지 不作으로 말미암아 집이 이루어질 수 있는 것이다. … 만약 서까래가 짓는다고 말하면 곧 서까래를 잃는 것이다. 서까래를 잃으면 집은 곧 인연이 없어 존재할 수 없다.[20]

또한 기둥이 또 다른 인연을 만나 연이 바뀌어 기둥이 썩으면 집은 더 이상 기존의 서까래 인연에 의지할 수 없으므로 괴가 된다. 집의 모습도 변화하고 기둥도 더 이상 기둥이 아니게 된다. 처음부터 집도 기둥도 실체로 작위하는 그 무엇이 아니라 모든 인연의 화합에 의한 존재 형성이요 각기 무상·무아로서 다른 인연 조건으로 변화해 가는 개별성이다.

그러므로 세계는 성괴(成壞)이다. 삼천세계가 하나의 세계를 이루는 것이 성에 즉하고 괴에 즉하는 것과 같다.[21] 이루어짐은 곧 무너짐이요 무너짐은 곧 이루어짐이다. 여기에 세계의 변화 창조가 있다.

화엄의 개체성 이해는 오늘날의 유전공학으로도 설명 가능하다. 인체의 모든 체세포(몸세포)는 원래는 어떤 부분의 세포이든지 생식이 가능하게 생겨나지만 생명체의 생장에 따라 그 부분의 기능만 점점 자라게 된다. 그러므로 생명복제에 적합한 환경을 만들면 체세포에서도 전기 충격으로 생식세포의 기능을 재생할 수 있다고 한다. 개체는 살아 있는 "하나의 전체"로서 그 환경적 세계에 있어서 다른 모든 것과 관계를 가지면서 그 자신의 원자적 "개체성을 실현"하는 것이다. 실재적 존재는 현실적 존재가 순간적으로 다자(多者), 즉 유기적 관계를 맺고 있는 수많은 자료를 일체화하여 한 순간의 일자(一者)로서의 현실적 계기를 이루는 것을 말한다. 이 일자에 의하여 다음 단계의 다자는 증가하게 된다. 이 일자는 과거의 자신이나 다른 다자들과는 달리 전혀 새로운 것이다. 이것을 창조성 또는 새로움의 원리라고 한다. 이 원리는 현실적 존재의 자기 창조 과정 안에 있다. 그러므로 크게 보면 우주 자체가 바로 새로움을 향한 창조적 과정이 된다.[22]

2) 주자의 이일분수에 있어서 개별자

성리학에 미친 불교의 영향은 일찍이 주렴계로까지 거슬러 올라간다. 타케우치(武內義雄)의 견해에 의하면 주렴계는 종밀의 『원인론(原人論)』에 영향 받았고[23] 정이는 이것을 개조하여 이일분수라 하여 이에 의해 만상의 차이를 설명하였다. 정이의 철학은 '사리일치(事理一致)'와 '이일분수' 두 말에 지나지 않는다. 이는 화엄의 삼법계관[24] 가운데 이사무애관에 힌트받아 이사일치와 이일분수를 제창하게 된 것이다. 정이가 화엄의 이사무애의 사상을 취하여 그의 이일분수설을 구성하였으므로 그의 사상을 계승한 주희도 화엄 사상의 영향을 받은 것이라 할 것이다.

그러나 정이가 이사무애적 사유에서 사사무애관으로까지 나아가지 않은 것은 유교의 도덕을 설명하기 위해서는 사사무애의 사상은 유해무익하다고 생각했기 때문이다. 인륜의 규범적 질서를 리(理)로 규정해 가는 입장에서, 그리고 아랫사람에게는 복종과 공경을 강조하는 인륜 규범이 필요했던 상황에서 불교처럼 인연 화합으로서 존재를 이해하거나 분별을 떠난 해탈의 경지는 수긍할 수 없었을 것이다. 주희는 특히 다음과 같이 불교가 이 현실을 가립된 것으로 보기에 불교는 결국 허무적멸의 도라 하여 반기를 들었다.

> 대상은 무상하다는 것을 관찰하라. 이렇게 관찰하면 바른 관찰이다. 바르게 관찰하면 곧 싫어하여 떠날 마음이 생기고 싫어하여 떠날 마음이 생기면 즐거하고 탐하는 마음이 없어지며 즐거하고 탐하는 마음이 없어지면 그것을 마음의 해탈이라고 한다.(잡아함경)[25]

> 불교는 천지를 幻妄으로 삼고 四大를 假合으로 여기기에 이 모두 無다.[26]

그러나 무상이기에 변화할 수 있고 생성이 되며 무아이기에 전일아가 될 수 있음을 살펴야 할 것이다. 주희처럼 이 세계가 이미 개별리가 정해진 질서화된 고정된 세계가 아니라 인연화합의 존재 구성 속에서 끊임없이 창조되는 개체와 세계 이해를 불교는 갖고 있는 것이다. 무아·무상은 오히려 현실과 세계 형성에 있어서 개체들의 적극성과 주체성을 부여할 수 있는 요인이 될 수 있다.

> 집은 하나의 理로 포괄되지만 그 가운데 대청도 있고 방도 있다. 초목도 하나의 理로 포괄되지만 그 가운데 복숭아나무도 있고 자두나무도 있다. 여러 사람도 하나의 理로 포괄되지만 그 가운데 장삼도 있고, 이사도 있다. 이사는 장삼이 될 수 없다. 장삼도 이사가 될 수 없다.[27]

집은 '하나의 이(理)'로서 이일(理一)에 해당하고 대청, 방 등은 분수에 해당한다. 대청, 방 등과 전체의 집은 하나로 포괄되는 것이지만 대청이 곧 방이 될 수는 없다는 것이다. 자두나무는 결코 복숭아나무일 수 없으며 이사는 장삼이 될 수 없고 장삼도 이사가 될 수 없다. 이러한 사유방식은 화엄의 사사무애를 거부하는 것으로 개별적으로 독립되고 고정·불변하는 차등적 개체의 질서를 강조하는 것이다.

분명 성리학에 있어 이일분수적 사유는 화엄 육상에서 동상과 이상의 구조를 따와 동상과 이상을 각각 이일과 분수에 대응시켜 말한 것이고 특히 분수리는 화엄의 이상(異相)에 주목하여 독자적으로 의미를 부여해 나간 인상을 준다. 그리고 불교와는 판이한 해석을 가하고 있음을 볼 수 있다. 그러나 불교의 이상(異相)은 개별리가 전체와 분리되거나 고정불변한 것이 아니었다. 모든 개별체는 서로가 의존하여 있는 것이고 각기 다른 의존관계로 인하여 개별성을 지닌다. 대청이 있으므로 방이 있는 것이다. 반면 주자의 분수리는 고정불변한 차별적 질서의 리(理)로서 개별리 자체가 '치우치고 온전함[偏全]'에 있어서 천차만별을 띠는 것이다. 주자는 개별체의 속성이 인연 화합의 연기라는 것을 단연코 거부했다.

(1) 인간 개체는 일정한 인륜 관계를 맺는 존재로서 분수가 같지 않기 때문에 차등적 성격을 갖는다

성리학에 의하면 개체 하나하나의 관계마다에는 반드시 일정한 방식이 있다. 만물은 이 방식, 즉 기의 청탁수박과 리(理)의 편전에 따른 방식에 의해 다섯 가지의 순서(五常)를 이루어 우주를 구성하고 있다.[28] 주희는 "아랫사람이 분수를 편안히 여기지 아니하는 것과 윗사람이 백성들을 불쌍히 여기지 아니하는 것이 모두 이치가 아니다."[29]라고 말한다. 아랫사람은 자신의 분수에 만족하고 윗사람은 백성들을 불쌍히 여기는 것이 개별적 리(理)이다. 귀산 양씨는 말하기를 "서명에 리(理)는 하나인데 분수가 다르다. 그 리(理)가 하나임을 알기 때문에 인(仁)이 되고 그 분수가 다름을 알기 때문에 의(義)가 되는 것이다. 이것은 맹자가 어버이를 친한 뒤에 백성들에게 인(仁)하게 하고 백성들에게 인하게 한 뒤에 물(物)을 사랑한다고 한 말과 같다. 그 분수가 같지 않은 까닭에 베푸는 것이 차등이 없을 수가 없는 것이다."[30] 하였다. 이것이 이른바 '이치는 하나이나 분수는 다른 것(理一分殊)'[31]이라고 하는 것이다.

모든 개체는 각기 상하·존비·친소의 리(理)가 있고 그 관계 질서에 따라 할 바의 도리를 다하는 것이 개체의 리(理)이다. 인(仁)이란 것은 바로 분수리의 차례대로 그것을 베푸는 것이다. 나의 늙은이를 먼저 하고 남의 늙은이를 나중에 하며 백성을 먼저 하고 물건을 나중에 하는 것이 그 개체리인 것이다. 만약 묵자처럼 사람을 사랑함에 차등이 없어 그 어버이까지도 다른 사람과 다름없이 보면 아비가 없는 것이 되고 아비가 없고 임금이 없으면 사람의 도가 끊어지니 이 또한 금수일 뿐[32]이라 하였다.

정이와 주자는 개인은 우주 안에서 일정한 관계를 맺으며 다른 사람이나 사물에 대해 일정한 의무를 지닌다고 생각했다. 그러나 그 관계와 지위가 서로 다르기 때문에 개인적인 의무에도 차이가 있게 된다. 모든 개체는 도리의

지극함을 개별리로 삼는다. 이는 임금의 어짐, 신하의 공경과 같은 것이다. 또한 친친(親親)과 존현(尊賢)은 모두 인(仁)의 일이다. 어버이를 친하게 하고 성현을 높이는 가운데 스스로 차등이 있으니 이것이 의(義)와 예(禮)이다.[33]

> 본성은 태극의 본체이다. 그 가운데 만물의 理가 함유되어 있다. 그것들은 인의예지이고 외계의 사물과 감수하면 내부로부터 대응하여 측은, 공경하는 마음이 나타난다.[34] 인의예지, 어찌 이것이 천리가 아니겠는가. 군신부자형제부부붕우, 어찌 이것이 천리가 아니겠는가.[35]

주자가 말하는 개별리는 이일(理一)이라는 전제를 내세웠지만 결국 전체와 독립된 부분적 개별리로 설정되고 있다. 이는 각 부분의 개별리가 총합을 이룬 것이 태극이라는 논리이다. 그러므로 이일분수의 분수리는 처음부터 보편리와 일치되는 것이 아니었다. 주자의 보편적 태극은 개별리에 갖추어진 각구태극(各具太極)과 괴리된다. 단지 천지만물의 개별리가 질서로 구현된 그 총합을 보편리라 하는 것뿐이다. 전체와 개체가 상즉하는 것이 아니다. 주자는 이동기이(理同氣異)라 하였지만 이동(理同)도 실제로는 부정하고 있는 셈이다. 보편리의 편전에 따라 개체리가 다르다고 하는 것은 결국 개체의 불평등과 서열적 존비를 정당화하는 것이다.

(2) 주자의 개체성 이해는 가장 절실하고 가까운 것을 중심으로 설정된 것이고 개별리의 총합이 보편리가 되므로 격물치지를 통한 분수리의 이해를 통해 보편리에 상달하는 인간형성의 인간상을 중요시한다

주자는 기질에 따라 그 성이 다르다고 해도 리(理)는 일찍이 같기 때문에 이 만물일원(萬物一原)을 논하면 곧 리(理)는 같고 기는 다르다고 말한다. 그러나

만물이 각각의 이체(異體)를 지니고 있는 것으로 이를 관(觀)하면 기(氣)는 상근(相近)하지만 리(理)는 끊어져 같지 않다고 또 말한다. 리(理)가 다른 것은 '리가 어느 하나에 편중되어 있는가? 아니면 온전히 갖추고 있는가?'의 편전(偏全)의 다름으로부터 유래한다.36 이는 기존 연구에서도 간과되고 있는 부분이다. 주자의 이일분수를 설명할 때 이동기이만을 말하지 리(理)의 편전을 말하지 않는다. 그러나 주자는 분명히 다음과 같이 리(理)의 편전을 말하고 있다.

> 인·물, 기품의 다름이 있다고 해도 理는 또한 일찍이 같기 때문에 이 萬物一原을 논하면 곧 理는 같고 기는 다르다. 만물의 異體를 관하면 곧 기는 相近하고 理는 끊어져 같지 않기 때문이다. 氣의 다른 바는 粹駁이 고르지 않기 때문이다. 理의 다름은 偏全의 다름이다.37

주자에게 있어 본연지성은 인의예지로서 인간에게 가장 절실하고 가까운 것이 천리가 된다. 불교가 몸을 버려 호랑이를 기른다고 하는 것이 어느 정도 공(公)이라고 말해도38 그것이 천리가 될 수 없는 것은 친소/상하의 질서를 무시했기 때문이다. 주희에게 있어 중요한 것은 이일(理一)의 보편적 리보다 분수의 현상계에 나타난 구체적 리를 먼저 체득하는 것이다. 왜냐하면 현실적으로 가까이에 주어져 있는 분수지리(分殊之理)의 인식을 통해서만 리일에 상달할 수 있기 때문이다. 이러한 의미에서 주자는 공자의 하학이상달법을 가장 잘 계승하였다고 말할 수 있다. 주자가 격물 공부를 강조한 점은 바로 이런 연유에서이다.

또한 주자는 더 나아가 나와의 친소 관계에 따른 구체적 리(理)를 예로 규정하고 있다. 인간을 포함한 우주 전체의 운행에는 일정한 규율이 있다고 믿고서 그 규율을 형이상의 실재인 리(理)로 규정한 그는 공(公)의 영역이 리(理)의 구현인 예에 의거하여 운용되어야만 한다고 생각했다.[39] 사람이면 누구나 반드시 지켜야 할 원칙과 사람이면 누구나 그 원칙을 실현해야 한다는 당위를 체용의 형식으로 말하는 것이다. 그 영원히 변할 수 없는 원칙은 다름 아닌 임금과 신하, 아버지와 자식이 서로 지켜야 할 도리들과 인의(仁義) 같은 도덕률, 그리고 예와 악과 같은 규범들이었다.

> 만물은 모두 이 理가 있다. 理는 모두 一原에서 나오지만 자리하는 위치가 다르므로 그 理의 用이 한결같지 않다. 예를 들면 임금은 반드시 인자해야 하며 신하는 반드시 공경해야 하며 자식은 반드시 효도해야 하며 부모는 반드시 자애로워야 하는 것처럼 物마다 각각 리를 갖추고 있으나 물마다 각각 그 用이 다르다.[40]

만물의 리(理)는 각기 "자리하는 위치가 다르므로" 그 분수가 다르다. 임금의 자리, 신하의 자리, 자식의 자리, 부모의 자리 등 각자의 개체가 갖는 관계의 리가 모두 다르다. 그러나 이러한 각자의 분수리를 실현하고 확대해 감에 따라 보편리에 이른다. 가장 절실하고 가까운 것부터 행하여 덜 절실하고 보다 먼 것에로 나아가는 것이다. 그러므로 주자는 격물치지를 통한 분수리의 이해를 통해 보편리에 상달하는 인간 형성을 중요시한다.

2. 퇴계와 율곡에 있어서 개체성 이해

조선 성리학에서 개체성의 문제는 주자의 이일분수를 중심으로 논의된 개념의 사상적 흐름이라는 것을 이해할 수 있다. 퇴계와 율곡이 이해하는 개체성의 입장 차이는 다음과 같이 정리할 수 있다.

첫째, 이·기 체용을 이원으로 보느냐 일원적 통체로 보느냐에 따라 퇴계와 율곡의 입장이 달라진다. 화담이나 율곡은 리(理)를 기속에 포함시켜 둘로 보지 않았다. "기밖에 리(理)가 없고 리(理)란 기의 주재로 리(理)는 기보다 선행할 수 없다."[41]고 했다. 그러나 퇴계는 '이와 기를 둘로 나누었고 이는 결코 일물이 아니다.' 라고 했다.[42]

둘째, 본연지성은 기질을 떠나서 말할 수 있는가 없는가의 문제이다. 퇴계는 인간 개체 안에 본연지성과 기질지성을 이원화하여 분리했지만 율곡은 기질지성 안에 본연지성을 포함시켜 개체성을 이해했다.

셋째, 온전한 리로서 본연지성이 기질지성에게 주도권을 빼앗기느냐 아니면 기질에 국한되느냐에 두는 것이다. 두 사람 모두 주자가 말한 리(理)의 편전을 전제하지 않음은 공통적인 요소인 동시에 주자와의 차별성을 보이는 것이기도 하다.

1) 퇴계의 개체성 이해

(1) 퇴계는 이기호발을 주장하여 기질과 분리된 개체의 본연지성을 강조한다

퇴계는 리(理)가 기(氣)에 합해지면 순선을 확보할 수 없으므로 이기(理氣)를 이원화하고 인간에 부여된 보편리(본연지성)와 개별리(기질지성)를 분리시켜 말하고자 한다. 만일 이와 기가 서로 떨어지는 것이 아니라는 점을 근거로 기를 겸하였다는 주장을 내세우려 한다면 이것은 이미 성의 본연이 아니게 되고 성의 본래 선함을 깨닫지 못한 때문이라는 것이다. "정에 사단칠정의 분별이 있는 것은 성(性)에 본연지성과 기질지성의 차별이 있는 것과 같다."[43]는 주장이다. 퇴계가 중요시하는 핵심은 "이와 기가 서로 떨어질 수 없다고 하여 성

이 기를 겸한 것이라고 설명한다면 이는 이미 성의 본연이 아닌 것이 되어 버린다."[44]는 것이다.

그러나 율곡의 입장은 다르다. 만약에 사단이 리(理)로부터 출발한다 하여 선이 아닌 것이 없고 칠정이 기(氣)로부터 출발한다고 하여 선악이 있다고 말한다면 이것은 이와 기가 판이하여 두 개의 물건이 되므로 오류라는 것이다.[45] 칠정이 성으로부터 나오는 것이 아니게 되고 사단 또한 기를 타지 않는 것이 된다.

한편 퇴계는 리(理)와 기(氣)에 각기 발(發)이 있다 하는 것은 주인되는 바(所主)와 중시하는 바(所重)에 따라서 다름이 있기 때문이라고 하였다. 만약 이기가 서로 떨어지지 않는다고 하여 겸기(兼氣)로 설명하면 성(性)의 본연이 아니며 성의 본래선을 설명할 수가 없다는 것이다. 그러나 퇴계는 덧붙여 말하기를 '사단이발'이라 했을 때 사단에 기가 없는 것은 아니라 하였고 칠정에 이가 없는 것이 아니지만 그것을 기의 발이라 하는 것도 바로 이와 같은 뜻[46]이라 하였다.

또한 퇴계는 모든 개체에 온전한 본연지성이 없는 곳은 없다고 보아야 한다고 주장한다. 만약 마른나무는 기질의 성만 있고 본연의 성은 없다 하면 이 기질의 성이란 또 어디로부터 오겠느냐 라는 것이다.[47] 주자는 리(理)의 편전을 말했지만 퇴계는 리(理)의 온전과 기의 편전을 말했다.

> 一理가 고루 품부된 것으로써 말한다면 물건마다 그 가운데 본래 제각기 타고난 성질이 있지 않는 것이 없으니 이는 기에 둘러싸였기 때문에 결국 없어지지는 않으므로 만물이 각각 한 태극을 구비하고 있다는 것이다. 또 理로써 말하면 전체를 구비하지 않은 것이 없고 또 氣로써 말하면 능히 한쪽으로 치우치지 않음이 없다.[48]

결국 퇴계가 생각하는 '이일분수'는 불가리(不可離)와 불상잡(不相雜)으로 이해되었음을 볼 수 있다.[49] 즉 리(理)와 기(氣)가 서로 섞이지 않는 불상잡을 이일로 보고 이와 기가 서로 떨어지지 않는 불가리(不可離)를 분수로 보고 있는 것이다. '이일'은 '이(異) 가운데에서 동(同)'을 보는 것이고 '분수'는 '동(同) 속에서의 이(異)'를 보는 것이다. 이는 화엄의 동상/이상(同相/異相)을 떠올리게 하면서도 내용이 다르고 주자의 이일분수와도 판이함을 볼 수 있다.

> 불가리라 함은 이미 내가 말한 異 가운데에서 同이 있음을 본 것이고 性이 기 가운데 있다는 것에 대하여 말하자면 기는 스스로 기이며 성은 스스로 성으로서 서로 섞일 수 없다고 하였으니 바로 내가 말한 同 속에서 異가 있음을 알게 된다는 것이다.[50]

보편리(이일)란 불가리로서 모든 개체 가운데 본연지성이 있음을 의미하는 것이고 개체리(분수)란 그 본연지성이 개체 기질 가운데 있지만 스스로 성(性)이고 스스로 기(氣)이어서 상호 영향이 없고 서로 섞이지 않는 것을 의미한다. 결국 퇴계의 논리는 보편리와 개체리 간에 차별성이 없어지고 개체를 떠나는 초월적 성격을 띠게 된다. 퇴계가 이해하는 이러한 이일분수 개념은 달의 비유로 사유가 이어지는데 그는 본연지성과 기질지성의 관계를 달에 비유하였다. 이 역시 주자와는 차별성을 보이는 부분이라 할 것이다.

먼저 주렴계를 보면 그가 이일분수를 달에 비유한 설명은 이러하다. 달이 모든 시냇물에 떨어져 비침에 곳곳마다 다 둥근 것이 하나와 같다는 것이다. 그러나 퇴계는 이 비유가 옳지 못함을 말하고 수정을 가하고 있다. 즉 "하늘이나 물속에 있는 것이 비록 같은 하나의 달이지만 하늘의 것은 진짜 달이며 물속의 것은 비친 그림자인 까닭에 하늘의 달을 가리키면 실상을 얻으나 물속의 달을 잡으려 하면 얻을 수 없다."[51]는 것이다.

물속의 달은 물로 인하여 달에 명암이 있게 된다. 달의 모습이 조용히 맑게 흐르는 물에 드러난 것을 비록 달이라고 가리키나 그 움직임을 말한다면 물의 움직임이 그 가운데에 있어 혹 물이 바람에 흔들리거나 돌에 부딪히면 달이 일렁거리고 없어지는 것이다.

결국 이는 물(氣)의 움직임에 따라 달(理)의 명암이 달라짐을 강조하는 것으로 본연지성(이일)은 기질지성(분수)과 구분하여 추구되어야 함을 말하고자 하는 것이다. 이는 이기(理氣)가 일물(一物)이 아님을 전제로 하는 사유이기도 하다. 이기를 일물이라고 하면 주역의 태극이 양의를 낳는 것이 아니라 태극을 바로 양의라 했어야 한다[52]는 것이 퇴계의 입장이다.

(2) 퇴계의 본연성 이해는 무(無)·허(虛)의 개념을 포함하고 있고 무(無)의 용(用)이 곧 개체들로 드러난다

퇴계는 주자(朱子)와 다른 또 하나의 특징을 보이고 있는데 본체에 무(無)·허(虛) 개념을 포함시킨다는 점이다. 주렴계는 '지극히 허한 가운데에 지극히 실한 것이 있다.' 하였고 또 '지극히 무(無)한 가운데 지극히 유(有)함이 있다.' 하였는데 이는 허하되 실함을 말하고 무하되 유함을 말함이지 허가 없다는 말이 아니라고 퇴계는 강조하고 있다.[53] 정자 역시 '태허를 가리켜 리(理)가 된다.' 고 하여 허에서 실을 인정하고자 함이지 본래 허가 없는데 실함이 있다는 말은 아니라는 것이다.

또 장횡거는 '허(虛)와 기(氣)를 합하여 성(性)이란 이름이 있다' 고 하였다. 이렇게 정·장 이래로 허를 가지고 리(理)를 말하는 자가 적지 아니하였는데 이제 한갓 리(理)의 실을 밝히고자 하여 리(理)를 가지고 허가 아니라고 한다면 주·정·장·주 여러 대 유학자의 논을 모두 폐하여야 할 것이라고 주장했다.

허(虛)자의 폐단은 장차 학문을 하는 자를 허무의 논을 도와서 노불의 지경에 빠지게 할 것을 염려하게 하지만 반대로 허를 쓰지 않고 실 자만을 고집하는 것 역시 염려된다54고 하였다. 퇴계는 "나의 허(虛)는 허하면서도 실하니 저들의 허가 아니요 나의 무(無)는 무하면서도 유(有)하니 저들이 말하는 그러한 무가 아니라" 하였다. 따라서 자신은 이단에 들어갈 염려가 없다 강조하면서 "무가 허무한 상태로 있는 도리가 바로 체이고 그것이 모든 사물 사이에 나타나는 것이 용(用)"이라 하였다.55

이는 주자가 자신의 철학에서 노·불의 무/허를 다 걷어낸 것과 달리 퇴계는 이발(理發)을 무(無[虛])의 용(用)으로 놓고 있다는 점을 주목해야 할 것이다. 퇴계는 자신이 주장하는 것이 곧 주자가 말하는 바라고 하여 주자의 생각을 그대로 개진하는 듯한 모습을 보인다. 그러나 퇴계에 있어서 허(虛)와 무 개념이 강조된 것은 분명 주자와 다른 것이었다.

물론 크게 보면 주자를 벗어나지 않는다. 퇴계 역시 인륜을 천리로 놓고 있고 "하나를 높이고 하나를 낮추는 것은 바로 천리이자 인륜의 극치"56라 했다. 퇴계 역시 존비·상하의 질서를 이(理)로 놓고 있는 것이다.57

2) 율곡의 개체성 이해

율곡 역시 이일(理一)을 개체성에서 설명하려 하고 주자처럼 리(理)의 편전을 전제하지 않았다.58 율곡이 말하는 기질의 성과 본연의 성은 결코 두 성이 아니다. 특히 기질 상에 있어서 그 리(理)만 홀로 가리켜 본연의 성이라 하고 이기를 합하여 기질의 성이라 한 것이다. 만약 퇴계와 같이 본연과 기질을 분리한다면 '본연의 성은 동쪽에 있고 기질의 성은 서쪽에 있어서 도심은 동쪽에서 나오며 인심은 서쪽에서 나올 것인가?'라고 반문한다.59 율곡은 기질지성 안에서 본연지성이 온전하게 존재하면서도 어떻게 개별리로 가는지를 이통기국으로 설명하고 있다.

> 理通이라는 것은 천지만물이 동일한 理며 기국은 천지만물이 각각 하나인 氣다. 이른바 리일분수는 理는 본래 하나지만 氣가 고르지 않기 때문에 그 머무르는 장소에 따라 각각 하나의 리가 되는 것이다. 이것이 이른바 분수가 되는 까닭이다. 리가 본래 하나가 아닌 것이 아니다.(『율곡전서』1, 성학집요)

율곡의 이통기국 역시 이일과 분수를 동시에 성립시키고자 한 고민의 산물이다. 개체 안에서 이일(理一)의 보편성도 손상당하지 않고 동시에 분수리의 개별적 다양성을 설명할 수 있는 논리가 이통기국으로 산출된 것이라 할 것이다. 기(氣)가 치우치면 리(理)도 치우치지만 치우치는 것과 온전한 것은 모두 기(氣)이지 리(理)가 아니다. 리(理)가 각각의 기질로 인하여 성(性)이 되지만 그 본연의 묘는 스스로 방해하지 않는다.

> 기가 치우치면 理도 역시 치우치게 되나 그 치우친 바는 리가 아니라 기이며 기가 온전하면 리도 역시 온전하나 온전한 바는 리가 아니라 기이다. 맑고 탁하고 순수하고 잡박한 것과 찌꺼기·재·거름·오물 가운데도 理가 있지 않은 곳이 없어 각각 그 성이 되지만 그 본연의 妙는 스스로 그러함을 방해하지 않는다. 이것을 理의 통함이라고 이르는 것이다.[60]

만물은 타고난 기의 편전으로 말미암아 일원(一原)의 리(理)를 온전하게 드러내지 못할 뿐이지 리(理)가 온전하지 못한 것이 아니다. 개체성의 다양성은 개체에 부여된 보편 리(理)의 편전으로 인한 것이 아니라 기의 편전 때문에 그러한 것이다. 다시 말해 율곡은 이일과 담일청허지기(湛一淸虛之氣)를 대비시킴으로써 이기의 가장 완전하고 이상적 결합을 추구한 반면에 현실적으로 이일(理一)을 완전하게 드러내지 못하는 원인을 기(氣)의 질적인 불완전성에 두려고 하는 것이다. 바로 이 질적 불완전성이 곧 기국이며 만물이 만수로 갈라지는 근본적 원인이다.[61]

율곡이 화담을 비판하였던 것도 기의 편전을 말하지 않고 "맑고 깨끗한 기(담일청허지기)가 물(物)마다 있지 않은 데가 없다."[62]고 한 것에 있었다. 현상계의 사물에서 기의 본연인 담일청허지기는 기의 편전에 따라 참차부제하게 된다고 율곡은 주장했다.[63]

(1) 인간 개체의 본연성은 분수리(기국)에서 드러난다

율곡에게 있어서 개체에 부여된 본연의 리(理)는 순선(純善)하지만 기를 타고 유행할 때에는 그 나눔이 만 가지로 다르다. 아주 맑고 깨끗한 곳에서는 리(理)도 맑고, 지저분하고 더러운 곳에서는 리(理)도 또한 더러워진다. 물이 본시 맑은 것은 성(性)이 본시 선(善)한 것과 같고 물을 담은 그릇이 깨끗함과 더러움이 같지 않음이 있는 것은 기질이 각각 다름과 같다. 그릇이 움직일 때 물이 움직임은 기가 발할 때 이가 타는 것이요 그릇과 물이 함께 움직여 그릇이 움직이는 것과 물이 움직이는 것의 다름이 없음은 이가 발하는 것과 기가 발하는 구분이 없는 것과 같다.

> 대개 기질의 성이라 한 것도 본연성 외에 별성이 있는 것이 아니라 기질이 성[본연]을 포함하여 날 때에 같이 났으므로 기질도 性이라 한다. 기질은 그릇과 같고 성은 물과 같으니 맑은 그릇에 물을 담은 것은 성인이요 그릇 가

운데 모래나 흙이 있는 것은 중인이며 전연 그릇 속에 진흙이 있는 것은 하등 사람들이다.[64]

율곡이 주장하는 개체의 성이란 보편리가 개체에 부여된 것을 지칭하는 것이다. 이는 리(理)가 기 가운데 있은 연후에야 성(性)이 되는 것이다. 만일 형질 가운데에 있지 않은 것이라면 리(理)라 할 것이요 성(性)이라 하지 못한다.[65] 또한 기의 근본 역시 맑고 깨끗할 뿐이나 그것이 오르락내리락하면서 날고 드날려 조금도 쉬지 않으므로 천차만별로 변화가 생긴다. 처음부터 찌꺼기·재·거름의 기가 있는 것이 아니라 기가 흘러갈 때에 그 본연을 잃지 않은 것도 있고 그 본연을 잃은 것도 있게 된다. 이미 그 본연을 잃으면 본연의 기는 벌써 있는 데가 없고, 편벽한 것은 편벽한 기요 온전한 기가 아니며 맑은 것은 맑은 기요 탁한 기가 아니다. 리(理)는 만물 어디서나 그 본연의 묘가 그대로 있지 않는 것이 없지마는 기는 그렇지 아니한데 이것이 이른바 국한된 기이다.[66]

이것을 물(水)에 비유하면 천리는 물의 원천이고 인성은 그릇에 있는 물(水)이다. 원천의 물은 맑지 않은 것이 없는데 이것을 흰 그릇 안에 담으면 그릇과 함께 일반색이 되고 이것을 푸른 그릇 안에 담으면 또 푸른 그릇과 일반색이 된다.[67] 또 모나고 둥근 그릇은 서로 같지 않으나 그릇 가운데 물은 한가지요 크고 작은 병은 같지 않으나 병 가운데의 빈 공간은 한가지이다. 기의 근본이 한가지인 것은 이가 통한 때문이요 이가 만 가지로 나누어진 것은 기가 국한된 때문이다. 즉 맑은 그릇에 물을 담아 한 점의 티끌도 없으므로 그릇이 움직일 때에도 본시 맑은 물 그대로 쏟아져 나와 이리저리 흐르는 물도 다 맑은 물인 것과 같다.[68] 그러므로 본연은 이의 하나요(理一) 유행은 분화의 다른 것(分殊)을 의미한다. 유행하는 리(理), 즉 분수리를 버리고 따로 본연의 리(理)를 구함은 옳지 못하다[69]고 율곡은 말한다.

천지와 만물이 각각 리를 갖추고 있고 이 모두 한 태극을 체(體)로 하기에 천지의 리(理)가 곧 만물의 리(理)요 만물의 리(理)가 곧 사람의 리(理)가 된다. 그러나 만물은 그 성(性)이 기(氣)에 국한되어 온전한 덕을 타지 못하고 그 마음이 모든 이치를 통하지 못한다. 호랑이도 부자(父子)를 알고 벌과 개미는 군신(君臣)을 알며 기러기의 항렬은 형제의 차례가 있지만 이것들은 기질에 국한되어 오상을 온전히 갖추지 못한다. 또한 이것들은 닦고 행함으로써 변통하는 도리도 없다. 그러므로 만물들이 각각 제 성을 이루게 하는 것은 오직 사람들이 천지에 참여하여 조화·육성을 돕는 데 달려 있게 된다.

율곡은 인간이 천지의 주재를 받아 성이 되고 천지의 기를 나누어 형체가 되었으므로 인간 마음의 작용이 곧 천지의 조화라 하였다.[70] 이는 인간 개체를 천지조화자의 주체자로서 적극적 의미를 부여하는 것이고 이는 퇴계와는 다른 율곡의 면모라 할 것이다.

(2) 공병(空甁)의 비유를 통한 인간 개체성의 보편성
① 부증불감(不增不減)의 보편성

율곡은 퇴계가 비유를 들었던 달의 비유처럼 그 역시 불교로부터 공병의 비유를 빌려와 자신의 이통기국의 사유를 설명한 바 있다. 즉 율곡이 성혼에게 준「이기영(理氣詠)」에서 '수수방원기(水遂方圓器, 물이란 그릇을 따라 방형, 원형이 되고) 공수대소병(空遂大小甁, 공간은 병의 모양에 따라 크고 작게 나타난다)'고 하여 본체의 개개 현상이 개별성을 나타내는 이유로서 공병(空甁)의 비유를 들었다. 특히 여기서 비유한 '공수소대병'은 불교사상에서 나온 것이다.

또 어떤 사람이 와서 "천지간이란 한 커다란 공중(空中)이니 병에 있으면 병 속의 공(空)이 되고 항아리에 있으면 항아리 안의 공(空)이 되어 그 그릇의 크

고 작음에 따라 각각 공(空)이 된다. 그리하여 그릇 안의 공(空)이 비록 많더라도 그 대공(大空)을 덜지 아니하고 그릇 안의 공이 비록 깨어지더라도 또한 대공(大空)을 보태지 아니한다. 그러므로 형(形)은 비록 없더라도 그 리(理)된 바는 또한 항상 자약한 것이다. 이것을 미루어 논하면 기(氣)는 비록 소장함이 있더라도 그 본체의 리(理)는 고금에 걸쳐 항상 자약하여 조금도 흠결한 때가 없다."[71]고 하였다. 이에 율곡도 동조하면서 보편성이 기에 국한되지만 그 보편성은 보탬도 덜어냄도 없이 항상 자약하고 흠결한 때가 없음을 말한다. 율곡의 보편성 역시 불교의 공(空)처럼 부증불감의 무작위한 것으로 표현됨을 볼 수 있다.

② 심구중리(心具衆理)의 보편성

또한 율곡은 인간 개체의 보편성과 전체성을 심구중리(心具衆理)의 해석을 통해 설명을 가하고 있다. 어떤 사람이 묻기를 "리(理)가 만물에 흩어져 있지마는 실은 나의 마음에 모여 있다고 했는데 이는 무슨 뜻인가?" 하였다. 이에 대한 율곡의 심구중리 해석은 세 가지로 표현되고 있다.

첫째 진강이 대답한 것처럼 "나에게 있는 지(知)로써 물(物)에 있는 리(理)를 밝히기 때문이다." 둘째로 "나의 마음은 만물의 총체라 하는 것이다." 세계는 곧 마음이기에 심구중리이다. 셋째로 "만물의 리(理)는 곧 일심의 리(理)"라 하였다. 만물이 하나의 리이고 하나의 근원이기에 심구중리라 하는 것이다. 그러므로 만물의 이치가 나의 마음에 모인다고 한 것이라고 하였다.[72]

주자가 일찍이 심구중리라 하였지만 이에 대한 설명은 구체적으로 언급되어 있지 않았다. 율곡은 심구중리라 하는 것은 내 안에 주어져 있는 보편 지(知)로써 만리를 밝히기 때문이라는 것, 그러므로 세계는 곧 마음이고 나의 마음이 만물의 통체이며 만물의 리와 하나이기에 심구중리 말한다는 것이다.

③ 무아(無我)·공심(公心)의 보편성

율곡은 개별의 분수리를 실천하는 것은 곧 공평무사한 무아·공심에 있다고 말한다. 어버이를 친하는 두터운 정을 미루어서 무아(無我)의 공심(公心)을 기르고 어버이를 섬기는 정성으로 하늘을 섬기는 도를 밝히는 것은 대저 어디를 가더라도 이른바 분수가 서 있고 리(理)가 하나임을 유추하지 않은 것이 없다는 것이다. 어버이 섬기는 효를 확대해 나가고 모든 만물이 도리를 지향하므로 하나의 리가 된다. 개체의 보편성은 개별리의 구현을 통해서 실현된다. 율곡은 증자가 분수(分殊)만 알고 리(理)가 하나임을 모른다고 말하면서 아버지가 되면 자애하고 아들이 되면 효도하며 형이 되어서는 우애가 있고 아우가 되어서는 공순한다는 것을 알 뿐이고 자애니, 효도니, 우애니, 공순이니 하는 것이 하나의 리(理)에서 같이 나왔다는 것을 몰랐다 하였다.[73]

3. 한국 전통 사유에 나타난 개체성 논의와 교육

화엄적 사유에서 인간 개체는 개별로 독립되어 존재하는 것이 아니라 전체와의 관련 속에서 존재한다. 우주와 한몸을 이루는 개체는 '인연이 서로 의지하여' 스스로 하나의 모습을 이루고 '각각의 인연이 구별되어' 개별성을 지닌다. 모든 개체는 독립·불변하는 자성(自性)이 없기에 무아이고 무아이기에 전체와 하나 되며 자신과 세계를 지속적으로 변화·창조하는 주체가 될 수 있다.

살아 있는 한, 그리고 존재하는 한 개체들은 다양한 조건을 통해 존재하고 생성-소멸을 반복하는 가운데 존재를 창조한다. 개체의 인연 조건이 무상히 변화함에 따라 개체와 전체를 변화·창조해 가는 것이다. 그러므로 인간은 살아 있는 "하나의 전체"이다. 그 인연 조건을 맺는 환경의 모든 세계와 관계를 가지면서 자신의 "개체성을 실현·창조하는 과정에서 전체를 형성"하는 것이다.

화엄에 있어 이 세계는 주자의 리(理)처럼 오륜의 규범으로서 정초되거나 질서화된 실체가 아니라 개별체들의 살아 있는 활동 과정 속에서 끊임없이 창조되는 과정에 있다. 이 개별체의 모든 과정으로 인해 세계의 패턴이 유지되는 것이며 변동이 질서의 기반이 된다. 모든 개체는 현실적 존재의 자기 창조 과정 안에 있다. 그러므로 크게 보면 우주 자체가 바로 새로움을 향한 창조적 과정이 된다. 근대교육의 연장으로서 현대교육은 자아실현으로서 이성 주체의 확대를 전면에 내세운 것이었고 전체와 독립·분리된 개체로서 자율적·개인적 합리주의를 강조해 왔다. 과학적 지식과 실용주의로 표방되는 현대교육은 무한경쟁과 물신주의를 조장해 왔고 현대교육의 자아실현은 결국 자본주의적 자아를 실현하는 것이 되었다.

화엄적 사유에서 개체성을 실현한다는 것은 경쟁이 아니다. 각기 다양한 환경으로 맺어지는 인연과의 관계 속에서 상호의존되고 공진화하는 성장이다. 여기에는 산천초목도 포함되고 존재들의 소통이 이루어지는 즐거움이 있고 존재의 깊이로 내려가고자 하며 전체에 중심을 놓기에 다툼이 없다.

불교에는 '실현해야 할 나만의 자아'란 없다. 처음부터 '나'라는 것이 있어 행위하는 것이 아니라 무아(無我)로서 모든 인연의 화합에 의한 존재 형성이요 각기 다른 인연 조건으로 변화해 가는 무상적(無常的) 개별체이다. 독립되고 고정된 개체와 세계가 아니라 인연 화합의 존재 구성 속에서 끊임없이 창조되는 개체와 세계 이해를 불교는 갖고 있는 것이다. 자아실현과 자아 확대를 목표로 하는 현대교육의 관점에서 볼 때 무아이고 무상인 개체를 교육한다는 것은 상상이 불가능할 것이다. 그러나 무아이기에 전일아가 될 수 있고 무상이기에 변화·생성이 됨을 살펴야 할 것이다. 불교적으로 이해할 때 '나(我)'라는 것은 전일체(전일아)를 의미하고 자아실현이란 '전일아의 실현'을 의미한다 할 것이다. 전체와 독립된 개체로서의 자아실현이 아닌 전일아의 자아실현으로서 교육 체계의 판을 다시 짤 필요가 있다.

한편 주자가 표방한 현실주의에 있어 개체 실현은 개체의 정해진 리와 구체적인 작동 방식을 통해 이루고자 하는 전체의 조화였다. 주희에게 있어 개별리는 노장사상처럼 무한한 혼돈으로 나타나거나 가립된 무상(無常)으로서의 무아·공(空)이어서는 안 되었다. 주희는 일찍이 불교를 '천지를 환망으로 삼고 존재를 가합(假合)으로 여기는 허무적멸의 도'라고 비판했다.

그는 오륜에 기초하여 정해진 개별리를 규정하고 이를 절대화하면서 그로부터 질서화된 세계를 그려 나갔다. 개체 하나하나의 관계마다에는 반드시 일정한 방식이 있고 만물은 기의 청탁수박과 리(理)의 편전에 따른 방식에 따라 다섯 가지의 순서(오상)를 이루어 우주를 구성하고 있다는 것이다. 그리고 이는 묵자처럼 무조건적이고 무차별적인 보편적 사랑으로 드러나는 것도 옳지 않다고 보는 것이었다. 그것은 언제나 개별자로서 그리고 그가 처한 혈연적 사회적 맥락과 구체적인 상황에서 친소에 따라 단계적·차등적으로 발현되는 리(理)여야 했다. 이것은 맹자가 어버이를 친한 뒤에 백성들에게 인(仁)하게 하고 백성들에게 인하게 한 뒤에 물(物)을 사랑한다고 한 말과 같다. 그 분수가 같지 않은 까닭에 베푸는 것이 차등이 없을 수가 없다는 것이다.

또한 주자는 군신·부자·부부·장유·붕유의 도와 같은 것은 일상에서의 당연지리인데 불교는 활연대오와 현묘기이하여 알 수 없는 리(理)만을 추구하고 일상의 삶을 도외시한다고 비판했다. 불교는 지나치게 고답적이고 일상을 떠나며 이 현실을 가립된 것으로 보아 염세적으로 흐른다는 것이다. 그리고 마음의 생각이 끊어진 뒤에 천리가 나타난다 하는 것도 비판되었다. 주자에게 있어 천리는 격물치지를 통한 것으로서 사물을 접하고 각각의 리를 궁구하는 가운데 깨달아지는 것이었다.

　주자가 불교를 비판하여 개체성을 규정했던 것 가운데 주목해야 할 것은 인간에게 가깝고 절실한 것부터 중요성을 매겨 나가고 동시에 현실의 대인접물(待人接物) 상에서 도리를 실현한다는 점일 것이다. 주자는 불교에서 사람이 호랑이를 위해 보시하는 것을 두고 황당하게 생각하면서 "가깝고 절실한 것부터!"라는 주장을 폈다. 가장 절실하고 가까운 것부터 질서 있게 해 가는 것 속에서 보편리와 합치할 수 있다는 입장이다.

　이렇게 볼 때 주자의 개체리는 군신부자의 도, 일용상행의 규범적 리로 규정해 가면서 관계성을 확보하는 동시에 그 관계성을 통해 자아 완성을 도모한 것이라 할 것이다. 그는 친소와 수직적·차등적 인간관계로서의 개인을 강조해 나갔고 그에게 있어 자아실현이란 이 관계의 실현이었다. 주희의 자아는 근대의 이성적 자아가 오륜의 관계적 자아로 대체되는 인상을 준다. 그리고 예학적 형식들은 그것을 이루게 하는 통로였다 할 것이다.

　주자의 개체성 이해는 분명 인간이 전체와 무관하지 않음을 자각함에 따라 개체의 형성을 전체와의 합일 속에서 추구해 간 것이라 할 것이다. 그러나 이는 결국 분수리의 실현을 통한 조화로서 존재의 서열을 자리매김하게 된다. 인간 개체가 실현해야 할 바 분수를 명시하고 규정하는 것은 통치의 편리성을 가져다주는 것이고 교육 목표를 구체화하는 것이었지만 개별리로서 오륜을 고정시키고 절대화하는 순간 이는 전체로부터의 분리를 의미했고 변화 생성이 아닌 복고적 답습을 의미하는 것이 되었다. 격물의 교육이라는 것도 성현을 모방하고 성현이 말한 바를 암기·이해하며 오륜의 규범을 실천하는 반복으로 기울었다. 여기에는 정태적인 개체와 세계가 있을 뿐이다. 주자가 오륜의 리를 절대화하지 않고 상황과 처지에서 끊임없이 개방되는 것으로 놓았다면 유가적 실제주의가 생명력을 가질 수 있었을지도 모를 일이다.

조선의 퇴계나 율곡을 보면 그들 역시 주희의 입장을 크게 벗어나지는 않을 것이다. 그러나 퇴계의 이기호발이나 율곡의 이통기국은 보편리(이일)와 개별리(분수)가 어떻게 개체 안에서 함께 성립될 수 있는지를 설명하는 논리 체계로 주희가 제시하지 않았던 것을 보완했다 할 것이다. 퇴계는 개체 안에서 기질과 분리된 보편리를 주장했고 율곡은 개체리란 기질에 따른 리(理)임을 전제하여 기질 속에 보편리를 설정한 것이었다.

퇴계에 있어 보편리(이일)란 불가리(不可離)를 의미하는 것으로서 모든 개체 가운데 본연지성이 있음을 의미하는 것이고 개체리(분수)란 그 본연지성이 개체 기질 가운데 있지만 스스로 성(性)이고 스스로 기(氣)이어서 상호 영향이 없고 서로 섞이지 않는 것을 의미했다. 퇴계가 이해하는 이러한 이일분수 개념은 달의 비유로 이어지는데 '하늘이나 물속에 있는 것이 비록 같은 하나의 달이지만 하늘의 것은 진짜 달이며 물속의 것은 비친 그림자인 까닭에 하늘의 달을 가리키면 실상을 얻으나 물속의 달을 잡으려 하면 얻을 수 없다.' 는 것이다. 결국 이것이 말하는 바는 물(氣)의 움직임에 따라 달(理)의 명암이 달라지기에 본연지성(이일)은 기질지성(분수)과 구분하여 추구되어야 함을 강조하는 것이다. 이 역시 주자와는 차별성을 보이는 부분이라 할 것이다. 하지만 결국 퇴계의 논리는 보편리와 개체리 간에 차별성이 없어지고 개체를 떠나는 초월적 성격을 띠게 된다. 교육에 있어 개체성 실현의 방법도 인간의 구체적인 감정과 행위를 통하기보다는 추상적 관념에 안주하기 쉽다.

율곡은 개체 안에서 이일(理一)의 보편성도 손상당하지 않으면서 동시에 분수리의 개별적 다양성을 설명할 수 있는 논리로 이통기국을 제시했다. 기(氣)가 치우치면 이(理)도 치우치지만 치우치는 것과 온전한 것은 모두 기(氣)이지 리(理)가 아니다. 리(理)가 각각의 기질로 인하여 성(性)이 되지만 그 본연의 묘는 스스로 방해받지 않는다.

율곡이 주장하는 개체의 성이란 리(理)가 기(氣) 가운데 있은 연후의 성(性)을 의미하는 것이다. 만일 형질 가운데에 있지 않은 것이라면 리(理)라 할 것이요 성(性)이라 하지 못한다. 하지만 인간은 만물과 달라서 만물은 그 성(性)이 기(氣)에 국한되어 온전한 덕을 타지 못하고 그 마음이 모든 이치를 통하지 못한다. 호랑이도 부자(父子)를 알고 벌과 개미는 군신(君臣)을 알며 기러기의 항렬은 형제의 차례가 있지만 이것들은 기질에 국한되어 오상을 온전히 갖추지 못한다. 또한 이들은 닦고 행함으로써 변통하는 도리도 없다. 그러므로 만물들이 각각 제 성을 이루게 하는 것은 오직 사람들이 천지에 참여하여 조화·육성을 돕는 데 달려 있게 된다. 그러므로 율곡은 인간 교육에 있어 개체 리의 실현을 천지조화자의 주체자로 연결지어 적극적 의미를 부여했고 그 방법에 있어서도 '교기질(矯氣質)'의 개혁적 성향을 강조했다. 이는 퇴계와는 다른 율곡의 면모라 할 것이다.

끝으로 퇴계와 율곡 모두 불교적 사유를 계승하고 있다는 점도 고려되어야 할 것이다. 퇴계는 본체에 무/허(無/虛)의 개념을 포함시키고 있고 무(無)의 작용이 곧 개체들로 드러난 것으로 말하며 율곡 역시 공병(空甁)의 비유를 통해 부증불감(不增不減)의 체를 말했다. 이러한 면모는 조선 후기 녹문 임성주의 이통기통(理通氣通)적 사고나 이기일치(理氣一致), 노사 기정진의 이분원융(理分圓融), 동학의 일리만수(一理萬殊)의 사고를 낳는 단초가 되어 준 것이 아닐까 사료된다. 한 기존 연구에 의하면 노사의 사상은 화엄에 영향받은 것으로도 말해지고 있다. 인물성동이론의 논쟁과 더불어 조선 후기 사상가들에 나타난 개체성 이해를 다음 장에서 계속 살펴보고자 한다.

03
유학의 인물성동이론과 동학의 심성론

전통사유에 나타난 심성 논의는 이일분수(理一分殊)에 대한 논리 규명에서 전개된 것이라 하겠는데 대표적으로 퇴계, 율곡 등에서부터 조선 후기 인물성동이논쟁, 녹문, 노사로 이어진다 할 것이다. 본 장에서는 조선 후기 인물성동이(人物性同異) 논쟁과 녹문, 노사의 개체성 이해를 분석하여 동학과 연맥되는 그 사상사적 변화 양상을 고찰해 보고자 한다.

이일분수는 일반적으로 알려져 있듯이 정이가 장재의 서명에 관한 양시의 의문에 답변하던 과정에서 제기된 명제이다. 주자의 이일분수는 퇴계와 율곡에게서 각각 이기호발설과 이통기국설로 재해석된 바 있다. 조선 후기에 오면 노론 계열의 외암 이간과 남당 한원진은 각기 개체성에서의 이일과 분수에 초점을 두어 인물성동론과 인물성이론을 주장하였다. 그러나 녹문 임성주에 오면 동이(同異)논쟁이 무의미함을 비판하면서 그들의 잘못이 리(理)와 기(氣), 리(理)와 분(分)을 나눈 것에 있음을 지적하였고 이일분수와 함께 기일분수(氣一分殊)를 강조했다. 한편 노사 기정진은 이기이원을 전제하면서 리(理)의 주도에 초점을 두어 이분원융(理分圓融)을 제시했다. 이러한 사상적 흐름은 처음에 성리학이 착상을 얻었던 화엄으로 다시 근접해 가는 듯하고 체용일원으로 주자의 이일분수를 고쳐 가는 과정을 보여준다 하겠다.

일찍이 주자가 불교를 비판했던 근본 동기의 하나는 불교가 "전체가 하나"라는 보편리[理一]만을 강조할 뿐 개체의 구체적인 개별리(個別理)를 도외시한다는 것에 있었다. 그는 분수리를 강조하고 인간 개체리의 이해에 중점을 두면서 오상(五常)을 근본도리로 규정해 나갔다. 이 오상의 기본 전제는 조선 후기의 철학자들, 즉 녹문이나 노사에게서도 그대로 온존되는 것으로 이들 모두 성리학적 범위 안에서의 입론이라 할 것이다.

그러나 동학에 오면 국면은 달라진다. 동학은 성리학적 흐름을 간과하지 않으면서도 사단[오상]의 리(理)를 전제하지 않았고 이를 무왕불복의 이치로 대체하였으며 이기(理氣)를 나누지 않고 "일이기(一理氣)"라 하여 이를 지기(至氣) 혹은 일기(一氣)로 총칭하였다. 이는 성리학에서 강조했던 오상의 도리나, 이 세상을 가립으로 보아 고원한 해탈에 강조점을 두는 정태적 불교와는 거리가 있다.

동학은 인간 개체에 의한 전체 이기(理氣)의 운동을 강조하면서 천지를 하나된 생명체로 보았고 이는 무왕불복지리의 공성(空性)에 입각한 무궁성에 토대를 둔 것이었다.[1] 한울은 전일성, 주재성, 공성, 무궁성의 활동자이다. 그 한울을 모셔 각자의 "일리만수(一理萬殊)"로 다양하게 표현되는 것에 동학의 개체성 이해가 담겨져 있다. 그리고 더 나아가 모심의 개체에 의해 세계가 개벽되는 이천식천(以天食天)·이천봉천(以天奉天)·이천화천(以天化天)의 주체로서의 인간 개체가 강조된다.

동학이 말하는 일리만수는 리(理)와 기(氣)를 나누고 일(一)과 분(分)을 나누었던 주희나 퇴·율과는 달리 이기/이분(理氣·理分)을 나누지 않고 기(氣)의 국한도 전제하지 않는다. 즉 동학은 한 이치기운(一理氣)을 말하면서 이것이 곧 심(心)이요 한울(天)이라 하여 심(心)을 기(氣)에 국한시키지 않는다. 조선사상사에서 이일분수는 분명 인간 개체의 보편성의 실현을 두고 긴긴 시간 동안 동학에 이르기까지 지속적으로 사유를 전개했다 할 수 있고 동학에 와서 그 것이 일리만수(一理萬殊)로 최종 결론으로 지어지는 것이라 할 수 있다.

1. 인물성동이론에 나타난 개체성 이해

퇴계는 주희의 이일분수를 본연지성과 기질지성으로서 이원화시켜 기질과 섞이지 않는 본연성을 강조하여 개체성을 논의했고, 율곡은 기질지성 안에 본연지성을 포함시켜 이통기국의 사유로 논의를 전개시켜 갔다. 퇴계는 물론이고 율곡 모두 개체 안에서 이일(理一)의 보편성이 손상당하지 않으면서 동시에 분수리의 개별적 다양성을 설명할 수 있는 논리로 산출된 것이다.

특히 율곡의 리(理)는 각각의 기질로 인하여 성(性)이 되는 것이지만 그 본연성은 온전하여 손상되지 않는다. 기(氣)가 치우치면 리(理)도 치우치지만 치우치는 것과 온전한 것은 모두 기(氣)이지 리(理)가 아니다. 율곡은 이것을 리(理)의 통함이라고 말했다. 천지와 만물이 각각 리(理)를 갖추고 있고 이 모두 한 태극을 체(體)로 하기에 천지의 리(理)가 곧 만물의 리(理)요 만물의 이가 곧 사람의 리(理)가 된다. 그러나 만물은 그 성(性)이 기(氣)에 국한되어 온전한 덕을 타지 못하고 그 마음이 모든 이치를 통하지 못한다. 호랑이도 부자(父子)를 알고 벌과 개미는 군신(君臣)을 알며 기러기의 항렬은 형제의 차례가 있지만 이것들은 기질에 국한되어 오상을 온전히 갖추지 못한다. 인물성동이(人物性同異)의 호락논쟁의 배경을 이루었던 요인도 이러한 율곡의 이통기국론이 작용한 것이고 이에 더하여 주자가 말한 중용의 '천명지위성(天命之謂性)'과 맹자의 '생지위성(生之謂性)'의 상치성에서 기인한 것이라 할 것이다.

그러나 흔히 생각하는 것처럼 인물성동론이 율곡의 이통(理通)에 초점을 둔 것이고 인물성이론은 기국(氣局)에 초점 둔 것이라고 단정지어서는 안 될 것이다. 인물성동론이나 이론(異論) 모두 기국(氣局)을 전제하면서 본연성의 같음과 다름을 논의하는 것이기 때문이다. 인물성이론이 주자가 말한 리(理)의 편전을 계승하여 분수리의 차별성에 주목하는 것이라면 인물성동론은 기국에 의한 개체리의 차별성을 인정하면서도 인·물 모두에게서 온전히 구현되는 본연지성(理一)을 중시한 것이라 할 것이다. 이는 구체적으로 이일분수 가운데 이일에 초점두어 분수리(개체성)를 전개한 것이 낙론, 리의 편전(偏全)을 전제하여 분수에 초점둔 것이 호론으로 논의가 전개되었다 할 것이다.

호락논쟁의 주요 쟁점은 인성과 물성의 동이(同異)를 묻는 것과 미발(未發) 시 마음의 선악(善惡)과 무선악(無善惡)을 묻는 두 가지 문제이다. 인물성 동이 논쟁의 과정에서 한원진의 리(理)의 삼층설(초형기-인기질-잡기질)[2]과 이간의 이기동실·심성일치 등의 개념은 주자 심성론의 새로운 해석을 가한 결과라 할 것이다.

1) 남당 한원진의 『주자언론동이고(朱子言論同異考)』와 이동성이(理同性異)의 개체성 이해

조선 후기 외암 이간과 남당 한원진을 중심으로 벌어진 인물성동이 논쟁은 율곡의 이통기국을 주자의 이일과 분수에 각기 초점 두어 논의를 전개시킨 것이라 할 것이다.[3] 남당은 송시열이 완성하지 못한 『주자언론동이고』를 완성시키는 가운데 분수리에 대한 주자의 이해를 심화시켜 갔다. 그는 이 책에서 주자의 전반적인 철학적 진술들 사이에 나타나는 이율배반의 진술들을 놓고 같은 점과 다른 점을 밝혀 가며 인물성 이론(異論)의 입장에서 그 의미를 드러내고자 하였다.

당시 남당은 "선생의 이기와 성명에 관한 설은 한결같이 않지만 요지는 모두 저마다 지향하는 바가 있어서 실제로 서로 통한다."[4]라고 하여 이 작업을 통해 주자의 본의를 분명히 한다는 입장을 표명한 바 있고 조선왕조실록에서는 "이 책이 나옴으로 인해 주자의 초년과 만년의 견해가 손바닥 들여다보듯 환해졌다."라고 높이 평가했다.[5]

그러나 한결같지 않은 설이 궁극적으로 서로 통한다는 것은 완곡한 표현일 뿐 이는 오히려 역설적으로 주자학설들의 상호모순을 여실히 느꼈음을 말해주는 표현이다. 주자학설은 처음부터 혼돈과 모순을 내포한 것이었고 조선 성리학자들은 이를 극복하고자 다양한 노력을 기울였다 할 것이다.

남당에게 있어서 가장 혼돈되는 주자학설은 '만물 이기(理氣)의 같고 다름'에 대한 것이었다. 주자는 ① 리(理)는 같지만 기(氣)는 다르다고 했고(『주희집』 46, 「답황상백」) ② 또 기(氣)는 같지만 리(理)는 다르다고 했다.(『주희집』 46, 「답황상백」) 주자는 이렇게 같은 서신 안에서조차 상반되는 말을 하고 있고 또 다른 곳에서는 ③ 리(理)는 같고 기(氣)도 같다(『주희집』 57, 「답진안경」), ④ 기(氣)가 다르고 리(理) 또한 다르다(『주희집』 61, 「답엄시형」)고 말하였던 것이다.

주자가 이렇게 다양한 입장을 표방했던 것은 같음과 다름의 공존이 가능했던 불교적 사유를 연상케 하는 것이라 볼 수도 있지만 리(理)와 기(氣)를 나누고 이존기비(理尊氣卑)로 내용을 규정하며 보편리와 개별리를 이원화시키는 한 같음과 다름이 공존할 수 없는 모순이 자연히 내포되는 것이었다.[6] 그러나 남당을 비롯한 조선 성리학자들은 주자의 학설 자체를 문제 삼기보다는 이해의 결여로서 치부하고 꾸준히 논의를 전개해 나갔다 할 것이다. 그리고 여기에는 조선 성리학자들의 학설자체에 수반되는 재해석과 창의성이 가해지기 마련이었다.[7] 남당은 주자의 이기 관계를 다음과 같이 정리했다.

> 대체로 본원을 미루어 말하면 理는 같지만 氣는 다르고 유행을 따라서 말하면 氣는 다르고 理 또한 다르다. 이것은 理氣에 관한 절대로 바꿀 수 없는 말이다.[8]

그는 태극(理)과 음양(氣)을 나누고 리(理)와 기(氣)를 나누어 유행하기 이전의 '만물의 리(태극)'는 오로지 리(理)만으로서 있기에 만물이 같지만(理一) 유행하면 기가 결부되기에 만물마다 각기 다른 이와 기를 갖추게 되는 분수리를 주장한다.

> 대체로 천지만물의 理를 이일이라고 하고 천지만물의 기를 분수라 한다. 그러나 理一은 오로지 理만을 말하고 분수는 理氣를 아울러서 말한 것에 상당한다. 태극이 양의를 낳는 것이 곧 이일이면서 분수이다. 양의 성질이 강건하고 음의 성질이 유순한 것도 분수된 理이다.[9]

다시 말해 한원진은 이기의 같고 다름을 본원과 유행의 둘로 나누어 본원의 경우 리(理)는 같지만 기(氣)는 다르고, 유행할 경우 리(理)도 또한 다른 것임을 주장하여 이와 기를 이원화시키고 성(性)이 각기 다른 것임을 확고히 했다.

> 성과 리란 두 글자를 함께 말한다면 리는 같고 성은 다르다는 것을 변별하지 않을 수 없다.[10]

이는 주자의 글 중 인성과 물성을 논하여 그 기품뿐만 아니라 부여된 리(理) 또한 다르다는 견해에 무게를 실으면서 인물성이론(異論)을 주장한 것이다. 한원진의 인물성이론은 일찍이 주자가 말한 다음의 말을 토대로 한 것이다.

① 기질지성은 이 성이 기질 가운데에 떨어진 것일 뿐이다. 그래서 기질을 따라 저절로 하나의 성이 된다. 이것이 바로 주돈이가 이른바 저마다 제 성을 갖는다 한 것이다.(『주희집』58, 「答徐子融」)
② 오행이 저마다 성을 하나씩 가지고 있으니 그것은 인의예지신이라는 성이다. 그러나 오행은 저마다 오로지 하나만 갖지만 사람은 이 성들을 모두 갖춰 선하지 않음이 없다.(『주희집』58, 「答黃道夫」)
③ 리에는 차별이 없으나 성에는 완전함과 완전하지 않음이 있다.(『주희집』58, 「답서자융」)
④ 리가 같다고 하면 되지만 성이 같다고 하면 안 된다.(『주자어류』97, 「程子之書三」)
⑤ 리에 치우침과 온전함이 있다.(『주희집』59, 「答趙師夏」)
⑥ 理는 절대로 같지 않다.(『주희집』46, 「答黃商伯」)

주자는 오행의 모든 만물이 저마다 인의예지신(仁義禮智信)의 성(性)을 부여받았는데 사람은 이 다섯 가지 성을 모두 갖추고 있고 물(物)은 어느 하나만을 치우쳐 부여받은 것이라 하였다. 이에 남당은 성(性)이라는 것 자체가 분수리의 기질지성을 의미하는 것으로 오행이 각기 가진 제 성은 태극이라는 전체에 대비해 말하면 기질지성이 되고 기질의 선악에 대비하여 말하면 기질지성이 곧 본연지성이 되는 것이라 생각하였다. 이는 오행과 만물의 성이 다름을 기질지성으로 시작하여 그 자체가 각기 순선한 본연성임을 주장해 가는 것이다.

선생은 이미 저마다 갖고 있는 제 성을 기질지성이라 하고 또 물이 아래로 흐르고 불이 위로 타오르는 것을 본연지성이라 했다. 앞의 설은 오행을 함께 열거해 그 품수한 것이 다름을 말했고 뒤의 설은 각각 한 사물에 나아가 그것이 성으로 삼는 바 본연을 말했다. 저마다 가진 한 성 이외에 다시 본연지성이 있는 것이 아니다.[11]

성은 비록 기질로 인하여 말한 것이지만 그 말이 가리키는바 성이란 실은 그 가운데 부여된 리(理)를 가리키는 것이지 기질에 섞여 있는 것을 말하는 것은 아니라는 주장이다. 단지 기 가운데 있기 때문에 기를 겸하여 가리키면 기질지성이 되고 또 그 가운데 부여된 리(理)만 가리켜 기와 섞지 않으면 본연지성이 된다. 이것은 성이 이름은 둘이지만 실상은 둘이 아니라는 것이다.

남당은 주희의 리(理) 자는 기질과 독립적으로 말했기 때문에 다름이 없고 성(性/분수리)은 기질을 따라 말했기 때문에 다름이 있는 것이라 설명하고 있다. 태극이 만물을 낳는 것은 선하지 않음이 없고 사물이 형체를 이루면 곧 저마다 이 리(理)를 갖추어 성(性)으로 삼는데 이 성은 모두 순선하다. 남당은 만물의 성이 모두 편전(偏全)한 것이면서도 그 본연의 선함을 강조하였다. 즉 하나를 부여받았든 다섯을 부여받았든 모두 본연성이라는 점에서는 같은 것이 된다.

만물 각자의 성은 비록 오상의 완전함을 얻을 수는 없더라도 또한 오상에서 벗어나지는 않는다.[12]

다시 말해 사람과 사물의 성은 모두 선하지만 다른 점은 오로지 치우쳤느냐 완전하냐에 있을 뿐이다. 인성이나 물성 모두 선하다. 단지 인성의 선함은 완전하지 않음이 없다는 말이고 만물의 마음이 모두 신령하지만 사람 마음의 신령함은 통하지 않음이 없다는 말이다. 그러므로 사람의 성에 선하지 않음이 없어서 만물 가운데 가장 신령스러운 것이 된다는 것이지 사물의 성은 선하지 않고 사람의 성만 선하다는 것은 아니다.[13] 인성과 물성에 똑같이 본연의 성이란 개념을 사용하면서도 리(理)의 편전이란 개념을 통해 다시 인성과 물성의 차별화를 시도한 것은 주자가 제기한 리(理)의 편전(偏全) 사상을 원칙대로 추종한 것이다.

2) 외암의 이기동실(理氣同實)·심성일치(心性一致)와 개체성 이해

한편 외암은 남당이 주장하는 것처럼 천명과 오상을 이원화시키지 않았다. 그에게 있어 천명(태극)과 성(性)은 동일한 내용이다. 천(天)이 없으면 성(性)이 나올 수가 없고 물(物)이 없으면 명(命)은 들어가 살 곳이 없다. 만약 성(性)이라는 것이 물(物)에는 있고 하늘에는 없으며 명(命)이라는 것이 천(天)에는 있으나 물(物)에는 없는 것이라 하면 이는 어불성설이라는 것이다.[14] 그는 각구태극(各具太極)과 각일기성(各一其性)을 일치시켜 인간을 비롯한 모든 사물은 하늘로부터 부여받은 음양오행의 기로 이루어져 있고 이 중에 어느 한 행이라도 빠지면 사물은 형성되지 않는다 하였다.

외암을 비롯한 동론자들은 우주와 인간에서부터 곤충, 초목에 이르기까지 그 본연지성은 모두 같다고 주장하며 인간과 사물의 본연지성은 다름 아닌 인의예지신, 곧 오상이라고 주장한다. 결국 인간과 사물의 차이가 있는 것은 기질지성 때문이지 본연지성은 다를 수 없다는 것이다.[15] 즉 기질이 치우친 곳에서는 성과 명이 모두 치우치고 온전한 데서는 성과 명이 모두 온전하다고 하여 사물성과 사람성의 근본적인 분리와 편전(偏全)을 거부하였다.

천명과 오상은 모두 刑器를 초월할 수 있으므로 사람과 사물에는 치우침과

온전함의 다름이 없다. 이것이 이른바 본연지성이다. 異體로서 말하면 천명과 오상은 모두 기질에 기인할 수 있으므로 다만 사람과 사물 사이에만 편과 전이 있는 것이 아니라 성인과 범인 사이에도 천차만별이 있으니 치우친 곳에서는 성과 명이 모두 치우치고 온전한 데서는 성과 명이 모두 온전하다. 이것이 이른바 기질지성이다.[16]

외암은 "예로부터 일원의 이치와 본연의 성품을 말하는 자 어찌 일찍이 성품과 천명을 쪼개고 사람과 사물을 나누던가?"[17]라고 반문하면서 단지 천명과 오상이 모두 기질에 기인할 때 편전의 차별이 있을 수 있고 그 차별은 사람과 사물뿐만 아니라 성인과 범인 사이에도 천차만별이 있다 하였다. 그리고 그 치우친 곳에서는 성과 명이 모두 치우치고 온전한 데서는 성과 명이 모두 온전하다고 주장하였다. 그리고 그는 기를 나누어 천차만별한 기 가운데 가장 빼어난 기로서 성명의 온전함을 드러낼 수 있는 기를 신명(神明)의 기로서 인간 마음을 지칭했고 조잡한 기를 혈기의 기로서 명명했다. 즉 기(氣)를 정(精)과 조(粗)로 나누어 정(精)한 기(氣)는 신명(神明)으로서 이른바 마음이요 조야한 기는 혈기로서 이른바 기질이라 한 것이다.

> 대저 氣는 하나뿐이다. 그러나 그 粗한 것을 말하면 곧 혈기이요 그 精한 것을 말하면 곧 神明이다. 정한 것과 조한 것을 통합하여 氣라 이른다. 그런데 이른바 心은 혈기가 아니고 곧 신명이다. 심체는 至精하고 기질은 至粗하며 심체는 至大하고 기질은 至小하다."[18]

외암은 기(氣)를 거친 것(粗)과 정밀한 것(精)으로 나누고 거친 것을 혈기라 명명하고 정밀한 것을 신명(神明)한 마음으로 지칭했다. 치우치지 않고 온전한 기(氣), 즉 그 정밀한 마음에 천명과 성(性)의 발현이 수반됨을 주목하여 이기동실(理氣同實), 심성일치(心性一致)의 이기체용적 발현을 추구해 갔다. 그는 이기를 일원화하면서 그 신명(神明)으로서의 마음인 천군이 주재하는 본연지심의 리를 본연지성이라 말하고 반대로 천군이 주재하지 않고 혈기가 용사하여 얻어지는 기질지심의 리를 기질지성이라 하였다.

> 천군이 주재한즉 혈기가 퇴청하니 方寸이 虛明해진다. 이것은 즉 본연지심이며 그 리는 즉 본연지성이요 天君이 주재하지 아니한즉 혈기가 용사하매 방촌이 昏明不齊로 되니 이것은 즉 기질지심이며 그 리는 즉 기질지성이다. 혈기의 용사 여부는 다 방촌에 있어서의 말이니 내외점거란 설은 또한 저(남당)가 마음을 알지 못하고 말하는 지사이다.[19]

천군이 주재하면 혈기도 백체로 물러나서 그 명령을 묵묵히 따르고 방촌은 텅비어 환하게 되지만 천군이 주재하지 못하면 혈기가 방촌에서 용사하게 되어 청탁이 부제하게 된다. 천하에는 기(氣)가 본연에 순(純)하지 않는데도 리(理)만 홀로 본연에 순(純)함은 없다.[20] 천하의 모든 사물의 본성은 선하지 않은 것이 없지만 성인의 덕을 구현할 수 있는 것은 사람밖에 없다. 사람이 다른 사물보다 고귀한 것은 사람이 성(性)을 부여받았기 때문이 아니라 신명한 마음을 갖추고 있기 때문이다. 그러나 마음은 어디까지나 기(氣)이지 성(性)은 아니다. 심을 성이라 한다면 이는 불교가 되고 말기 때문이다. 외암은 남당의 다음과 같은 비판을 의식하고 있었다.

> 그대가 오로지 이 心의 靈明한 質을 순선이라고 한다면 이것은 진실로 心이 곧 佛이라는 견해이며 程子께서 기롱하셨던 心을 근본으로 삼는 學인 것입

니다.²¹

외암이 의도하는 바는 심에서 성을 가리키고자 하는 것이지(卽心指性) 심이 곧 성임을 말하는 것은 아니었다. 심은 단지 순수한 신명으로서의 기일 뿐이다. 외암은 사물에는 없는 인간의 신명한 마음을 통해 인(人)과 물(物)의 차이점을 제시하고 있는 것이다.

2. 녹문 임성주와 기사 노정진의 이일분수 이해와 개체성 이해

1) 녹문 임성주의 이기통(理氣通)·이기국(理氣局)으로서의 개체성 이해

녹문은 주자의 이일분수에 있어서 이동기이(理同氣異)나 율곡의 이통기국을 가지고 사람들이 일원(一原)(보편)과 분수(分殊)(특수)를 각각 이와 기, 즉 두 가지 사물로 강화하였기 때문에 결국 리(理)의 선(善)을 완전하게 실현할 수 있는 기(氣)의 보편성을 간과하였다고 보았다.²²

주자의 이일분수와 율곡의 이통기국의 모순점은 체가 그대로 용으로 드러나는 체용일원(體用一源)과 어긋나게 되고 이와 기가 나누어져 분수리와 보편리(一理)가 서로 분리·독립된다는 점이다. 그리고 분수리는 결국 전체와 독립된 개체로서 인식되면서도 오상의 리가 보편리로 상정되어 모든 인간·사물 세계를 오상으로 가르는 편협한 환원주의로 나가게 된다. 녹문은 이일분수에 대한 기존 이해의 근원적 오류가 이기 분리에 있음을 지적하였다.

사람마다 이일분수를 해석하기를 理는 같은데 氣는 다르다고 하는데 그것은 理의 一은 곧 기의 一에 즉하여서만 드러남을 알지 못하기 때문이다. … 이일분수란 말은 리를 주로 하여 말한 것으로 分字도 마땅히 리에 속해야 하는 것이다. 만약 氣를 위주로 말한다면 기일분수도 또한 불가함이 없다.[23]

녹문은 이일과 분수의 관계를 일(一)과 만(萬)의 관계로 보아 "그 만(萬)의 다름에 나아간 것이 곧 一의 같음"이라 하였다.[24] 다르면서 같지 않음이 없는 것이 곧 리(理)의 전체다. 사람들은 만(萬)이라 하면 일(一)을 해친다고 하여 매양 일(一)을 리(理)에 속하게 하고 만(萬)은 기(氣)에 속하게 하지만 우스울 뿐이라는 것이다.[25] 이일(理一)을 말할 때 기일(氣一)이 이미 있는 것이고 분수리를 말할 때 기분(氣分)이 이미 있는 것이다.

또한 녹문은 율곡의 이통기국을 마음으로 항상 의심하고 다시 생각하여 결론짓기를 "통국이란 두 글자는 이와 기에 분속시킬 필요가 없다." 하였다.[26] 무릇 일원처(一元處)로부터 말한다면 리(理)만 일(一)이 아니라 기(氣)도 일(一)이고 일(一)은 이와 기에 모두 통해있는 통(通)이라는 것이다. 또한 만수처(萬殊處)로부터 말한다면 단지 기(氣)만이 만(萬)이 아니라 리(理)도 역시 만(萬)이어야 한다. 여기서 만(萬)은 곧 국한을 의미한다.

> 通局이라는 두 글자는 반드시 理와 氣에 분속시킬 것은 아니다. 대개 그 일원처라는 데서 말한다면 다만 理의 一뿐만은 아니고 氣도 또한 一이니 一은 곧 通이요 그 만수처라는 데로부터 말한다면 곧 다만 氣의 萬뿐만은 아니고 理도 또한 萬이니 萬은 곧 局이다.[27]

녹문이 율곡의 이통기국을 비판한 요점은 크게 두 가지로 나누어 볼 수 있다. 하나는 이통기국이 일원(보편)과 분수(개별)를 각각 리(理)와 기로 나누어 분리하였다는 것이며 다른 하나는 도덕적 본질인 담일청허지기가 현상의 개물(個物)에서 없는 경우가 많다(多有不在)고 하여 기국(氣局)만을 강조했다는 것이다.[28] 즉 이통기국의 논리가 잘못된 것은 기국(氣局)을 만수(萬殊)에 돌리고 담일청허한 기(氣)가 부재한 곳이 많다고 한 것에 있다는[29] 주장이다. 통(通)과 국(局)은 리와 기로 분속할 수 없다. 이통은 이통기통(理通氣通)을 말하고 기국은 이국기국(理局氣局)을 의미한다고 생각한 것이다.

만물은 비록 이통(理通)이라 할지라도 형형색색 하나 하나가 각기 하나의 성이 있어서 섞일 수 없는 개별성이 있다.[30] 그러나 그 개별성은 곧 일리를 드러내지 않음이 없다. 예를 들어 똥, 오줌의 악취와 더럽고 탁함에는 비록 담일청허의 그림자도 찾을 수 없지만 똥을 논밭에 주고 곡식을 씨뿌리면 벼의 싹이 빨리 자라나서 왕성한 천지의 생생하는 본체가 옛 모습 그대로 나타난다. 여기서도 기가 통하지 아니한 곳이 없음을 볼 수 있다는 것이다. 똥, 오줌이 오물에 지나지 않지만 밭에 뿌려지면 거름이 되듯이 각기 한정되어 있는 위치와 조건에 국한되는 개별성이지만 그것을 통해 전체를 드러내고 전체를 변화시킴을 볼 수 있는 것이다.

거듭 말해 분(分)이 비록 다르지만 만물의 리 역시 여기에서 벗어나지 아니한다. 이는 사람뿐만 아니라 만물이 모두 그러한 것이다. 위에서 든 녹문의 똥, 오줌의 비유는 결국 개별자들의 다양성을 설명함과 동시에 이 개별자들이 지향해야 할 궁극성을 암암리에 전제하고 있다 할 것이다. 그것은 다름아닌 이통기통의 개체라 할 것이다. 똥, 오줌은 오물이자 거름이다. 똑같은 사물이 오물이자 거름으로 지칭되는 것은 국한된 개별체로 머무르느냐 전체로 통하는 개별체로 있느냐에 있다. 사람이 지향해야 할 바 궁극적 개체의 모습도 국한된 개별체보다는 전체로 통하는 개별체에 둔다. 이러한 상태가 바로 맹자의 호연지기라 녹문은 말하였다.

> 사람은 바르고 통한 것을 품득하여 태어나므로 그 마음이 空通하다. 이 공통함에 즉하여 이 氣의 전체는 활연히 드러나 막힘이 없어 천지의 본래 기와 관통하여 하나가 된다. 그러므로 맹자는 곧바로 호연지기를 자신의 기로 삼았다.[31]

녹문도 외암이 주장한 바와 같이 사람은 사물과 달리 비고 통하는 공통(空通)한 마음을 품득하여 태어나므로 이 공통함에 즉하여 기(氣)의 전체가 막힘이 없이 활연히 드러난다 하였다. 마음은 천지의 본래 기인 담일청허지기와 관통하여 하나가 될 수 있다. 녹문은 공통한 마음을 기질 안에 포함시키면서 기질과 구분하여 기질에 구애되지 않는 마음을 신명한 마음(心), 즉 허령불매의 마음이라 말하고 있다.[32]

여기서 녹문이 해석하는 허령불매의 허(虛)는 비고 통한다는 의미로 해석된다.[33] 녹문은 허정(虛靜)과 허령(虛靈)을 구분하여 허정(虛靜)의 허(虛)는 오직 미발의 때만을 말하는 것으로 허령(虛靈)의 허(虛)와는 다르다고 하였다. 또한 불매(不昧)에서 불매의 체(體)는 고요하여 만 가지 이치가 찬연한 것을 말함이요 불매의 용(用)은 움직여 사단이 나타나는 것을 말한다.[34]

녹문의 개체성 이해는 불교의 이사무애에 접근하여 가고 종래의 이통기국을 이기통·이기국으로 일원화하여 해석한 점에 그의 독창성이 보인다. 이러한 관점은 노사 기정진이나 동학에서도 유사하게 전개되는 듯하지만 녹문의 경우는 그 이(理)가 사단의 범주에서 벗어나지 않는다는 것은 자명한 사실이다.

2) 노사 기정진의 이함만수(理含萬殊), 이분원융(理分圓融)의 개체성 이해

노사는 녹문의 글 가운데 성/명(性·命)을 하나로 본 사상으로 인해 정이천의 이일분수(理一分殊)란 네 글자의 일맥(一脈)이 우리나라에서 떨어지지 않았다고 평가했다.35 노사 역시 일(一)이 곧 만(萬)으로서 체(體)속에 용(用)이 있고 만(萬)이 곧 일(一)로서 용(用) 속에 체(體)가 있다고 생각하였다.36 기정진의 이러한 견해는 체와 용이 하나의 근원이요(體用一源) 드러남과 은미함이 간격이 없다는(顯微無間) 도학자들의 사상에 기초한 것이고 이는 불교 화엄에 영향을 받았다 할 것이다.37 특히 그는 현종 대에 구암사의 설두유형과도 교분을 나눈 것으로 알려져 있고 그 교분의 내용은 자세히 알 수 없지만 그의 사상에는 화엄 이사무애의 사유가 수용된 것으로 보인다.38

> 나의 설은 理分圓融이다. 이는 이른바 體用一源·綽甄無間 같은 가운데 다름이 있고 다른 것 가운데 같음이 있어서 같음과 다름은 더 이상 논의를 할 필요가 없다.39

정주 성리학에서 이일분수에 대한 일반적인 해석은 '천하만물을 관통하는 보편적인 법칙으로서의 근원적인 원리가 참차부제(參差不齊)한 기의 운동을 계기로 구체적인 사물이나 현상의 개별 법칙이 된다는 것이다.(分殊之理)40 그러나 노사는 이함만수(理含萬殊), 이분원융(理分圓融)을 주장하여 그동안 여러 사람들이 리(理)와 분(分)을 나누고 '이(理)를 분(分)이 없는 존재'라 하고 '분(分)을 기(氣)로 인하여 존재하는 것'으로 잘못 생각해 왔음을 비판하였다. 사람들이 이일(理一)을 형기로부터 분리된 곳에 한정시켜 놓고 분수는 형기에 떨어진 다음으로 국한시킨다는 것이다. 이는 결국 리(理)와 분(分)을 분리시키

고 성(性)과 명(命)을 가르며 이로부터 천하가 갈라지기 시작했다는 통찰을 가하게 된다.

주희가 불교의 허망성을 비판하여 리(理)를 실체화한 것이 결과적으로 체용일원·만물일체의 사상과는 거리가 멀어진 것처럼 율곡이나 퇴계, 남당 등은 새로운 이기심성론을 전개했지만 역시 주희가 설정해 놓은 이존기비/이기이원(理尊氣卑/理氣二元)의 범주를 넘어서지 못했다. 노사도 이 범주를 넘어서지는 못하고 있다. 그러나 그의 "이와 분을 나눔에 따라 천하가 갈라지게 되었다."는 비판에는 리(理)에 토대를 둔 만물일체론의 통찰이 돋보인다.

> 여러 사람들이 사람과 사물의 性에 관해 이야기함에 그 귀결점은 다르지만 내 생각에 그 잘못은 한가지이다. 어째서 잘못이 한가지라 하는가. 잘못은 理와 分을 서로 나누는 데 있다. 어째서 理와 分을 서로 나눈다고 하는가. 여러 사람들의 생각을 살펴보건대 모두 다같이 理를 分이 없는 존재라 하고 分을 氣로 인하여 존재하는 것이라 하여 이일을 형기로부터 분리된 곳에 한정시켜 놓고 분수는 형기에 떨어진 다음으로 국한시킨다. 이에 理는 理요 分은 分이니 성과 명이 갈라지게 된다. 성과 명을 갈라서 성을 논함에 비로소 천하가 갈라지기 시작했다.(노사선생전집 권16, 4b-5a)

이일(理一)은 분수를 통해 드러나고 분수는 일리(一理)의 내실이다. 분수를 제외하고 이일(理一)을 말할 수 없고 이일(理一)을 제외하고 분수를 말할 수 없다. 남당처럼 리(理)를 분(分)이 없는 존재라 하고 분(分)을 기(氣)로 인하여 존재하는 것이라고 하는 것은 개체와 전체를 분리시키는 것이다. 분(分/개체)을 통해서만 일리(理一/전체)는 드러난다. 그러므로 일(一)은 만(萬)의 총화(總化)이고 만(萬)은 일(一)의 내실이다. 만(萬)을 제외하고 일(一)을 말하고 일(一)을 제외

하고 만(萬)을 말하는 것은 모두 리(理)를 알지 못하는 것이 된다.[41]

따라서 기정진이 주장하는 바 이중사(理中事), 이함만수(理含萬殊)는 이일(理一)이 기(氣)로 인하여 분수리가 되는 것이 아니라 이일(理一) 중의 세조리(細條理)가 분(分)이 됨을 의미한다.[42] 이함만수는 결국 리(理)와 분(分)이 하나로서 이분원융(理分圓融)을 의미하고 그 분(分)이 다르다는 것은 다만 분한(分限)이기 때문이다.

> 나의 얕은 견문으로 들건대 分이란 理一 가운데의 細條理이므로 理와 分 사이에는 층절이 용납되지 않는다. 分은 理의 對가 아니다. 분수라는 두 글자가 一에 對가 되는 것이다. 理는 萬殊를 함유하므로 一이라고 하니 그 실은 일물이라고 하는 것과 같다. 다르다는 것은 진실로 다른 것이 아니므로 分殊라고 하니 다르다는 것은 다만 그 분한일 뿐이다. … 그러므로 理一을 말할 때 벌써 분이 함유됨을 알아야 하고 분수를 말할 때 이미 一이 자재해 있음을 보아야 한다.[43]

개체의 다양성은 일리(一理)가 부분으로 분할되어 현상으로 드러나는 것이 아니라 그 일리(一理)의 전일성이 분한에 따라 현상화되는 것을 의미한다. 이일(理一)을 말할 때 벌써 분이 함유됨을 알아야 하고 분수를 말할 때 이미 일(一)이 자재해 있음을 보아야 한다는 것이다. 리(理)는 원통(圓通)하므로 분수가 곧 일리(一理) 가운데 함용된 것이며 일리가 곧 만리의 실체이다. 만약 일인데 만(萬)이 빠져 있고 만인데 일(一)을 방해한다면 이것은 죽은 태극이요 산 태극이 아니다.[44]

리(理)에 내재되어 있는 다양성의 원리인 분수(分殊)는 기(氣)에 의해 국한되어 다르게 드러나는 것이 아니라 리(理)의 필연적인 자기 전개라는 의미에서 본연이라는 것이다.⁴⁵ 근원적 일자(一者)인 이일(理一)은 만물의 전일성과 다양성의 원리이며 분수는 그것이 현상화된 것이고 분수를 떠나서는 전일성도 드러나지 않는다. 리(理)와 분(分)은 본체와 작용으로서 서로 상즉한다. 이는 이전에 보이지 않았던 노사의 독창성이라 할 것이다. 개별의 다양한 모습을 지니면서도 전체와 관통하는 상태가 인간 개체가 지향해야 할 바 도리가 되는 것이다. 그러나 이는 어디까지나 이(理)의 주도를 전제하는 것으로 기(氣)의 폄하가 수반되는 이기이원적 발상이 깔려 있다.

노사에게 있어 이일(理一)은 분수를 벗어나 있지 않다. 이일과 분수는 엎어지고 뒤집어지는 한 손바닥과 같고 동철이 그릇으로도 칼로도 만들어지는 것과 같다. 동철이 그릇을 만드는 용광로에 들어가면 그릇이 되고, 칼을 만드는 용광로에 들어가면 칼이 되는 것처럼 그러하다. 분(分)이 다른 것 때문에 그 이(理)가 같지 않다고 의심하는 것은 곧 손을 엎음이 손을 뒤집음이 아니라는 말이나 다를 바 없다. 오직 그 분(分)이 있기 때문에 일(一)이 되는 것이고 이 분을 떠나버리면 별달리 이일(理一)을 찾을 곳도 없다.⁴⁶

그러나 노사의 이분원융은 다시 인물성동이론을 의식하여 전개되어 감을 볼 수 있다. 먼저 오상이 사물에 따라 편전(偏全)하는 것은 리(理)의 본분으로 인물성이 같을 수 없음을 지지한다. 그 리(理)의 편전이 같지 않은데도 오히려 같다고 하는 것은 비유하건대 그릇과 칼의 구별없이 혼동하여 같다고 말한 것과 다를 바 없다. 인물성동론자들이 주장하는 것처럼 만약 편전의 성(性)이 본연이 아니라고 한다면 이는 그릇이나 칼을 떠나서 동철을 구하는 말이 된다. 그러나 그는 주자의 『맹자』 「생지위성(生之謂性)」장의 주석을 해석하여 '리로서 말하면 인의예지의 순수한 것을 어찌 물이 온전히 얻었다고 할 수 있겠는가?'라 한 것이지 '물(物)은 얻지 않았다'고 말한 것이 아니라 하였다. 사람과 사물이 오상을 같이 가진다는 것이다.⁴⁷ 노사는 이론과 동론 모두의

손을 들어주는 것이다.[48]

3. 동학의 '일이기(一理氣)' 와 '일리만수(一理萬殊)' 사상에 나타난 개체성 이해

동학의 한울사상은 무왕불복의 이치, 불연기연, 지기(至氣), 일이기(一理氣) 등의 개념으로 한울을 설명하고 이로부터 개체성의 이해를 담아내고 있다 할 것이다. 본 절에서는 해월의 일이기(一理氣)에 초점을 맞추어 동학의 개체성을 이해하고자 한다.

해월은 '일이기(一理氣)'라는 용어를 통해 천인합일(天人合一)의 일리만수(一理萬殊)로 개체성을 표현한다. 천지인은 한 이치기운(天地人都是一理氣而已)으로 인간과 우주만물이 한 이치기운으로 관통되어 있다는 것은 마치 물속의 물고기처럼 물이 통하지 않음이 없는 이치와 같다고 말한다. 천지만물의 화생하는 이치가 일이기(一理氣)의 조화 아님이 없다는 것이다.[49]

이 일이기(一理氣)는 일찍이 수운이 표현한 지기라 할 것인데 해월은 '일이기(一理氣)'를 '일기(一氣)'라고도 불렀다. 우주에 가득찬 것이 혼원한 한 기운이요(渾元之一氣) 천지는 한 기운의 울타리(一氣圓)이다. 이를 나누면 '일리만수(一理萬殊)'라 하고 합하여 말하면 '일기(一氣)'일 뿐이다.[50]

우주에 가득찬 혼원일기는 한 울타리를 이루는 한울이지만 개별 형상을 통해 한울을 드러내고 만 가지로 다양하게 표현됨을 일컬어 일리만수라 지칭한다. 성리학의 이일분수가 아닌 일리만수로 일컬어짐을 볼 수 있는데 전자의 의미는 전체의 리가 개체로 나뉨에 따라 다르다는 것이지만 후자는 하나의 리(理)가 온전히 다양하게 표현된다는 의미이다.

해월의 일리만수가 의미하는 바는 노사가 언급했던 것처럼 개별(萬殊)을 통해서만 한울(理一)이 표현됨을 의미한다. 개체의 다양성은 일리(一理)가 부분으로 분할되어 현상으로 드러나는 것이 아니라 그 일리(一理)의 전일성이 부분을 이루어 현상화되는 것을 의미한다. 이일(理一)을 말할 때 벌써 분이 함유됨을 알아야 하고 분수를 말할 때 이미 일(一)이 자재해 있음을 보아야 한다는 것이다. 그러나 또한 노사는 리(理)만을 주목하여 이함만수(理含萬殊)・이분원융(理分圓融)을 말했지만 동학은 일이기(一理氣)의 일리만수(一理萬殊)로서 이기, 이분을 완전히 통섭한 데 차이가 있다 할 것이다.[51]

해월은 이기일치를 이기상생으로 설명했다. 화생은 천리(天理)요 운동은 천기(天氣)라 했다. 처음에 기운을 편 것은 이치요 형상을 이룬 뒤에 움직이는 것은 기운이다. 그러므로 기운은 곧 이치(氣卽理)[52]라는 것이다. 이치가 기운을 낳고 기운이 이치를 낳아 천지의 수를 이루고 만물의 이치가 된다.

천지만물은 모두 한울의 표현으로 만물을 떠나 한울을 찾을 수 없다. 그러므로 만물 개체가 곧 한울이다. 같은 비와 이슬에 복숭아나무에는 복숭아 열매를 맺고 오얏나무에는 오얏 열매가 익는 것처럼 한울이 다른 것이 아니라 만물의 종류가 다른 것이다.[53]

동학에 나타난 만수(萬殊)의 다양성 개념은 한울이 입으로 물을 머금어 뿜는 것과 같아서 혹 큰 방울도 있고 작은 방울도 있는 것과 같다. 일이기(一理氣)는 만물을 내고 만물에 내재하며 천지에 차 있고 만물에 내외 없이 뻗어 있지만 그 이치기운이 다양하게 모여 부분으로 드러난다. 이치 모인 곳에 기운이 이치를 응하여 형상을 이루는 것도 있고 형상을 이룬 곳에 이치가 형상을 따라 발명되는 것도 있다.

세상은 만물이 형상(形狀)을 이루는 곳이다. 이치와 기운은 한울이요 형상은 세상이라 이른다. 이치와 기운은 형상의 근본이다. 한울과 세상은 곧 한 곳으로 만물이 생기기 전과 생기었다가 없어진 뒤는 다 한울이요 형상이 있

어 사람의 눈에 보이는 것이 세상이다.[54]

또한 일이기(一理氣)의 한울은 곧 마음이다. 마음을 기질로만 폄하했던 성리학적 전통과는 달리 동학에서 마음은 곧 한울이다. 마음을 떠나 한울이 없고 한울을 떠나 마음 역시 없다.(心外無天 天外無心)[55] 마음이란 내게 있는 본연의 한울로(心者在我之本然天也) 천지만물이 본래 한 마음으로 관통되는 자리라 할 것이다.

외암이나 녹문이 심을 신명(神明)의 기(氣)로 놓고 마음을 허명(虛明), 혹은 공통(空通)한 것이라 했고 공(空)을 언급하고 본연성이 드러나는 곳으로 지목한 바 있지만 해월은 일이기(一理氣)인 천(天)을 마음으로 놓고 이를 '본허(本虛)'로서 설명하였다. '본허란 '무(無)가 유(有)를 낳고 유(有)가 무(無)를 낳으며 무에서 생겨나 허(虛)에서 형상을 갖추는 유(有)'를 의미한다. 허(虛)가 능히 기운을 낳고 무(無)가 능히 이치를 낳는다. 일이기(一理氣)가 모든 만물을 꿰뚫어 전체에 관통하고 한울님이 무사불섭·무사불명·무소부재할 수 있는 것은 허(虛) 가운데 만리의 실상을 드러내기 때문이다. 비어서 고요하며 움직이면서 전일하며 형상은 없으나 형상을 나타내는 것이 이 혼원한 기운의 참됨이요[56] 곧 마음이라 할 것이다.

수운의 지기가 무사불섭, 무사불명한 것처럼 해월의 일이기(一理氣) 역시 만물에 내재하지 않음이 없고 만물의 내외가 서로 관통하지 않음이 없다. 만약 한 이치기운이 하나로 관통하지 못하고 막히고 그 관통하는 이치에 정(定)함이 없으면 죽은 사물 덩어리이다. 수운이 주문에서 시(侍)를 내유신령 외유기화 각지불이(各知不移)라 했을 때 "모심(侍)이란 신인합일의 전일체로서 자기됨을 자각하는 것을 말하고 모실 시의 근본을 알면 능히 정할 정의 근본과 알지의 근본을 아는 것이다. 각지불이의 '지(知)'는 '통(通)'을 의미한다."고 해월은 말한다. 통(通)은 꿰뚫어 전체에 막힘이 없는 것이다. 막힘 없이 일이기(一

理氣)의 한울을 모시고 이에 정(定)하는 것을 해월은 각지불이(各知不移)라 했다.

天皇氏는 원래 천인합일의 名辭다. 만물이 모두 천황씨의 한 기운(一氣)이다. 각인이 능히 神人合一이 자기됨을 깨달으면 이는 곧 모실 시 자의 근본이며 모실 시의 근본을 알면 능히 정할 정의 근본을 알 것이요 마침내 알 지의 근본을 알 것이니 知는 즉 通이므로 모든 일이 함이 없는 가운데서 화하나니 무위는 즉 천리와 천도에 순응함을 이름이다.[57]

한 이치기운이 간섭하여 관통하지 못함이 없으면 지혜로운 한 영물(靈物)이 된다. 이것을 살았다고 하는 것이고 생명이라고 하는 것이다.[58] 천지만물이 모두 한울을 모시지 않은 것이 없다. 우주 만물이 모두 한 기운과 한마음으로 꿰뚫어졌기 때문이다.[59] 그러므로 한울=모심의 여부는 정(定)과 부정(不定), 통(通)과 불통(不通)에 있다.[60]

동학은 본래 나와 한울이 한 기운, 한몸임을 주장하고 일이기(一理氣)가 만물을 내고 만물에 내재하며 천지에 차 있고 만물에 내외 없이 뻗어 있다[61]고 말한다. 수양 방법으로 말한 수운의 수심정기(修心正氣)는 바로 천지를 내 마음에 가까이 하는 것으로 천지와 하나임을 잊지 않는 것이며 천지의 막힌 기운을 다시 보충하는 것이 된다.[62]

기운이 천지와 끊어져 바르지 못하고 마음이 옮기므로 그 한울을 어긴다. 그러나 기운이 바르고 마음이 정해져 있으면 그 활동의 덕에 합한다. 도를 이루고 이루지 못하는 것은 전부 기운과 마음이 바르고 바르지 못한 데 있는 것이다. 이를 다시 표현하면 수심정기는 인간 마음이 우주 혼원한 일기에 통해 있느냐 아니냐에 있다.

한편 김지하는 시천(侍天)을 개체-융합으로 이해한다. 개체는 나름 나름의 전체적 융합을 품고 있고 동시에 각자 각자가 그것을 자기 스타일대로 자각하는 것을 가리켜 모심이라 부르고 있다. 그리고 그 모심을 곧 창조적 진화라고 부르고 그 진화의 절정을 개벽이라고 그는 지칭한다.[63] 전체의 기운을 개체 개체 단위별로 자각적 진화 활동 속에서 융합하되 화엄적 융합, 즉 달이 천개의 강물에 다 저마다 다르게 비치는 형태로 개체–융합하는 자기조직화의 진화가 개벽인 셈이 된다. 이는 동학의 개체이해를 잘 드러내 주는 이해라 여겨진다.

우주 근원의 이치기운은 하나로서(一理氣) 모든 만물을 통해 다양하게 드러난다. 한울님을 모셨다고 하는 시천(侍天)의 만수(萬殊)는 동학의 개체성을 표현하는 것으로 인간 개체가 그 한울의 전일성을 자각하여 이에 합일되고 만인만화(萬人萬花)로 표현, 활동하는 것을 의미한다.

2부

불교의 마음 이해와 동학의 심성론

01 유식학의 마음 이해

02 『대승기신론』에 나타난 마음 이해와 '정법훈습'의 내감 교육

03 운봉 대지 선사의 심성론과 마음공부의 의미

04 불교를 통해 본 동학의 심성론 이해와 만물일체

01
유식학의 마음 이해

붓다의 연기사상은 공(空)으로 연결되는 제법무아(諸法無我), 제행무상(諸行無常), 비유비무(非有非無)의 중도(中道)를 말하는 것인데, 본 장에서 살펴보고자 하는 유식학(唯識學)은 변계소집성, 의타기성, 원성실성의 삼성(三性)과 삼무자성(三無自性)에 바탕한 불교심리학이라 할 것이다. 『해심밀경』을 비롯하여 『유가사지론』, 그리고 『대승장엄경론』, 『중변분변론』, 『섭대승론』을 거쳐 『유식삼십송』, 『성유식론』 등 유식학이 체계적으로 성립하게 되기까지 이들의 다양한 사유와 그 방대함은 놀라울 만하다. 본 장에서는 유식학의 핵심이라 할 『유식삼십송』을 중심으로 유식학의 심성론을 이해해보고자 한다.

1. 『유식삼십송』[1]에 나타난 마음 이해와 식전변(識轉變)

합리론이나 경험론과 같은 서구 근대사상의 전통에서 교육은 주지주의를 통한 이성도야와 과학적 지식 교육에 초점 맞추어져 왔다. 그러나 이성은 오감의식 혹은 지각경험에 기초해 있고 이의 세련화·개념화가 사고 혹은 이성임을 점차 인정하고 있다. 유식학에 의하면 우리는 태어나면서부터 내장된 근본의식(아뢰야식)을 통해 사물을 대하고 경험한다. 근대 경험론처럼 외부의 사물이 감각기관에 의해 기계적으로 반영되거나 수동적으로 경험되는 것이 아니라 우리는 사물을 대하기에 앞서 자신의 물들여진 마음을 통해 사물을 본다. 그 각자의 물들여진 마음을 지칭하는 것이 유식의 아뢰야식이다. 유식이라는 말은 『해심밀경』에서 처음 나오는데 그 단순한 의미는 모두가 오직 식(識)일 뿐이라는 것이다.

> 모든 영상은 마음과 같은 것입니까? … 둘은 다르지 않은 것이다. 왜냐하면 그 영상은 오직 識이기 때문이다. … 식은 오직 식에 의해 현현한 인식 대상을 가진다.[2]

우리가 인식하는 대상은 인식 주체인 식(識)의 반영이다. 즉 모든 현상적인 존재는 단지 식의 활동에 지나지 않고, 인식된 대상은 실재하는 것이 아닌 유식무경(唯識無境)[3]일 뿐이다. 신유식[4]에서는 식을 여덟 가지로 나누어 설명한다. 전5식(眼耳鼻舌身의 감각작용), 제6식(의식), 제7식(사량식=말나식) 제8식(종자식=저장식=아뢰야식)이 그것이다. 전5식은 제6식과 결합하여 객관 대상을 감각·지각하는 안식(眼識), 이식(耳識), 비식(鼻識), 설식(舌識), 신식(身識)을 일으킨다. 제6식은 대상을 인식·추리·추상하는 마음으로 전5식을 동반하여 대상을 판단하게 하거나 전오식을 동반하지 않고 대상 인식을 일으킨다. 제7식은 사량을 본질로 한다. 이는 아치(我癡), 아견(我見), 아만(我慢), 아애(我愛)의 4번뇌와 함께 하여 아집(我執)의 근본이 된다. 제8식(아뢰야식)은 일체종자식(一切種子識)으로 가장 근본적인 전변의 주체가 된다. 각자는 사물을 볼 때 바로 이 8식인 아뢰야식이 7식, 6식, 5식을 통괄하면서 이루어 낸 대상을 인식할 뿐이다. 그러므로 각자가 보는 대상은 자신의 아뢰야식을 보는 것이 된다.

세친의 『유식삼십송』에서는 마음을 아뢰야식이 전변한 여덟 가지 식으로 설명한다. 우리의 정서와 도덕 및 사고판단은 바로 8식에 의한 작용과 대상 인식에 따르는 것이다. 그리고 그 8식의 핵인 아뢰야식은 대상 인식을 결정하는 동시에 새로운 대상 인식의 경험을 통하여 끊임없이 저장되고 수정되며 변화된다. 아뢰야식을 저장식 혹은 종자식이라 부르는 것도 모든 경험을 저장하고 동시에 새로운 대상을 인식함에 있어 결정적 영향을 미치는 씨앗이기 때문이다. 그 종자는 선악의 가능성을 내포하고 있고 아집의 세력이 있으며 모든 경험과 역사가 내장해 있고 언어훈습의 종자가 총망라해 있다. 따라서 인간 각자는 소우주가 된다. 그리고 이 아뢰야식은 끊임없는 생멸을 거듭하여 순간순간에 생성·소멸·변화한다.

오오타 큐키(太田久紀)는 불교의 심층심리를 연구하면서 인식의 성격을 규정짓는 '아뢰야식'에 의해 인격이 만들어짐을 말한 바 있다.5 과거에 자기가 어떠한 인식을 쌓아 왔는가 하는 아뢰야식이 그 사람의 보고 듣는 세계와 태도를 결정한다는 것이다. 아뢰야식의 차이에 따라 개체 간의 차이가 생기고 인식의 내용과 대상세계의 양상이 변한다. 따라서 한 개체 인격의 성격을 결정하는 것은 이 아뢰야식이다.

한편 『유식삼십송』에서는 인격을 '식(識)의 전변(轉變)'으로 정의하고 있음을 볼 수 있다. 인격은 식(識)의 변화, 즉 마음작용의 축적에서 구성되는 것임을 뜻한다. 전변 개념은 세친의 독창적인 표현으로 유식학의 발전이다. 전변이란 변화를 뜻하는 것으로 초기불교에서는 변화가 고(苦)를 발생시키는 원인으로 파악했고, 점차 이 개념에 철학적인 사색이 가해졌다. 부파불교의 하나인 설일체유부는 모든 존재의 무상성을 찰나생멸 가운데 존재가 계속되는 상속성과 인과 결정의 두 개념을 포함시켜 "상속전변"이라는 말을 형성했다. 경량부는 "상속전변차별"을 그리고 세친에 와서는 "식전변"으로 최종 표현되기에 이른다.[6] 세친의 식전변의 개념을 해석함에 있어 안혜와 호법이 다르지만 본고는 양자의 입장을 종합적으로 접근하면서도 사분설을 포함한 호법계의 해석에 무게를 두고자 한다.[7]

『유식삼십송』은 오오타(太田)가 말한 것처럼 아뢰야식에 의한 인격 구성임을 말하면서도 아뢰야식의 "전변"에 초점을 두어 구체적인 이해를 가하고 있다. 제8식(아뢰야식, 저장식)과 제7식(말나식, 사량식), 안이비설신의(眼耳鼻舌身意)의 육식 등의 전변에 따라 주관과 객관이 이루어진다. 여기서 주관과 객관은 모두 동질의 마음, 곧 식(識)이다. 즉 인식된 대상이란 마음이 마음을 보는 것에 지나지 않는다. 자기 주위에 나타나는 현상은 아뢰야식이라는 영사기에서 달리 비추어진 갖가지 영상에 불과하다. 주관적인 마음과 객관적인 마음이 모두 하나의 마음에서 이분화된다.

다시 말해서 식의 전변으로 인하여 인식작용이 일어나고 이의 축적에 따라 인격이 형성되는데 이는 세 가지 전변으로 나뉜다. 아뢰야식의 제1능변, 말나식의 제2능변, 나머지 육식(六識)의 제3능변이다. 제1능변은 아뢰야식에 의한 전변으로, 인간 자신의 심층인 아뢰야식에 의해 객관세계가 일차적으로 결정되고 파악된다. 제4송[8]에선 아뢰야식의 움직임을 폭류(瀑流)의 흐름에 비유하여 말한다. 폭포수가 앞뒤의 부분이 끊어지지 않고 생멸을 거듭하면서 실체가 없는 폭포를 지속시키듯이 아뢰야식은 원인과 결과가 찰나마다 바뀌면서 자신을 지속시킨다. 제2능변은 자기중심적인 제7식(말나식)에 의해 이차적으로 전변되는 것인데 이는 인식된 세계가 자기중심적으로 색칠해지는 특징을 갖는다. 제3능변은 6식에 의한 것으로 사물을 추리, 판단하고 이해할 수 있는 사고력 수준의 마음이다. 지성, 감성, 의지, 상상력 등을 포괄하여 보통 일상의 마음이라 불리는 것이다. 전5식(前五識)은 안(眼), 이(耳), 비(鼻), 설(舌), 신(身)의 감각 작용이다. 이를 거치지 않고서는 외부 정보를 알 수 없으며 이를 통해서 사고를 더해 가는 것이다. 감각기관인 오관이 작용할 때 의식, 말나식, 아뢰야식이 감각작용을 지탱하기에 사람마다 인격이 다르게 형성된다.

그런데 여기서 주목해야 할 것은 세친의 식전변에 대한 안혜와 호법의 해석적 입장 차이이다. 안혜는 세친의 식전변이 식(識)의 연기성에 대한 이명(異名)일 뿐이고 따라서 그는 전변을 변이성(變異性, 달라지는 것)이라고 정의내린다. 인(因)의 찰나가 소멸됨과 동시에 인(因)의 찰라와는 다른 과(果)가 생겨나는 것이 전변이라는 것이다. 호법-현장계의 유식에서 생각하는 것처럼 "식이 전변하여 견·상(見·相, 객관·주관) 이분(二分)을 나타내는 것"이 아니라 식이 연기법에 따라 찰나찰나 변하는 것이며 인(因)이 멸함과 동시에 그와 본질이 다른 과(果)가 일어나는 것이 전변의 의미이다.[9] 특히 안혜에게 있어 전변이란 호법-현장계의 유식에서 생각하듯이 식체가 전하여 견(見)·상(相) 이분(二分)으로 변하는 것이 아니라 식(識)이 연생하여 찰나찰나 변하는 성격을 표현한 말로서 식, 전변, 식전변, 분별, 의타기성은 모두 같은 것을 가리키는 말들이 된다.

2. 식전변과 사분설(四分說)

사분설이란 마음작용과 대상에 관한 문제이다. 견분(見分)은 인식 주체이고 상분(相分)은 인식 대상을 말한다. 자증분(自證分)은 내가 인식한다는 것을 아는 작용이고, 중자증분(證自證分)은 다시 그 자증분을 아는 작용이다. 견분은 인식 주체의 체이고 이것이 전변하여 대상을 실체로 집착하게 물들이거나 자기식대로 보이게 하는 변현(變現)을 상분(相分)이라고 한다. 마음 작용의 중심은 아뢰야식이므로 이것이 견분과 상분, 즉 보는 주체와 보는 대상을 만들어 낸다는 것이다. 또한 견분과 상분의 변현을 낳는 자증분과 증자증분이 있어 내가 보는 바에 따라 보여지고 또 그렇게 보도록 만든다.[10] 이러한 사분(四分)의 끊임없는 변현과 축적이 결국은 삶의 시간 속에서 인격으로 구성된다.

불교의 근본적 입장은 공(空)[11]이다. 사분설을 말하는 입장도 이 공에 기반해 있다. 공이란 일체의 모든 것이 비유비무(非有非無)의 여실한 실상임을 아는 경지이다. 모든 인식대상은 아뢰야식의 전변에 의해 구성되어 생긴다. 아뢰야식을 중심으로 전변이 생기고 주관과 객관으로 분열하여 존재를 인식하고 동시에 이를 아뢰야식에 훈습시켜 남겨 둔다. 이러한 작용은 끊임없이 반복되어 아뢰야식은 지속·상속된다. 그러므로 실유(實有)이다. 여기서 실유란 이름에 의지하여 있는 것일 뿐 그 실체가 있는 것이 아니라는 의미이다. 단지 인연인 까닭에 실유라고 하는 것이다. 이는 의타기성으로도 말해진다.[12] 존재가 있는 한 인연 또한 있다고 말하지 않으면 안 되는 것이다.

안혜는 마음의 주체인 아뢰야식만 실유일 뿐 인식작용(견분)과 인식된 대상(상분)은 실유가 아니라 허망분별로 설정한다. 그리고 그는 종자로부터 모든 식이 생긴다는 것이 전변이고 인의 찰나가 멸함과 동시에 인(因)의 찰나와는 특질을 달리하여 과(果)가 생겨난다는 것을 강조한다.

> 전변이란 대체 무엇인가? 變異性이다. 因의 찰나가 멸함과 동시에 因의 찰나와 相이 다른 果가 자체를 얻는 것이 전변이다. 거기서 我 등을 분별하는 습기가 증장하고 色 등을 분별하는 습기가 증장하기 때문에 我 등으로 현현하고 色 등으로 현현하는 분별이 아뢰야식으로부터 생기한다.[13]

그러나 호법은 견분과 상분 모두 실유라고 말한다. 호법이 견·상 이분, 혹은 사분설로 새롭게 해석하는 것은 마음이 찰나생멸(무아, 무상)의 상속을 계속하면서 어떻게 '존재의 지속이 가능한가'에 무게중심을 놓고 있기 때문이다. 즉 식전변의 전변에 보다 초점을 두어 전변이란 아뢰야식이 전(轉)하여 견분·상분으로 현현되는 동시인과(同時因果)이고 내부 식(識)이 곧 외부 대상에 더해지는 것이기에 보는 나(我)와 보여지는 대상(法)이 같을뿐더러 그 아·법은 가유(假有)라는 것이다. 흔히 안혜계의 유식을 무상유식, 호법계의 유식을 유상유식이라고 한다. 무상유식에 있어 인식의 표상은 사유와 동일한 것으로 모두 미망이다. 반면 유상유식에서 표상은 형상에 사유가 더해진 것으로 그중 사유는 미망의 원리이지만 형상은 인식의 본질이다. 양자의 입장 차이는 마음의 본질과 마음의 표상에 대해서 생각하는가 표상과 외계의 대상에 대해 생각하는가에 있다.[14] 유식무경에서 무경(無境)이라고 하는 것은 존재 자체가 없다거나 환(幻)을 뜻하는 것이 아니라 고정불변의 실체를 부정하는 것에 초점이 있다. 즉 호법에게 있어 유식무경의 유상유식이란 찰나생멸의 식전변에 의한 대상 인식이 동시적 인과를 이루어 존재세계를 지속시키기에 유상임을 말한다. 이미 멸한 인식 대상에서 끊임없는 인식 대상이 달리 생겨나 현현·존속하는 것은 동시인과에 의해서이다.[15] 마치 폭포수의 물줄기가 끊임없이 생멸하면서 폭포라는 비실체의 존재 구조를 지속시키듯이 말이다.

이상과 같이 호법과 안혜의 해석을 종합하여 볼 때 세친의 인격 구성은 잠재적·심층적 마음의 과정인 아뢰야식의 상속전변과 대상에 따른 표상 과정인 '종종상(種種相)의 현현' 두 개념을 하나의 흐름으로 결합하여 이해하는 것이 효과적일 것이다.

3. 마음의 존재 양태와 가립성 : 삼성과 삼무자성

제20~25송까지는 삼성(三性)과 삼무자성(三無自性)을 설하고 있는데 이는 마음의 존재 형태를 세 가지로 말함이다. 식전별설이 대상 세계가 어떻게 해서 나타나는가 하는 문제에 보다 치중해 있는 데 비해 삼성·삼무자성설은 식전변, 즉 아뢰야식이 어떠한 메커니즘에 들어서게 되는가 하는 그 존재 양태를 설명하는 이론이다.

> 20頌 : 모든 변계(허망분별)로 인하여 갖가지 사물에 대하여 집착하니 이를 변계소집이라 한다. 이 변계소집의 자성은 존재하지 않는다.(由彼彼遍計 遍計種種物 此遍計所執自性 無所有)
> 21頌 : 의타기 자성은 분별이고 인연에 따라 생겨난다. 원성실성은 의타기성에 있어서 항상 앞의 변계소집성과 멀리 떠나 있는 것이다.(依他起自性分別 緣所生 圓成實於彼 常遠離前性)
> 22頌 : 고로 이 원성실성은 의타기성과 더불어 다르기도 하고 같기도 한 것이다. 무상과 무상성의 관계와 같다. 이것이(원성실성) 보이지 않을 때는 저것도(의타기성) 보이지 않는다.(故此與依他 非異非不異 如無常等性 非不見此彼)

호법에 따르면 모든 존재의 본성이나 사물의 존재하는 상태를 유·무·가실(有·無·假實)의 세 관점에서 나눈 것을 삼성이라고 하고 이 삼성이 각각 무자성(㐫)이라고 하는 것을 삼무자성이라고 한다. 삼성은 변계소집성, 의타기성, 원성실성을 말한다. 변계소집성이란 모든 인연으로 생긴, 즉 실체가 없는 존재를 실아실법(實我實法)이라고 하여 집착하는 미혹된 마음과 이로부터 인식된 대상이 마음 밖에 실재한다고 그릇되게 인식하는 것을 말한다. 둘째, 의타기성은 모든 것이 인연에 의해서 일어난 것을 말하는데 인연이 합해지면 생기고 여의면 없어지므로 꼭두각시와 같아서 고정적인 영원불변의 실재가 아님을 말한다. 셋째, 원성실성은 의타기성의 진실한 체인 진여를 말하는 것으로 의타기성이 변계소집을 떠나 정법(淨法)에 의지할 때 원성실성에 포함된다. 식전변이 곧 의타기성이고 그에 의해 이분된 것, 즉 아·법에의 집착이 변계소집성이며, 이 모든 것이 유식임을 깨달은 상태가 원성실성이다. 그런 까닭에 모두 무자성(無自性)이다. 삼성·삼무자성설은 중관의 공(空)에 대한 유식적 해석으로서 아뢰야식(=의타기성)의 전의를 통해 아·법(我·法)에 대한 집착으로부터 해방되고 아공(我空)·법공(法空), 능취·소취의 공(空=원성실성)을 실현하는 이론적 토대이다.

거듭 말해 유식은 인간이 인식하고 행위하는 모든 것이 식에 의한 전변으로 인하여 변화·생성됨을 말한다. 그리고 식전변에 의한 인간의 대상 인식이 허망분별로 인하여 갖가지 사물에 집착될 때 이를 변계소집성이라 하고, 이를 멀리 떠나 있는 것을 원성실성이라 하며 이 양자가 가능하도록 매개 역할하는 것을 의타기성이라 이름 한다.[16] 그리고 여기서 가장 중요하게 부각되는 것은 이러한 삼성이 모두 가립된 것으로 삼무자성(三無自性)을 말함이다.

식전변의 인격에서 궁극적 인격 구성은 변계소집성의 인격이 아닌 원성실성의 인격을 이루는 전의(轉依)에 있다. 전의(轉依)에서 의(依)란 염·정(染淨)의 법에 의지할 바가 되는 의타기성이며 전(轉)은 의타기 가운데 변계소집성을 버리고 의타기성 가운데 원성실성을 얻는 것을 말한다. 유식에서 지향하는 인격은 전의된 인격으로 가는 것이다. 전의는 허망분별된 인격에서 진실 쪽으로 지평적 전환을 일으키는 것이다. 즉 허망분별된 인식을 버려 사물을 직관하는 지혜를 얻는다. 여기서 지혜는 무분별과 직관적 인식의 지견(智見)이다. 알아야 할 사물을 직관적으로 인식하므로 대상이 청정해지고, 탐욕을 버렸으므로 마음이 청정해지며, 무지를 없앴으므로 앎이 청정하게 된다.[17] 전의는 단지 몸과 마음이 청정하게 되는 것만이 아니라 일체의 정화, 전 우주의 청정화라고 할 수 있다.[18] 전의의 변화는 부정해야 할 것을 없애고, 긍정해야 할 것을 얻는다는 두 가지 가정에서 성립한다. 전자는 전사(轉捨)의 과정이고 후자는 전득(轉得)의 과정이다. 전의에 의해서 얻게 되는 것은 첫째, 자기와 우주가 청정하게 되는 것. 둘째, 신체와 정신이 속박에서 해방되어 자유롭게 되는 것. 셋째, 자기 내면에서 최고의 참다운 실재가 현현하는 것. 넷째, 동시에 그 참다운 실재를 깨달아서 지혜와 그 작용을 얻음이다.

변계소집의 인격에서 전의를 이룬다는 것은 어떤 외부로부터 초월적 힘을 기다려 가능한 것이 아니라 이미 인간 내부의 식 가운데 있는 정법에 의지하고 염법에 의지함을 버리는 것을 말한다. 이는 문훈습과 이를 깨닫는 해성(解性)이 있기에 가능하다. 25송[19]에서 유식의 참된 성품이라는 것은 바로 이것을 뜻한다. 그리고 그 문훈습의 해성(解性)에 따라 실상을 제대로 파악하고 분별망상을 타파하여 모두가 무소득(비실체)임을 알면 인격의 지평이 전환된다. 이것이 28~30송[20]에서 말한 '유식에 머물러 전의를 증득' 한다는 것이다.

식전변에 있어서 전의에 따른 궁극적인 진실태는 무분별지(無分別智)라고 말한다. 이것이 곧 유식성이다.[21] 식을 변화시켜 무분별의 지혜를 얻음은 곧 전식득지(轉識得智)이다. 전식득지는 전의의 다른 표현으로 전사전득(轉捨轉得)을 말한다. 이장(二障)의 종자를 전사(轉捨)하고서 보리와 열반을 전득(轉得)하는 것이 전(轉)의 뜻이다. 이 깨달음의 전의에는 네 가지가 동시적으로 일어난다. 즉, 제8식이 전환하여 분별을 떠난 대원경지(大圓鏡智), 제7식이 전환하여 얻는 평등성지(平等性智), 제6식이 전환하여 얻는 묘관찰지, 전오식(前5識)이 전환하여 얻는 성소작지(成所作智)가 같이 전의된다. 사량식의 이면이 곧 평등성지이다. 자아성의 심식이 전회되면 곧 평등성의 지혜로 변한다. 자기성이 한없이 넓어지고 허공처럼 자신을 비우게 되면, 모든 타자성이 곧 그 자기성의 자리에 들어와 자기성과 타자성이 동체대비로 한몸을 이루는 그런 경지에 이른다. 자기성은 텅빈 공간처럼 비어 있는 무자성이 된다.

유식임을 깨달으면 아(主觀)와 법(客觀)을 실재라고 인식하지 않게 된다. 유식무경(唯識無境)이다. 이것은 아무것도 없는 일체 무(無)를 의미하는 것은 아니다. 다만 주체·객체의 분별과 대립이 없다는 것뿐이며 수행자의 의식은 전일성의 형태로 남아 있다. 자신과 세계에 대한 분별, 대립, 고착의식을 끊임없이 타파하여 인격의 전환을 이루면 전환된 인격에는 세계와 자신이 둘이 아님이, 자신이 무아이고 곧 전체임이 통달되어 있다.

4. 유식성의 심성을 향하여

유식학에서 바라보는 마음과 성(性)의 관계 역시 체용일치적 관점이라 할 것이다. 인간 마음의 심층 무의식인 아뢰야식은 모든 인식을 결정짓는 핵이고 식전변의 주체이며 이는 일체종자식으로 불린다. 종자에는 언어가 훈습된 명언종자와 선악을 가능성으로 가지고 있는 무기종자, 그리고 아집(我執)종자 등 세 종류가 있다. 우리는 처음부터 사물 자체를 그대로 받아들이는 것이 아니라 아뢰야식의 염색된 눈을 통해서 사물을 대한다. 그리고 그 인식된 경험은 또다시 아뢰야식에 저장되어 훈습되어 동시인과를 맺게 된다.

유식 사상은 이러한 마음의 식전변에서 갖가지 사물에 집착될 때 이를 변계소집성이라 하고, 이를 멀리 떠나 있는 것을 원성실성이라 하며 이 양자가 가능하도록 매개 역할하는 것을 의타기성이라 이름한다. 이 3성에 해당하는 마음의 존재양태가 성소작지·묘관찰지, 평등성지, 대원경지라 할 것이다. 이는 무경유식임을 관하는 마음의 존재양태이며 식(識)이 지혜로 대체된 전식득지(轉識得智)의 인격이기도 하다. 대체적으로 사람들은 자기 안에 자기라 할 것이 없는데 분별 대상에 집착되어 고통과 번민과 투쟁에 휩싸이게 된다. 그리고 말나식이 더욱 이를 가세하여 인간으로 하여금 세계의 실상을 여실히 보지 못하게 만든다. 특히 제19송[22]에서 말한 바와 같이 인간은 언어의 습기(名言習氣)로 말미암아 대상을 분별 짓고 사물을 고착화시킨다. 주체와 객체의 집착은 말의 집착에 의한다. 그러므로 말을 근원적으로 고쳐 묻는 것에 의해 미혹된 세계에서 깨달음의 세계로 비약이 있다.[23]

우리의 인식작용과 인식된 대상은 실체가 아니라 아뢰야식에 의해 투영된 표상에 불과한 것으로 모든 대상을 자신의 마음으로 덧씌워 그렇게 보도록 만든다. 그러므로 우리의 인격 구성은 이러한 식전변의 상호 영향과 수정에 의한 끊임없는 생멸의 과정이며 상속전변으로 인해 인식 대상의 존재가 지속된다. 자신의 인격이 이러한 방식으로 가립되어 있음을 자각하고 깨달을 때 진실된 유식성의 인격 세계가 열려진다. 이 자각과 깨달음은 언어 훈습 가운데 염법(染法)훈습과 정법(正法)훈습 중 바로 정법훈습(문훈습)에 의해서 가능하다.

언어훈습 가운데에는 무명의 염법만이 아닌 진리의 담론이 포함되고 이를 기초로 우리의 인격 구성은 새로운 지평으로 넘어갈 수 있다. 인격의 지평적 전환은 외부에서 가하는 힘도 아니고, 본유적인 것도 아니며 오직 자기 내부의 식전변의 훈습과정에서 명확히 인식될 뿐이다. 이는 현실 삶의 분별과 집착의 순환적인 인격 구성에서 이제 진실 쪽으로 질적 전환을 가져가는 것이며 유식삼식송에서는 이를 "전의(轉依)를 증득한다"고 말했다. 그러므로 유식학의 심성교육은 전의를 증득하는 것에 목표를 둔다고 할 것이고 전의를 증득한 마음은 전일성의 형태를 띤다.

02
『대승기신론』에 나타난 마음 이해와 '정법훈습'의 내감 교육

　해방 이후 한국의 교육 연구자들은 선진적인 서구 교육이론을 소개하고자 많은 노력을 기울여 왔다. 그러나 1980년대 이후 한편에서는 전통교육의 소멸 위기를 성찰하면서 지나친 서구 추종 경향을 반성하고 우리의 것을 찾고자 하는 흐름이 교육학자들 간에 생겨났다. 한국 고유의 교육 전통을 잃지 않으면서 그것을 현재에 맞게 접목시키고 서구의 그것과 교감할 수 있는 자리에 설 수 있다면 그것은 우리에게 행운일 것이다.

　그러나 현재 한국 고유의 교육 전통이 무엇인지 이해하는 것조차 버거운 일이 되었다. 특히 불교의 교육 이론의 경우는 고답적이고 난해하며 탈속적이라는 선입견 속에서 유가 분야 연구만큼도 활발하지 못하다.[1] 불교는 그 사상이 워낙 방대하고 한글로 번역된 것도 일부밖에 없는 현실이어서 그 난해함을 극복하는 것 자체가 한문 소양을 갖추지 못한 일반인들에게는 쉽지 않지만 불교는 전통 교육 이론의 개발을 위해 꼭 이해하고 넘어가야 할 산이다. 불교는 성리학, 동학 등 한국 전통 교육사상에 공통적으로 영향을 준 사유이기에 불교를 모르면 전통 교육을 이해할 수 없고 또한 탈근대를 위한 교육철학을 모색함에 있어서 불교가 갖고 있는 세계관을 배제하고서는 발상의 전환을 가져오기 어렵다.

현재 불교의 주요 텍스트 가운데 일반인들도 손쉽게 볼 수 있도록 가장 많이 번역·출판된 것 중 하나가 『대승기신론(大乘起信論)』이다. 기신론²은 인도의 마명이 저술한 것으로서 중국이나 한국에서 특정 종파를 형성하지는 않았지만 기신론의 소·별기 등의 주석서까지 합치면 이 역시 수십 종에 이르고 있다. 특히 이는 불교사에 있어 대부분의 승려들이 즐겨 인용했던 텍스트였고 16세기 조선의 벽송 지엄이 저술한 『훈몽요초(訓蒙要抄)』에는 학습 교재의 첫 단계에 기신론이 배치되어 있다. 또한 기신론의 '일심이문(一心二門)'이 주희의 '심통성정론(心統性情論)'에 영향을 주었다는 것은 잘 알려져 있다.

본 연구는 우주 본체를 일심(一心)으로 놓는 기신론의 마음 구조를 이해하는 데 주력하면서 기신론의 독자적 특징인 진여의 염법·정법(染法·淨法)의 훈습에 주목하고자 한다. 인간의 선·악이나 성·속(聖·俗), 진·망(眞·妄)이 원래 둘이 아니라 모두 일심의 작용에서 비롯되는 것이고 분별에 집착되는 것도, 그 집착된 분별을 정화하는 것도 모두가 하나의 마음작용에서 이루어지는 것임을 기신론은 설명하고 있다. 특히 기신론은 정법훈습(淨法熏習)인 내훈(內熏)의 내감(內感)교육을 강조하여 인간이 마음의 자유를 얻어 궁극적 실존에 도달할 것을 목적하고 있다. 여기서 말하고자 하는 내감이란 서양에서 말하는 'reflection으로서의 내감'과는 다른 개념으로 인간 본연으로 돌아가려고 하는 구체적인 역동적 에너지로 의미 지을 수 있다. 이는 외부 대상에 대한 감각 인식과는 달리 내면을 대상으로 내부로부터 직관되는 인식을 말한다. 본 장에서는 그 역동적 에너지로서 내감교육이 갖는 정법훈습의 교육적 의의에 또한 주목해 보고자 한다.

1. 『대승기신론』에 나타난 일심(一心) 이해

붓다가 출가하여 깨달은 바 진리는 '연기(緣起)'[3]였고 이는 다양한 학파에 따라 업감(業感)연기, 아뢰야(阿賴耶)연기, 진여(眞如)연기, 법계(法界)연기 등으로 설명되었다.[4] 기신론[5]은 대승불교를 종합한 사상으로 중관과 유식을 통합·지양하고 능가경을 골자로 삼아 제반 경전을 포섭한 논서이다. 기신론은 특히 유식이 주장하는 아뢰야연기론에 대하여 진여연기론을 주장하였다.[6]

진여연기에서 진여[7]는 진리이자 우주 만유의 실체이며 진실한 존재 방식을 의미한다. 기신론에서 진여는 곧 일심이자 중생심으로서 본체와 현상을 아우르고 염(染)·정(淨)을 통섭한다. 기신론「입의분(立義分)」에서 "법이라 함은 중생심(衆生心)을 말하니 이 마음은 일체의 세간법과 출세간법을 포괄한다."[8] 하였다. 진리의 근원이 중생심, 즉 일심(一心)에 있고 이는 개별적인 심리 차원을 넘어서 우주 한몸(同體)을 이루는 우주 본체이다.

진여연기론에서 말하는 진여란 곧 일심(一心)으로 모든 우주 존재를 진여인 일심의 현현으로 본다. 일심은 심진여(心眞如)와 심생멸(心生滅), 두 가지 측면으로 접근되는데 심진여문은 절대적 일심의 본성인 부동·불생멸의 본체를 지칭한 것이고 심생멸문은 인연생멸의 상대적 현상을 지칭한 것이다. 진여문 그 자체는 부동성의 것이라 할지라도 외연(外緣)을 받아 움직이면 곧 생멸의 활동을 일으켜 현상계를 현현하게 된다.

기신론은 우주만유가 일심에 의해 이루어지는 바라 하여 일심(一心)을 이문(二門)으로 나누고 이문을 다시 삼대(三大)로 나누어 구체화하였다. 즉 일심의 이문인 진여문과 생멸문은 우주 본체와 생멸의 현상을 일컫는 것으로 이를 다시 체(體)·상(相)·용(用) 삼대(三大)의 측면에서 통합했다.

이 마음의 진여한 상은 마하연의 체를 나타내 보이고 이 마음의 생멸인연의 상은 능히 마하연 자체의 상과 용을 나타내기 때문이다. … 첫째는 체대이다. 이른바 일체의 법이 진여하고 평등하고 부증불감하기 때문이다. 둘째는 상대이다. 이른바 여래장으로 무량성의 공덕을 갖추기 때문이다. 셋째는 용대이다. 능히 일체 세간과 출세간의 선한 인과를 만들어 내기 때문이다.[9]

일심은 평등·부증불감(不增不減)하는 체(體)와 여래장의 무량공덕을 갖추는 상(相), 그리고 선한 인과로 작용하는 용(用)의 통체로서 진여와 생멸은 서로 떠나지 않고 동시적이다. 즉 체대(體大)는 일심의 본체로서 우주만유를 포함한 실성(實性)으로서의 자성청정심을 지칭한 것이고 상대(相大)는 일심의 모습(相)으로서 심체(心體)에 부속된다. 체(體)를 여의고는 상(相)이 없고 상을 떠나서 체가 없는 불일불이(不一不二)의 일여적(一如的) 존재이다. 용대(用大)는 일심의 작용으로서 범부의 심상을 본래 자성청정(自性淸淨)의 여래장심에 동화시키려는 작용이다. 이러한 일심은 진여에서 생멸로, 생멸에서 진여로 되돌아 들어가는 길을 서로 의지하면서 만들어 간다.

2. 청정한 마음과 어두운 마음의 일체성

1) 청정한 마음과 어두운 마음의 한길

인간 마음은 청정한 마음과 어두운 마음이 하나로 이루어져 있다. 일심을 청정심으로만 보지 않고 염·정(染·淨)의 일체로서 보는 것이 기신론의 특징이다. 인간의 대상 인식이 사물 그 자체의 완전한 인식 대상일 수 없는 것은 우주 본체인 진여 일심이 작용을 하는 순간 무명이 수반되기 때문이다. 이 무명의 수반은 불가결한 것으로 인간이 살아 있는 한 이러한 인식 활동은 지속된다. 흔히 화엄학에서 '생멸 현상에 의지해 본체를 드러낸다(託事顯法)'고 말하듯이 기신론에서 '자성청정심은 무명의 풍동(風動)에 의지해 현현한다.'[10]고 말한다.

평등성의 각성(覺性)인 진여가 연을 따라(隨緣) 차별성의 불각성(不覺性)이 되는 것은 진여가 무명을 연(緣)하여 운동을 일으키기 때문이고 이로부터 모든 존재가 드러나고 만상이 펼쳐지기 때문이다. 그 불생멸과 생멸이 화합하고 각(覺)과 불각(不覺)의 일체 만상이 펼쳐지는 것을 아리야[11]라 부른다. 아리야는 기신론의 독자성을 드러내는 용어이기도 하다. 최초의 총체적 일심으로부터 생멸의 현상을 낳는 처음 일보의 아리야가 도화선이 되어 일체법을 전생한다. 이 아리야는 진여의 각(覺)과 무명(無明)의 불각을 아우른 것으로 각과 불각의 일치체요 어두운 마음과 청정한 마음을 동시에 지칭하는 개념이다.

> 심생멸이란 여래장에 의거하기 때문에 생멸의 마음이 있다고 한다. 이른바 불생불멸과 생멸이 결합하여 하나도 아니면서 다르지도 않다. 이름하여 아리야식이라 한다. 이 식에는 두 가지의 뜻이 있다. 능히 일체의 법을 포섭하고 일체의 법을 낸다. 무엇이 두 가지인가? 첫째는 覺의 뜻이고 둘째는 불각의 뜻이다.[12]

또한 기신론의 만유 전개의 이치에 있어 다른 이론과 구별되는 가장 중요한 대목이 무명의 출처에 대한 것이다. 기신론은 진여를 불생불멸의 부동으로서만 놓지 않고 진여의 활동을 말하고 있고 또한 그 진여가 활동을 하게 되는 것은 무명에 의하기 때문이라 설한다.[13]

무명 그 자체는 '홀연한 한 생각이 일어남'에서 온다. 홀연이란 '문득', '순간적'의 의미로서 빠른 시각을 나타낸다. 인연에 의한 한 생각이 순간적으로 일어나 무명이 된다. 따라서 무명 자체는 시작도 끝도 없는 진여성에 부속된다. 예를 들어 진여를 철(鐵)이라 하면 무명은 철에 부속된 녹과 같다. 즉 무명은 진여 본래의 구유물이다.[14]

인간 삶은 태생적으로 진·망(眞·妄), 선·악(善·惡), 염·정(淨·染), 각·불각(覺·不覺)을 수반한다. 인간은 우주 본체로서 일심을 가졌기에 무한한 선(善)으로서 긍정을 표할 수 있지만 다른 한편으로 인간은 무명을 순간순간 수반하기에 부정적 한계를 지닌다. 감각기관을 통한 인식의 대부분은 각자의 제한적인 인식일 수밖에 없고 살아 있는 한 무명은 수반되는 것이다. 인간은 단지 그 무명으로 인해 인식이 상대적으로 분별·고착화되지 않도록 노력할 뿐이다. 여기에 인간의 겸허함이 요구된다.

2) 어두운 마음의 상속성: 근본불각(根本不覺)과 지말불각(枝末不覺)

기신론의 설명에 의하면 중생에게 어두운 마음이 일어나는 것은 진여(청정한 마음)가 무명에 의지해 움직여 아리야식이 되기 때문이고 다시 이 아리야식에서 미망의 세계가 생멸하기 때문이다. 이 미망의 세계를 생멸시키고 있는 어두운 마음을 불각이라 한다. 이 불각에는 근본불각과 지말불각이 있다. 우주의 근본 생명인 진여 자체가 평등한 우주 한몸으로서 만물이 하나라는 것을 알지 못하는 것이 근본불각이다. 이 근본무명은 일법계를 알지 못하기 때문에 일어난다. "일법계(一法界)를 알지 못하기 때문에 마음이 진여와 상응하지 않아 홀연히 망념이 일어남을 이름하여 무명이라 한다." 하였다.

진여를 그대로 진여라고 알 수 있고 일법계[15]임을 알 수 있다면 좋지만 진여를 진여로 알 수 없을 때 근본 무명이 일어난다. 그것은 미혹된 어리석음이고 지극히 미세하다. 따라서 구체적이고 확실한 마음작용을 지니지는 못한다. 무명은 진여에 의하여 존재하고 있을 뿐으로 진여는 본래적으로는 자성 청정하고 불변하지만 현실적으로는 무명을 일으키고 있다. 이 근본불각에 의해 진여는 부동(不動)의 평등한 것에서 상대적이고 차별적인 것으로 서서히 움직여 나간다.[16] 그리하여 지말불각인 삼세·육추(三細·六麤)가 나타나기 시작한다.

의식적으로는 자각할 수 없는 근본 무명이 진여라고 하는 깨끗한 마음의 본체에 어두움을 드리운다. 이 근본 무명에 의해 삼세가 일어나고 다시금 삼세에서 거친 염심(染心)이 생겨나 상속된다. 삼세는 미세한 염심으로 아리야식 속에서 일어나며 쉽게 의식할 수 없다. 반면 육추는 자기 스스로 느낄 수 있는 욕망으로서 의식할 수 있는 것이다. 삼세와 육추 이 두 종류의 생멸은 무명의 훈습에 의해서 존재한다. 이른바 인(因)에 의하고 연(緣)에 의한다. 인에 의한다는 것은 불각의 뜻이기 때문이고 연에 의한다는 것은 망심으로 경계를 만들기 때문이다. 삼세란 구체적으로 무명업상(無明業相), 능견상(能見相), 경계상(境界相)을 말한다.

> 첫째는 무명업상이다. 불각에 의하기 때문에 마음이 움직이는 것을 業이라 이름한다. 깨달으면 움직이지 않고 움직이면 곧 苦가 있으니 과보는 원인을 떠나지 않기 때문이다. 둘째는 능견상이니 움직이는 까닭에 능히 見하고 움직이지 않으면 見도 없다. 셋째는 경계상이니 능견 때문에 경계가 망령되이 나타나는데 見을 떠나면 경계도 없다.[17]

무명업이란 어두움에서 꿈틀거리는 미혹의 시작이다. 이때 주관이나 객관

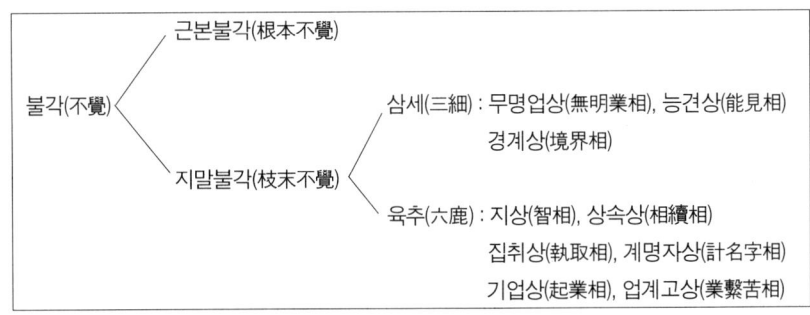

〈표1 어두운 마음 : 불각〉

은 전혀 의식되지 않는다. 의식의 배후에서 일어나는 어두운 충동, 혹은 어리석은 마음이 처음으로 일어나는 혼돈스러운 상태이다. 무명의 망념이 움직이는 것, 그것이 무명업상이다. 마음이 움직인다는 것은 아직 대상은 확실하지 않지만 무엇인가에 집착해 가는 것이다.[18]

또한 무명의 망념이 움직임에 따라 사물을 보는 작용을 일으키고 대상을 인식하게 하는데 그 사물을 보는 작용을 일으키는 것이 능견상이고 이에 따라 대상을 인식하는 것이 경계상이다. 능견상은 유식에서 설명하는 견분(인식 주체)에 해당되고 경계상은 상분(인식 대상)에 해당된다. 능견상을 견상(見相) 혹은 전상(轉相)이라고도 한다. 또한 경계상은 현상이라고도 부르는데 견상에 의해서 능히 경계가 나타나기 때문이다. 보는 작용이 없으면 보여지는 대상도 없다. 보는 작용이 확실해지기 시작하면 그것에 따라 경계상, 즉 객관 대상이 뚜렷하게 보이기 시작한다.

다음으로 지말불각에 있어 육추란 지상(智相), 상속상(相續相), 집취상(執取相), 계명자상(計名字相), 기업상(起業相), 업계고상(業繫苦相) 여섯 가지를 말한다. ① 지상이란 대상에 의해 좋음과 싫어함의 분별을 일으키는 것이다. 여기서 지(智)란 분별한다는 의미이다. ② 상속상이란 지(智)에 의해 고락이 생기고 마음이 생각을 일으켜 대상에 대해 좋다, 싫다 하는 생각이 상응하여 좀처럼 멈추지 않는 것을 말한다. ③ 집취상이란 상속에 의해 망념이 일으킨 경계를 연으로 하고 고락에 머물러 마음이 호감이 가는 것이나 좋아하는 대상에 집착해 가는 것을 말한다. ④ 계명자상은 집취상에서 집착한 느낌을 실제인 양 임시적이고 가상적인 말로 이름을 붙여 분별하여 애증 등의 번뇌를 일으키는 것을 말한다. 이것을 ⑤ 기업상이라고 한다. 이 기업상을 일으킨 결과 스스로 자신을 속박해 가고 망상을 진실된 것이라고 굳게 믿게 된다. 이를 ⑥ 업계고상이라 한다. 무명은 일체의 염법을 낳고 일체의 염법은 모두 불각의 모습이다.[19]

3) 청정한 마음의 활동: 본각(本覺)과 시각(始覺)

한편 기신론이 설하는 또 하나의 중요한 주장은 우리가 발휘해야 할 청정한 마음이 활동성을 갖는다는 것이다. 본래부터 진여 그 자체 스스로 일체의 공덕을 구족하고 있다. 즉 진여 자체에 대지혜광명(大智慧光明)의 뜻이 있고 자성청정심의 뜻이 있으며 불변자재한 뜻이 있다.[20]

기신론은 망심 속에 있는 청정한 마음을 특히 여래장이라고 부른다. 흔들리는 미혹한 마음속에도 진여는 존재하고 있다. 우리들 마음이 권세와 명예, 재물 등 욕망에 흔들릴 때도 선정에 들어 마음을 고요히 가라앉히면[21] 망심은 사라진다. 또한 진여의 청정한 마음은 공(空)인 동시에 불공(不空)이다. 승조가 '진공묘유(眞空妙有)'라 한 것처럼 진여의 미묘한 본체는 텅 비어서 아무 것도 없는 것이 아니라 무한한 작용과 활동을 행한다. 공(空)진여는 망념이나 물들여짐이 없는 것을 말하고 불공(不空)진여는 망상도 물들여짐도 없기에 광명으로 빛나는 진심을 말한다.

空이라 하는 것은 본래부터 일체의 염법과 상응하지 않기 때문이다. 이는 일체법이 차별의 모습을 떠나면 허망분별하는 心念이 없기 때문이다. … 不空이라 하는 것은 이미 법체가 공하여 망념이 없음을 드러낸 까닭이니 즉 이것이 진심이다.[22]

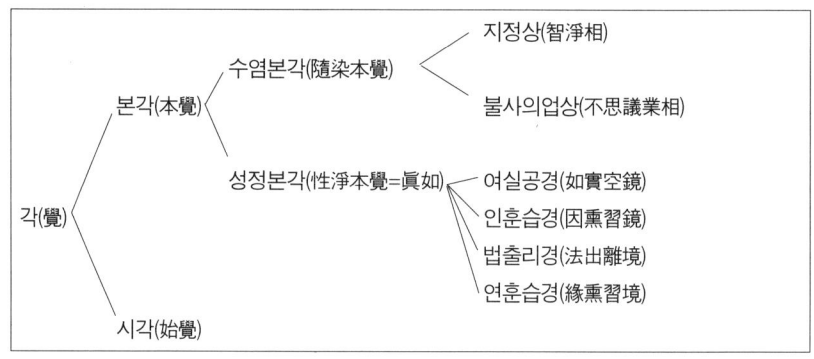

〈표2 청정한 마음 : 각(覺)〉

청정한 마음인 각(覺)에는 시각(始覺)과 본각(本覺) 두 가지가 있다. 본각이란 마음이 본래 자성으로서 지니고 있는 각(覺) 그 자체이고 시각이란 수행에 의해 본각의 작용을 움직이게 하는 것이다. 다시 본각은 수염본각(隨染本覺)과 성정본각(性淨本覺)의 두 가지로 나뉜다. 수염본각이란 본각을 작용의 측면에서 설명한 것으로 망상이나 더러움을 타파하는 작용을 말하고 성정본각은 진여를 말한다.[23] 수염본각은 다시 두 가지로 나누어서 설명된다. 그것은 지정상(智淨相)과 불사의업상(不思議業相)이다. 이들 두 가지는 모두 본각의 활동을 나타낸다.

지정상이란 법력훈습에 의해서 여실히 수행을 하고 방편을 만족하여 화합식의 상을 파하고 상속심의 모습을 없애어 법신이 현현하니 지혜가 맑고 깨끗하게 되기 때문이다. … 불사의업상이란 지정상에 의해 능히 일체의 수승하고 오묘한 경계를 만든다. 이른바 무량한 공덕의 모습이 항상 끊어지는 일이 없이 중생의 근기에 따라 자연스럽게 상응하여 여러 가지로 나타나서 이익을 얻게 하기 때문이다.[24]

지정상이란 망상이나 더러움으로 덮여 있던 본각이 시각의 지혜의 작용에 의해 본래의 청정한 모습으로 돌아가는 것이다. 흙탕물이 가라앉혀져 강바닥의 자갈이 맑게 보이는 것, 구름이 한 점 없이 걷혀 달이 밝게 비추이는 것을 지정상에 비유할 수 있다.

달빛이 산하대지를 구석구석 모두 비추는 것처럼 지정상은 마음의 어두운 무명과 망심을 걷어 일체 만물의 여여한 모습을 드러내게 하고 모든 만물에 감화를 미친다. 이러한 불사의한 활동의 모습을 불사의업상이라 부른다.

청정한 마음으로서 본각은 인간으로 하여금 깨달음으로 향하도록 안으로부터의 훈습을 행하고 번뇌와 무명을 떠나 마치 영롱하고 투명한 거울과 같이 만물을 투영하고 중생의 마음을 투영한다. 그리하여 밖으로는 중생을 미망으로부터 벗어나도록 돕는다. 즉 본각의 정법훈습은 안으로부터 깨달음을 향하도록 작용하고 밖으로 홍익중생으로 작용하는 에너지이다.

청정한 마음은 안에서나 밖에서나 인간과 만물에 활동하는 힘을 가진다. 본각은 본래청정의 진여가 안으로부터 작용하는 본훈(本熏[內熏])으로서 만물의 여여한 모습을 나타내 중생을 구제한다. 이 청정한 마음으로서 본각이 안팎으로 활동하는 것을 본 연구에서는 내감교육이라 부르고자 한다. 내감이란 외감과 달리 감각기관에 제한되지 않는 지각작용으로서 동서양에서 모두 써 왔지만 그 의미는 사뭇 다르다. 이는 3절에서 구체적으로 다루고자 한다.

4) 청정한 마음과 어두운 마음의 상호훈습

정법(진여)훈습과 염법(무명)훈습은 상호적이다. 향을 피운 방안에 오랫동안 앉아 있으면 방에서 나가도 의복에 향 냄새가 배는 것과 같은 것을 훈습이라 하는데 염법과 정법[25]이 상호 훈습을 시킨다. 어두운 마음(不覺, 무명)이 청정한 마음(覺, 진여)을 훈습시켜 미혹의 세계를 생하게 하는 것을 염법훈습(染法熏習)이라 하고 반대로 청정한 마음이 어두운 마음을 훈습시키고 정화작용을 하여 깨달음의 세계를 이루는 것을 정법훈습(淨法熏習)이라 한다. 무명 속에서 진여의 정법(淨法)이 자신을 훈습한다. 그러면서도 중요한 것은 미망의 세계와 깨달음의 세계는 서로 단절되지 않는다는 점이다. 기신론은 이렇게 훈습을 염법훈습과 정법훈습 두 종류로 나누고 염법을 다시 무명·업식·망경계의 세 가지로 나누어 네 가지 종류로 설명한다.

> 또한 다음에 네 가지 종류의 법에 훈습의 뜻이 있기 때문에 염법과 정법이 일어나 단절하지 않는다. 무엇이 네 가지인가? 첫째는 정법이니 이름하여 진여라 한다. 둘째는 일체의 染因이니 이름하여 무명이라 한다. 셋째는 망심이니 이름하여 業識이라 한다. 넷째는 망경계니 이른바 六塵이다.[26]

첫째, 정법이란 진여를 말한다. 진여의 작용을 진여훈습 또는 정법훈습이라 한다. 이 진여가 훈습함에 의해서 무명의 망상을 타파하고 깨달음의 세계를 열어 간다. 다음으로 둘째와 셋째, 즉 무명과 업식이란 진여가 무명에 의해 더럽혀진 마음이다. 넷째, 망경계란 망심의 대상인 육진(六塵)의 경계를 말한다. 육진이란 색·성·향·미·촉·법[27]의 인식 대상을 말하는데 사람의 마음속에 들어 있는 본래 청정한 마음을 더럽히기 때문에 진(塵)이라 부른다.[28]

불각이 진여를 훈습하여 망심이 있게 되고 망심이 있으므로 곧 무명을 훈습하여 진여를 자각하지 못하게 되는데 진여를 자각하지 못하기에 불각념이 일어나 망경계를 낳는다. 또한 망경계의 염법훈습 연(緣)이 있어 다시 망심을 훈습하므로 인간으로 하여금 집착하게 하고 종종의 업을 지어 일체의 고통을 낳게 한다. 이러한 인간 이해에 따라 기신론은 아리야식의 각성을 증상하여 불각성을 퇴치하는 정법훈습에 목적을 두고 있다. 즉 그 무명을 퇴치하는 방법이 정법훈습으로 이는 자체상(自體相) 훈습의 내훈(內熏)과 용(用) 훈습의 외훈(外熏)으로 구체화된다.

진여는 본래 청정한 것으로서 그 자체에는 향기도 악취도 없다. 그러나 무명에 의해 훈습되면 점차로 더러운 모습을 띠기 시작한다. 또한 무명은 본래부터 물들여진 것이므로 어두운 길을 걷는 작용밖에 없지만 그것이 진여로부터 훈습되면 점차로 깨끗한 활동이 일어나기 시작한다. 이 두 가지 훈습은 서로 분리되지 않는다.

훈습이란 마치 옷에는 본래 향기가 없으나 사람이 향으로써 훈습하기 때문에 곧 향기가 있는 것과 같다. 진여의 정법에는 실제로는 더러움이 없다. 다만 무명으로써 훈습하기 때문에 곧 더러운 모습이 있다. 무명인 염법에는 실제로 깨끗한 업이 없다. 단지 진여로써 훈습하기 때문에 깨끗한 작용(淨

정법훈습	자체상훈습	
	용훈습	차별연, 평등연
염법훈습	무명훈습	근본훈습(根本熏習), 소기견애훈습(所起見愛熏習)
	망심훈습	업식근본훈습(業識根本熏習), 증장분별사식(增長分別事識) 훈습
	망경계훈습	증장념(增長念)훈습, 증장취(增長取)훈습

〈표3 정법훈습과 염법훈습〉

用)이 있다.29

진여와 무명이 상호 훈습한다는 것은 기신론만의 독특한 가르침이다. 하나의 어떤 것이 다른 것에 훈습되는 경우 세력이 강한 것과 약한 것이 있을 때 세력이 강한 것에서 약한 것으로 훈습은 이루어진다. 이 경우 세력이 강한 것을 "훈습의 주체로서 능훈(能熏)"이라 하고 세력이 약한 것을 "훈습을 받는 객체로서 소훈(所熏)"이라 한다. 염법훈습은 무명이 진여를 훈습하는 경우이고 반대로 정법훈습은 진여가 무명을 훈습하는 경우이다. 정법훈습의 경우 염법(染法)이 소훈이 되고 정법이 능훈30이 된다.

또한 훈습의 훈(熏)에는 극발(劇發)의 의미와 여력(與力)의 의미가 있는데 갑자기 상대에게 강한 작용을 미치는 것이 극발이며 강력한 힘을 주는 것이 여력이다. 진여가 힘을 발하여 상대의 마음을 바꾸게 하는 것이 정법훈습으로서 진여에는 힘이 있고 그 힘은 상대에게 파급되어 간다. 여기서 거듭 강조하는 것은 염법훈습과 정법훈습이 상호성을 갖는다는 것이다. 내감의 교육이 일어날 때도 기존에 쌓인 인간의 모든 감각 경험이 배제되는 것이 아니라 정법이 주체가 되어 기존의 염법을 훈습시킴과 동시에 이를 매개로 정법을 드러낸다.

다시 위에서 언급한 염법의 세 가지 작용을 표면적인 작용에서 눈에 보이지 않는 깊은 작용의 순서로 나누어 보면 첫째는 망경계의 훈습, 둘째는 망심의 훈습, 셋째는 무명의 훈습을 들 수 있다.31

어떻게 훈습하여 염법을 일으켜 단절되지 않는가? 이른바 진여의 법에 의하기 때문에 무명이 있다. 무명염법의 因이 있기 때문에 진여를 훈습하고 훈습하기 때문에 망심이 있다. 망심이 있어서 즉 무명이 훈습하여 진여의 법을 깨닫지 못하기 때문에 불각의 망념이 일어나 妄境을 나타낸다. 망경계의 염법의 연이 있기 때문에 즉 망심을 훈습하고 그로 하여금 망념이 집착케 하여 여러 가지 업을 지어 일체의 몸과 마음의 고통을 받게 한다.[32]

염법훈습의 근원은 무명이고 인간은 살아 있는 한 무명을 수반한다. 이 무명 훈습은 살아 있다고 하는 것, 살아가고 있는 한 미혹하다고 하는 것, 미혹하기 때문에 인간이라는 것을 말해 준다. 그러나 동시에 무명은 진여가 현현할 수 있는 물적 기반이 된다. 무명에 의해 진여는 작용할 수 있다. 무명에 의해 진여가 가려지고 점차 망심과 망경계를 쌓아가지만 동시에 진여훈습이 능훈이 되어 망심과 망경계를 정화하면 대지혜광명(大智慧光明)으로 세계의 실상을 여여하게 보도록 한다. 이 역시 하나의 길이다. 천태학에서는 "붓다도 무명을 갖추고 있다."고 선언한다. 정법훈습이 이루어질 때도 무명은 단지 소훈으로서 있을 뿐이다. 그래서 가마타 시게오는 "진여에 생명을 부여하는 것이 무명으로서 무명이야말로 원동력이며 진여를 나타내 보이게 하는 에너지"라 하였다.[33]

3. 정법훈습과 내감교육의 의의

1) 기신론과 서구 내감교육과의 개념 차이

본 연구는 정법훈습(淨法熏習)의 내훈과 외훈을 합하여 내감(內感)교육이라 명명하였다. 원래 감각지각이란 대상을 감각하고 느끼는 것을 의미하는 것으로 여기에는 내감과 외감 두 가지가 있다. 감각기관을 통한 외물에 대한 인식을 외감이라 하고 감각을 통해서가 아니라 내부로부터 발현하는 지각을 내감이라 칭한다. 이 내감은 전통 교육에서는 중요시되어 온 개념으로 내감 교육은 전통 교육의 핵심이라 해도 과언이 아니다.

서양철학에서 쓰는 내감은 전통 사상에서 써 왔던 용례와는 다르다. 예를 들어 근대 경험론자인 로크에게 있어 내감이란 반성적 정신활동을 의미한다. 즉 로크에게 있어 "모든 관념은 두 가지의 기원을 갖는데 하나는 감각기관을 통한 외부 대상의 경험이 마음에 감각적 성질의 관념을 부여하는 것이고 또 하나는 자신이 얻은 관념을 반성하고 숙고하여 외계의 사물로부터는 얻을 수 없었던 다른 일단의 관념을 오성에게 공급하는 것"이었다. 전자를 감각, 후자를 반성이라 할 것인데 이 반성적(reflective) 정신활동을 로크는 내감(內感, internal sense)[34]이라 불렀던 것이다.

로크에게 있어서 반성적 활동으로서 내감은 감각 경험이 끊이지 않고 성장함에 따라 그리고 성숙기에 도달한 후에야 획득된다. 감각이 정신에 그 고찰대상이 되는 관념을 공급하기 전에는 반성적 사고가 이루어지는 것은 아니다. 감각으로 인한 관념이 증가하고 보존됨에 따라 정신은 다양한 부분에서 사고의 능력을 개선하고 관념을 복합하여 스스로 작용을 반성하여 기억하고 상상하거나 추리하거나 한다.[35] 따라서 로크의 관념 형성은 1차적으로 감각경험에서 비롯되고 내감이라는 것도 이를 토대로 가능하다. 이러한 의미에서 로크의 내감은 감각 경험과는 다른 차원의 것으로 설정되는 동양 전통의 내감과는 다른 개념이라 할 것이다.

한편 후설의 내감 인식은 감각기관을 통하지 않고 파악되는 혹은 직접 의식에 의해 주어지는 현상을 말한다. 그리고 그 대상으로서 내적 존재란 외적인 물리적인 현상과 같이 외적으로 혹은 물적으로 관찰되는 것이 아니라 의식 또는 심리의 장에서 그 의식이 지향하는 바의 내재적 대상이다. 감각기관을 매개로 하여 알려지는 지각은 외적 대상을 완벽하게 파악하는 것이 아니다. 그러나 내감은 무매개적이고 직접적으로 명증하다.[36] 후설은 무매개적으로 명증한 내적 존재로서 또 그 구조로서 어떤 무엇을 지향하는 지향성이라는 점에서 내감을 말했다. 그러나 의식은 이미 무엇에 관한 의식으로서 주객이 분리되지 않는 것이기 때문에 그 의식 자체를 내감과 외감으로 구분할 수 없다 하였다.[37] 이렇게 볼 때 내감의 개념은 로크보다는 후설이 보다 동양적이라 할 것이지만 일원적 본체로부터 발현되는 동양적 내감과는 또 다르다 할 것이다.

또한 동양 전통에서 말하는 내감은 외감과 대비되는 용어로 감각기관을 통한 외부대상의 인식이 아니라 내부를 대상으로 감각기관을 거치지 않고 내부로부터 인식되는 직관을 말한다. 예를 들어 주희의 경우를 보면 그의 내감 개념은 외감만을 강조하는 서구 근대 경험론으로는 설명될 수 없는 것으로 인간 내면의 리(理)로부터 지각되는 인식이다. 즉 주희가 말하는 지각(知覺)의 지(知)는 사물의 소당연을 인식하는 것을 말하고 각(覺)은 그 리(理)의 소이연을 깨닫는 것을 말하는데[38] 이 각(覺)이 내감에 해당한다 할 것이다.

> 느낌은 단지 내감일 뿐입니까? 사물에는 진실로 안으로부터 느끼는 것이 있다. 그러나 또한 오로지 내감인 것만은 아니니 진실로 외부로부터 느끼는 것이 있다. 이른바 내감이라는 것은 한번 동하고 한번 정하며 한번 가고 한번 오는 것과 같으니 이는 단지 하나의 사물의 앞과 뒤가 스스로 서로 느끼는 것이다. 예를 들어 사람은 말함이 끝나면 반드시 침묵해야 하고 침묵이 끝나면 반드시 말해야 하니 이것이 곧 내감이다. 어떤 사람이 밖에서 자기를 부르는 경우는 외감이라고 간주할 수 있을 뿐이다. 안에서 느끼는 것은 원래 안이고 밖에서 느끼는 것은 원래 밖이다.[39]

소당연을 인식한다는 것은 감각기관을 통한 외부 대상의 리(理)를 인식하는 것이고 소이연이란 인간 본성에 부여된 내면의 리(理)를 깨닫는 것이다. 주희는 내감을 외물의 감각으로서의 외감과 구분하여 해석한다. 내감은 의식 내에서 앞과 뒤가 스스로 서로 느끼는 것이다. 그것은 외물을 지각하지 않는 이른바 미발의 순수의식 속에서 심체의 한번 움직이고 한번 고요하며 한번 가고 한번 오는 시간적 활동에 대한 자각에 다름 아니다.[40] 또한 주희의 지각에 관한 논의는 사물의 감각에서 대상적 지식을 얻고 더 나아가서 궁극적인 깨달음에 이를 수 있는 내적 인식의 탐구라는 성격을 지닌다. 외물뿐만 아니라 소이연지고의 내적 성정도 즉물궁리를 통해서 이해해야 한다는 것이다.

기신론의 내감과 주희의 내감에도 역시 차이가 크게 난다. 주자는 일찍이 불교를 비판하기를 불교는 지각과 그 가능 근거로서 지각의 원리에 대해 알지 못한 채 이른바 "작용이 성이다."라고 주장하면서 주관적 깨달음을 곧바로 진리인 것처럼 말한다 하였다. 주희는 불교의 깨달음이 주관적이고 객관화할 수 없는 것임에 반해 자신의 격물치지·활연관통의 방법은 활연관통된 내용을 객관화시킬 수 있다는 것이었다. 그리고 그 객관화된 내용이 오상의 윤리규범으로 연결되고 객관적 규정은 예학의 발달로 나갔다 할 것이다.

기신론에서 정법훈습의 내감교육은 주희처럼 내감 인식에 있어 추리하고 사고하는 궁리 과정을 중요시하지 않는다. 정법훈습은 생각을 거치지 않고 직접적으로 발휘되는 청정한 마음작용으로서 정법 활동 자체를 겨냥한다. 기신론의 내감교육은 서양이 강조하는 감각 경험으로서의 외감교육과 다르고 또한 주희가 객관화시키고자 했던 내감교육과도 또 다르다 할 것이다.

2) 정법훈습의 내감교육

(1) 정법훈습의 4단계

진여의 정법(淨法)은 본각으로서 인간의 번뇌·망념 속에서도 확고하게 존재하고 있다. 망념 속에 정법으로서 진여가 존재하고 있기 때문에 그것은 필연적으로 무명을 훈습해 간다. 즉 인간 마음이 어두움에 갇혀 있으나 빛을 갈구하고 망심을 싫어하는 인연이 있기 때문에 정법이 무명을 훈습한다. 그리고 어떻게 해서든지 미혹을 떠나 진리의 세계를 구하지 않으면 안 된다고 하는 발심이 일어나도록 진여가 생명을 발휘한다. 존재로서의 진여가 이제 활동하는 진여, 움직이는 진여, 살아 있는 진여로 되어 가는 것이다.

> 어떻게 훈습하여 정법을 일으켜 단절시키지 않는가? 이른바 진여의 법이 있기 때문에 능히 무명을 훈습한다. 훈습의 인연의 힘을 가지기 때문에 망심으로 하여금 생사의 고통을 싫어하고 열반을 기꺼이 구하게 한다. 이 망심에 싫어하거나 구하는 인연이 있기 때문에 진여가 훈습하여 스스로 자신의 본바탕을 믿게 된다.[41]

진여의 정법훈습은 네 단계로 구체화할 수 있다.

첫째, 진여의 훈습은 우선 스스로 깨달음의 세계를 구하고 자기의 본성을 믿는 것에서 시작한다. 우주 본체로서 파괴되지 않는 자기의 본성을 신뢰하지 않고서는 본연의 마음이 발휘될 수 없다.

둘째, 본래의 청정심이 망령되이 움직여 경계에 집착되는 것을 아는 것이다. 진심이 무명 때문에 분별없이 함부로 움직여 업식, 전식, 현식의 삼세를 일으켜 가지만 그 작용은 미세하여 그 움직임을 의식하기 어렵다. 따라서 부단히 경계 분별에 집착하는 자신임을 알고 이를 경계하도록 한다.

셋째, 망심을 멀리 여의도록 수행한다. 망심·망념에서 멀어지도록 내훈을 발휘시키는 수행이 필요한데 여기에는 생각을 가라앉혀 정신을 집중시키는 선(禪)수행,[42] 명상을 통한 위빠사나, 만트라나 염불선(念佛禪) 등의 수행을 예로 들 수 있다.

넷째, 무명의 무력화이다. 여러 가지 방편으로 진여에 수순하는 행위를 쌓아 망경계에 집착하지 않고 잘못 생각하지 않아 오랫동안 정법훈습의 힘이 쌓이면 무명이 힘을 발휘하지 못한다. 정법훈습이란 진여의 힘을 체현하고 이 힘을 발현하여 무명의 속박으로부터 벗어나 우주 본체가 일법계임을 알고 절대 자유의 경지로 들어가게 하는 것이다. 이것이 기신론이 갖고 있는 정법훈습의 내감교육이다.

(2) 정법훈습의 자체상 훈습과 용 훈습의 내감교육

정법훈습의 내감으로 인한 훈력(熏力)의 활동에는 두 가지가 있다. 하나는 자체상 훈습이고 또 다른 하나는 용 훈습이다. 자체상 훈습이란 진여가 안에서부터 훈습해 나오는 것으로서 자기의 본성인 진여의 자체상이 안에서부터 훈습으로 발현하는 것이다. 이 자체상 훈습을 진여의 내훈(內熏) 또는 본훈(本熏)이라 부른다. 본각 진여는 사물화되어 죽은 것이 아니라 영묘(靈妙)한 작용을 한다. 자체상 훈습은 깨달음의 내인(內因)이고 내감교육의 원천이라 할 것이다. 또한 용 훈습이란 진여의 용대(用大)로서 진여의 작용에 의해 보신, 화신이 나타나 그것이 외연(外緣)이 되어 중생을 깨달음으로 인도하는 것이다. 이를 외훈이라 하였다. 자체상 훈습은 안에 있는 진여의 소리를 듣는 것이고 용 훈습은 진여의 작용이 밖으로 나타나 밖으로부터의 진여의 소리를 듣는 것이다. 다시 말하면 전자는 안에 있는 진여의 활동, 후자는 밖으로 투영된 내면의 진여이다.

> 진여 훈습의 뜻에는 두 가지가 있다. 무엇이 두 가지인가? 첫째는 자체상 훈습이며 둘째는 용 훈습이다. 자체상 훈습이란 무시이래로부터 무루의 법을 갖추고 不思議한 업이 있어서 경계를 만들어내는 성품을 갖추고 있다. 이 두 가지 뜻에 의해서 항상 훈습이 이루어진다. 훈습의 힘이 있기 때문에 능히 중생으로 하여금 생사의 괴로움을 싫어하고 해탈을 즐거이 구하게 하며 스스로 자기의 몸에 진여의 힘이 있다고 믿어 발심하여 수행하게 한다.[43]

안으로 무명을 깨어 부수는 진여의 내훈적 에너지와 함께 밖으로 먼저 깨달은 자가 비추는 스승의 가르침과 같은 외연이 서로 도와 인간으로 하여금 자신의 몸에 진여의 힘이 있음을 믿어 발심·수행하게 한다. 외연의 힘만으로는 깨달음은 구해지지 않는다. 안으로 진여의 에너지가 활동하지 않으면 안 되는 것이다. 내인의 자체상 훈습과 외연의 힘인 용 훈습이 함께 갖추어져야만 내감교육이 시작된다.

용 훈습이란 진여의 작용이 어떠한 형상을 가지고 나타나서 그것이 외연이 되어 중생을 인도하는 것을 말한다.[44] 누군가에게 스승의 풍문을 듣는 것은 외연(外緣)의 하나이고 내부의 진여 활동은 내인(內因)이자 내훈(內熏)이다. 이 진여의 작용으로서의 외연은 무수히 많지만 기신론에서는 이것을 차별연과 평등연 두 가지로 나누어 설명한다. 차별연은 중생의 개별적 인연[45]에 따라서 여러 가지 모습을 나타내는데 모든 존재나 작용은 모두 차별연이라 생각할 수 있다.

용 훈습이란 곧 중생의 외연의 힘이다. 이와 같은 외연에는 무량한 뜻이 있으나 간략하게 설명하면 두 가지 종류가 있다. 무엇이 두 가지인가? 첫째는 差別緣이고 둘째는 平等緣이다. … 차별연이란 사람이 모든 부처와 보살 등에 의하여 처음 발의하여 도를 구할 때부터 부처가 되기에 이르기까지 그 과정 속에서 때로는 보고 때로는 염원한다. 혹은 한집안 식구나 부모, 모든 친척이 되며 혹은 하인이 되며 혹은 친한 친구가 되며 혹은 원수가 되며 혹은 사섭을 일으킨다. 혹은 일체의 짓는 무량한 행위의 緣이 되는 것이니 대비훈습의 힘을 일으켜 능히 중생으로 하여금 선근을 증장케 하여 볼 때나 들을 때나 이익을 얻게 하기 때문이다.[46]

차별연이라고 하는 것은 보살이나 부처가 모든 중생의 지위나 형편에 따라서 모습을 나타내는 것이다. 도를 구하고자 하는 사람이 발심에서부터 깨달음을 열 때까지 그에게 끊임없이 모습을 나타내기도 하고 중생의 염원을 들어주기도 하는 것이다.

두 번째의 평등연이란 진여의 작용이 불신화(佛身化)되어 나타나서 중생을 깨달음으로 인도하는 것이다. 이는 일체중생을 평등하게 구제하고자 하는 것이기에 평등연이라고 한다.

평등연이란 일체의 모든 부처와 보살이 일체의 모든 중생을 구제하여 해탈시키고자 원하여 자연 훈습하여 항상 버리지 않는다. 이는 同體의 智力을 가지기 때문에 보고 들음에 따라서 작업을 나타낸다. 소위 중생은 삼매에 의해 평등하게 모든 부처를 볼 수가 있기 때문이다.[47]

용 훈습의 힘은 산천초목의 대자연에서부터 부처나 보살을 위시하여 모든 인간에게 영향을 미치고 있다. 즉 모든 제불보살이 일체중생을 한결같이 제도해서 해탈하기를 원하는 까닭에 자연 훈습을 계속하고 잠시도 버리지 않는다. 또한 보고 듣고 하는 중생들의 상황과 인연에 따라서 활동을 나타낸다. 결국 용 훈습이란 화신의 모습으로 가까이는 부모, 스승, 친구, 원수 등 여러 모습으로 나타나서 우리 주위에서 연이 되어 도와준다. 이들 자연계와 인간계의 일체 모든 것이 진여 작용의 힘이 되어 무궁히 인간에게 작용하여 온다.[48] 그 진여 작용의 내감을 감득하기 위해서는 지관수행을 하는 것도 좋고, 명상을 하는 것도 좋으며 육바라밀의 수행이나 독경을 하는 것도 좋다. 무엇이든 진여의 작용의 힘을 감득할 수 있는 수행을 하면 된다.

3) 일심(一心)·진여(眞如)에 놓여지는 내감교육의 의의

기신론은 인간이 제한된 망념을 떠나 사물을 바로 보고 본체의 작용이 그대로 드러날 수 있도록 하기 위해 우주 본체인 일심·진여에의 믿음과 내감의 활동을 강조하고 있다. 먼저 일심·진여를 우주 궁극자로 놓는 것에는 세 가지의 교육적 의의를 찾을 수 있다.

첫째, 모든 존재들의 존엄성이고 둘째, 인간 자신에 대한 신뢰이며 셋째, 우주 한몸의 공동체 의식이다. 흔히 서구 개념에서의 천부인권적 인간 존엄은 신(神)의 피조물로서 누구나 존엄할 권리를 가지는 것으로부터 나오는 것이지만 불교에서 존재의 존엄은 인간 그 자체가 우주 본체로 간주되기 때문이고 이는 자연권(物權)·생명권에까지 확대된다.

둘째, 인간 마음이 아무리 세속에 물들고 망념과 집착에 사로잡혀 있어도 우주 근원인 일심·진여는 파괴될 수 없다. 그 망가지지 않고 파괴될 수 없는 일심·진여에의 믿음은 자기 자신에 대한 신뢰를 일으킨다. 인간이 자포자기하지 않고 다시금 일어설 수 있도록 하는 것은 교육에서 매우 중요한 가치를

지니는 것이고 이는 기신론이 교육에 제공해 줄 수 있는 장점일 것이다.

> 일체의 법은 본래부터 언설의 모습을 떠났고 이름의 모습을 떠났으며 心緣의 모습을 떠났으므로 마침내 평등하게 되고 변하거나 달라지지도 않으며 파괴되지도 않는다. 오직 이것은 일심뿐이므로 진여라고 이름하는 것이다.[49]

셋째, 일심·진여를 본체이자 작용으로 놓는다는 것은 우주 본체가 인간 밖에 존재하는 것이 아니라 '인간에게' 있고 모든 존재와 분리되어 있지 않음을 말한다. 일심은 본체와 현상, 체(體)와 용(用), 진여와 생멸이 서로 떠나지 않는 것으로서 일체의 것을 총섭한다.[50] 즉 시공의 제약을 받는 현상 세계와 시공을 초월한 불생불멸의 세계를 모두 포섭한다. 따라서 이 마음은 개체적인 작은 마음이 아니라 삼라만상, 산천초목, 무한한 우주와 하나 되는 마음이다. 이 마음의 본체를 '일법계 대총상법문체(一法界 大總相法門體)'[51]라고 기신론은 표현한다.

이 일심·진여는 개인적 차원이 아니라 우주 전체를 포용한 대아(大我)의 일심으로 만유를 떠나서 일심이 없고 일심을 떠나서 만유는 존재하지 않는다. 따라서 일심·진여가 작용하는 정법훈습의 내감교육은 감각경험의 외감을 세 가지 측면에서 재구성하는 교육적 의의를 지닌다.

첫째, 우주 본체인 진여는 일체를 총섭하는 전일체적 성격을 띠기에 이 진여로부터 발현되는 내감교육은 외감이 갖는 상대적 분별, 이원적 분리, 고착성을 지양하여 전일체적 지각을 갖게 한다. 현대교육은 인간 자아를 전체와 분리된 독립된 개체로서 보아 대립과 경쟁·지배를 조장해 온 감이 있지만 기신론의 내감교육은 전일체적 지각 속에서 자아를 발견하게 하고 대상을 보도록 한다.

둘째, 진여는 대지혜광명으로서 나타나기에 이로부터 발현되는 내감교육은 허공에 뜬 달처럼 삼라만상을 두루 비추어 세계의 여여한 모습을 드러내고 만물을 이롭게 하며 인간의 외감을 정화시킨다.

셋째, 진여는 불변자재의 비실체성을 띠기에 그 자체를 규정하거나 객관화할 수 없다. 그러나 그 때문에 인간 자신과 세계는 무궁히 생성·변화될 수 있다. 기신론의 내감교육은 전일체적 지각뿐만 아니라 그 속에서 이루어지는 개별 주체에 의한 다양한 세계 창조와 변화를 내포하고 있다.

03
운봉 대지 선사의 심성론과 마음공부의 의미

　16~17세기 조선 성리학자들 사이에 벌어진 태극논변은 이일분수론(理一分殊論)에 대한 논쟁의 연장으로서 이는 18세기 인물성동이논쟁(人物性同異論爭)뿐만 아니라 불교의 심성론(心性論)에도 많은 영향을 미쳤다. 불교는 '일체중생 실유불성(一切衆生 悉有佛性)'이라는 보편적인 불성론과 작용시성(作用是性)이라는 성론(性論)을 제기했고 성(性)은 곧 법신(法身)의 의미로 통용되었다. 이러한 사유 풍토 속에서 '만물에 부여된 불성이 전체의 모든 부처의 불성인가? 아니면 각자가 원만하게 갖춘 개별적 불성인가?'라는 논쟁이 제기된 것은 분명 유가의 영향이라 할 것이다. 즉 불교로 하여금 '모든 중생이 불성을 갖추고 있다.'는 보편성으로부터 '모든 중생이 각각 자체 성품의 불성을 원만히 갖추고 있다.'라는 개체의 다양성으로 사유를 옮겨 가게 한 하나의 동기를 만들었다고 볼 수 있는데 운봉 대지(雲峰 大智, 1606?~1690?)[1]와 여러 대덕들 간에 이루어진 "진성일다논쟁(眞性一多論爭)"의 일성(一性)인가, 다성(多性)인가?의 물음이 바로 그것이다. 운봉 대지 선사의 심성론은 유가 태극논변의 논점을 불교적 사유로 해석하고 다성론(多性論=多法身論)이라는 새로운 용어를 창출한 유불 교섭의 산물이다.

　유가의 태극논변은 주돈이(周惇頤)의 『태극도(太極圖)』와 『태극도설(太極圖

說)』에 대한 후대 학자들의 해석 차이에서 비롯된 것이었고 태극은 우주의 생성론과 본체론에서 핵심 주제어였다. 주돈이의 태극론을 해설한 주희의『태극해의(太極解義)』는 조선 유학에서 중요한 텍스트가 되었고 퇴계 이황이『성학집요(聖學輯要)』서두에「태극도설」을 실은 것, 구봉 송익필이『태극문(太極問)』을 저술하고 여헌 장현광이『태극문변(太極問辨)』을 편집한 것, 혹은 삼연 김창흡이『태극문답(太極問答)』을 짓고 이 밖에 대다수 학자들이 태극문답 또는 주희의『태극해의(太極解義)』에 대한 논변적 성격의 글을 남긴 것은 태극문제의 비중을 감지케 한다.

태극에 대한 최초 논쟁은 주희와 육구연·육구소 형제 간에 시작된 것으로 주로 '무극(無極)이 왜 필요한가?', '태극(太極)을 무엇으로 볼 것인가?'에 대한 논쟁이었다. 조선 유학사에서 최초의 본격적인 태극논변은 1517년(중종12) 무극의 개념을 둘러싸고 벌어진 망기당 조한보(忘機堂 曺漢輔, 생몰년 미상)와 회재 이언적(晦齋 李彦迪, 1491~1553)간의 서신 논쟁이다. 그리고 17세기의 대표적인 태극논변은 구계 권상유(癯溪 權尙游, 1656~1724)와 현석 박세채(玄石 朴世采, 1631~1695) 간에 벌어진 문답이라 할 것이다. 박세채는 전체의 태극과 각구태극(各具太極)이 일치될 수 없음을 주장하였고 권상유는 각구태극이 모두 전체 태극을 갖춘 것임을 주장했다. 이는 결국 개체의 리(理)가 이일(理一)로서 하나인가? 아니면 분수리(分殊理)로 나누어져 다른 것인가? 혹은 같고 다름이 동시적으로 조화될 수 있는가에 대한 논변이었다.

기존 연구에서는 운봉 대지 선사의 심성론이 조선 후기 인물성동이론에 영향 받은 것[2]으로 인물성(人物性) 이론(異論)과 동론(同論)을 각각 일성론(一性論)과 다성론(多性論)에 배대(配對)하여 개념을 분석한 바 있다. 그러나 본 연구는 인물성동이론(人物性同異論)보다는 태극논변에 주목하여 운봉의 심성론에 미친 유불 교섭의 논리적 관련성을 탐색해 보고 그 가운데서 운봉의 다성론을 이해하여 개성 실현의 교육적 의미를 음미해 보고자 한다.

흔히 전통 교육은 "인간 개성을 몰각한 전체주의에 서있다."고 비판하는 학자들이 있다. 홍익인간의 이념이나 '일체중생 실유불성(一切衆生 悉有佛性)'을 주장하는 불교 등 모두 전체와 보편성을 강조할 뿐 개인 주체나 개성의 다양성을 논의하지 못하고 있다는 것이다. 그러나 전통 사유에서 개성의 문제는 핵심적인 사유 과제였다. 일찍이 화엄사상에서는 개체를 이상(異相)·동상(同相)·별상(別相)·총상(總相)·성상(成相)·괴상(壞相)의 육상(六相)으로 설명했고 기신론에서는 진여가 각자의 무명풍동(無明風動)에 의지함에 따라 다양하게 연기되는 개성임을 말하고 있다. 운봉의 다성론이나 동학의 일리만수(一理萬殊) 역시 그러하다.[3] 이들은 모두 개성에 대한 교육철학이라 할 것이다.

전통 사유에서 개성 실현이란 전체와 분리·독립된 개별적 주체로서의 자아실현이 아니라 인간 개체 스스로에서 전일적 보편성을 표현하고 그 보편성이 각자의 활동에서 다양하게 창조되는 것임을 의미한다. 본 장에서는 운봉의 다성론을 통해 전통 사유가 개체성을 간과한 것이 아니라 오히려 진정한 개성 실현에 대한 철학적 고투였음을 밝혀 개성에 대한 교육적 의미를 이해해 보고자 한다.

1. 유가의 태극논변과 운봉의 유불 교섭

조선 성리학에서 태극논변은 16세기 조한보와 이언적 사이에서 본격적으로 일어났고 17세기 말에 기호학파 내부에서 권상유·박세채의 태극논변으로 진행되었으며 18세기에 이르러 인물성동이논쟁으로 전개된 바 있다. 특히 태극논변은 각구태극(各具太極)과 통체태극(統體太極)의 이원화를 어떻게 극복하고 조화시키느냐에 논점이 있었다. 이는 이일분수론의 연장으로서 보편의 이일(理一)을 통체태극에, 분수리를 각구태극으로 놓아 주자가 양자의 동시적 병립을 주장한 것에서 논쟁은 비롯된다.

그러나 개체 안에서 통체와 각구를 모순 없이 동시에 읽어 낸다는 것은 쉬운 일이 아니었다. 보편리로서 통체를 강조할 경우 모든 만물의 본성이 온전함을 강조하는 것이 되지만 특수성을 잃고, 각구통체로서 개별리의 다름을 강조할 경우 만물의 본성은 차이가 있게 되어 보편성을 잃게 된다. 이 모순을 없앤다는 것은 조선 성리학자들에게 있어서 난제였다. 17세기 불교 내부에서 심성논쟁이 제기된 것은 이러한 조선 성리학자들의 태극논변[4]의 연장선에서 도출된 결과라고도 볼 수 있다.

17세기 불교계에 일어난 심성론의 전개와 일성론과 다성론의 논쟁은 불교 내부의 정통 사상에서 비롯된 것이라기보다는 외연으로서 성리학의 개체성 논의에 가세하여 이를 불교 입장으로 재구성하여 피력한 것으로 보인다. 심성론[5]의 발생은 분명 당시 진행되고 예전부터 있어 왔던 유자들의 태극논변에 영향을 받은 것이었다. 그러면서도 유가의 기본 핵심을 불교 입장에서 해석한 유불 교섭이었다. 태극논변이 단지 성리학적 계보상의 논쟁에 그치지 않고 불교계까지 넘나들었던 것은 유·불 지식인들의 상호 교류가 있었음을 보여주는 것이고 거기에는 유불이 사상적으로 결합되었음을 드러낸다 할 것이다.[6]

주희가 말한 바 태극은 우주만물의 본체로서 "천지에서 말하면 천지 가운데에 태극이 있고 만물에서 말하면 만물 가운데에 각각 태극이 있는 것"(『朱子語類』권1, 「太極天地上」)이었다. 그리고 "사람마다 하나의 태극을 가지고 있고 사물마다 하나의 태극을 가지고 있어 합하여 말하면 만물이 하나의 태극을 한 몸으로 하고 있고 나누어 말하면 하나의 사물마다 각각 하나의 태극을 갖추고 있다."는 것이 주희의 해석이다.[7] 여기서 각구태극(各具太極)은 완전하지 못한 치우침의 차별이고 통체태극(統體太極)은 온전한 하나의 전체를 의미하게 된다. 각구태극이란 솔개 날고 물고기 뛰고 물은 물의 본성만이 있고 불은 불의 본성만이 있어서 더 이상 처음의 혼연한 태극의 전체가 아니다. 이를 이일분수의 이일(理一)로 말하면 온전하지 않음이 없지만 분수(分殊)의 성(性)으로 논하면 치우치거나 온전한 차이가 있게 된다.

이러한 주희의 이일분수론·태극론과 운봉의 심성론 사이에 이루어진 논리적 교섭의 특징은 두 가지로 말할 수 있다. 하나는 유가의 역(易)과 무극·태극 및 음오향을 불교적 입장(기신론)에 입각하여 설명한 것이고 또 다른 하나는 성리학의 태극론에 대응하여 다성론(다법신론)을 주장하고 주희의 분수리적 각구태극과 이의 총합자인 통체태극을 일성론의 맥락으로 놓아 이를 비판한 점이다.

본 절에서는 운봉이 태극논변의 유불교섭에 따라 유가의 사상을 어떻게 불교적으로 설명하는지 살펴보고 그의 다성론이 성리학자들의 태극논변과 어떠한 사상적 연맥과 관련되어 있으며 또한 어떻게 서로 개념을 달리하는지 살펴보고자 한다.

1) 조한보·이언적의 태극논변과 운봉의 유가 이해

(1) 조한보와 이언적의 태극논변

1517년 회재 이언적은 영남지방의 선배 학자인 망재 손숙돈과 망기당 조한보 사이에 벌어진 무극·태극 논쟁에 참여하여 이들 양자의 견해를 비판하고 주희의 입장에 기초하여 자신의 생각을 개진했다. 조한보는 이언적의 비판에 응하여 서신 논쟁을 벌였는데 처음에 이언적이 가한 조한보에 대한 비판은 그가 주돈이의 사상에 뿌리를 두고 있고 무극·태극을 적멸(寂滅)과 공(空), 혹은 태허(太虛)로 말하여 도·불(道佛)적인 색채를 띤다는 것이었다.

> 지금 망기당의 주장은 … 대번에 무극인 태허의 본체로써 내 마음의 주재를 삼고는 천지만물이 나에게 모여 들어 운용에 막힘이 없도록 하려고 한다. … 태허의 본체는 본래 적멸하다고 말하여 滅 字로써 태허의 본체를 설명하니 이는 단연코 유학의 학설이 아니다.[8]

주희는 주돈이의 무극을 곧 태극이라 하고 이를 유적(有的) 실체 개념으로 해석하였지만 본래 주돈이에게는 무극에 공(空) 개념이 잔존했었다. 이언적은 조한보가 무극을 비실체적 개념으로 이해한 것을 지적하고 주희의 해석에 따라 그 그릇됨을 비판하였다.

> 周子가 무극이라고 한 까닭은 바로 그것이 장소도 없고 형상도 없기 때문이다. 사물이 있기 전에 있는 것으로 여기나 사물이 있고 난 뒤에도 존립하지 않은 바가 없고 음양의 밖에 있는 것으로 여기나 음양 가운데 유행하지 않은 적이 없다. 따라서 전체를 관통하여 없는 곳이 없다고 여기니 그렇다면 또 애초에 소리도 냄새도 그림자도 메아리도 말할 수 없다. 노자의 無에서 나와 有로 들어간다는 것과 불교의 이른바 空과 같은 것이 아니다.[9]

이언적은 무극이 노자가 말하는 무(無)나 불교에서 말하는 공(空)이 아니라 단지 이치의 오묘함과 장소나 형상이 없음을 나타내고자 한 것으로 무극은 항상 "있음"으로 존재하고 음양 가운데 유행하는 것임을 강조하였다.

또한 이언적은 조한보가 답신에서 "경(敬)에 중심을 두어 마음을 보존하고 천리에 상달한다"고 한 것에 대해 인사(人事)의 하학이 빠졌음을 비판하여 공자가 말한 "하학이상달(下學而上達)"을 강조하였다. 특히 "도(道)가 사람에게서 멀지 않으니 사람이 도를 실천하면서 사람을 멀리하면 도라고 할 수 없다."는 공자의 말을 들어 하학(下學)의 중요성을 제기했다. 이는 훗날 운봉이 자신의 심성론을 제기하면서 이를 불교적으로 해석을 가하고 있어 주목할 필요가 있다.

> 보내온 편지에서 또 '경에 중심을 두어 마음을 보존하고 천리에 상달한다.'라고 하였는데 이 말씀은 참으로 훌륭합니다. 그러나 '천리에 상달한다'라는 말에서 '인사에 하학한다'라는 네 글자를 빠트렸으니 유학의 가르침과 다름이 있습니다. 천리는 인사를 떠나지 않으니 인사에 하학하면 저절로 천리에 상달합니다. 만약 하학 공부를 하지 않고 곧바로 상달하려고 하면 이는 불교의 깨달음의 이론이 되니 어찌 숨길 수 있겠습니까? … 공자와 같이 태어나면서부터 아는 성인도 하학을 거치지 않을 수 없었으니 바로 "도가 사람에게서 멀지 않으니 사람이 도를 실천하면서 사람을 멀리하면 도라고 할 수 없다."라고 하였습니다. 하물며 공자보다 못한 사람은 어떻겠습니까. 세상에 도를 실천하는 사람들이 이것을 믿지 않고 마침내 텅비고 오묘하여 알 수 없는 데로 곧장 나아가려고 하니 또한 그 미혹됨을 알겠습니다.[10]

이언적은 조한보가 노장이나 불교에 치우쳐 인사의 하학을 빠트리고 허령하고 적멸한 마음만을 붙잡는 '상달의 공부 방법'에 비판을 가하여 선(善)을 택하는 성찰공부와 격물치지 공부를 주장했다. 특히 이언적은 조한보가 "세상 사람들이 환형(幻形)을 견실한 것이라고 집착하는 것을 논파하기 위하여 적멸을 말했다."고 하지만 이는 이치를 더욱 심하게 해치는 것이라 비판하면서 형체란 환망이 아니라 지극한 이치가 부여되어 있는 것이고 오히려 이로부터 법칙을 구해야 하는 공부 대상임을 말했다.[11]

이상과 같이 이언적과 조한보 사이에 일어난 태극논변은 무극이 곧 태허로서 적멸의 뜻을 지니는가? 아니면 무극은 곧 태극으로서 유적(有的) 개념인가의 문제와 공부란 인사의 하학 공부를 통한 성찰 공부인가? 아니면 환망을 끊는 깨달음의 상달 공부인가? 이 두 가지 논점으로 귀결된다.

그리고 운봉이 역(易)을 태극으로 보고 무극(無極)을 태허로 보며 공자의 "도는 사람을 멀리하지 않는다" 는 말을 불교적으로 재해석한 것은 태극논변의 논점을 재개하는 듯한 유불 교섭의 흔적이라 할 것이다.

(2) 운봉의 역(易) 이해와 불교의 명각(明覺)

운봉은 성리학의 이일분수를 일성론적 논리로 재현하고 이를 다시 불교적 사유에 입각하여 다성론을 제기했다. 그는 먼저 공자의 "도가 사람을 멀리 한 것이 아니라, 사람이 스스로 멀리한다."라는 것은 붓다의 교의와 똑같은 것이라 하였다.

> 夫子는 "道가 사람을 멀리 한 것이 아니라, 사람이 스스로 멀리한다." 하였다. 이는 우리 석가모니의 教義와 정확히 똑같다. 그러므로 말한다. "易이라는 것은 緣起이니, 性覺 가운데서 근원한 것이다. 易은 대체로 우리 불교와 서로 表裏가 되니, 이 또한 근원으로 돌아가 法으로 들어가는 첫 문이므로 밝히지 않을 수 없다.[12]

원래 이언적이 조한보의 상달 공부를 비판하기 위해 인용했던 것은 "도가 사람에게서 멀지 않으니 사람이 도를 실천하면서 사람을 멀리하면 도라고 할 수 없다."13는 공자의 말이었다. 이는 앞에서도 언급한 바와 같이 하학을 강조하는 맥락이었다. 그러나 운봉은 "도가 사람을 멀리한 것이 아니라 사람이 스스로 멀리한다."는 말로 수정을 가하여 이를 기신론적 사유에 토대를 두고 여기에 무명을 개입시켰다. 이언적이 인용한 "사람을 멀리 하는 것"은 곧 하학을 저버린다는 것을 두고 말하는 의미였지만 운봉이 인용한 "사람이 스스로 멀리한다"라는 것은 공자의 맥락과 다르다. 운봉이 의미하는 바는 사람이 도를 등지고 무명과 망념으로 변해 감을 뜻하는 것이었고 이는 곧 유가의 역(易)으로 이해되었으며 역(易) 역시 연기(緣起)이자 성각(性覺)에 근원한 것임을 운봉은 말했다. 이는 기신론에서 말하는 근본 핵심, 즉 "청정심이 무명에 의지해 발현" 되고 이로부터 대상세계가 형성되는 생멸문의 맥락을 역(易)의 개념에 덧씌운 것이기도 하다. 그래서 운봉은 말하기를 "사람들이 진(眞)이 망(妄)으로부터 변화하는 가운데 다만 진리를 등지기만하고 따르지 않아 보배구슬을 가지고도 거지 행세하는 꼴"이라 하면서 이는 곧 공자가 말한 "도가 사람을 멀리 한 것이 아니라, 사람이 스스로 멀리한다."는 것과 같은 이치라 했던 것이다.14

기신론에 의하면 중생에게 어두운 마음이 일어나는 것은 진여(청정심, 本覺)가 무명에 의지해 움직여 아리야식이 되기 때문이고 다시 이 아리야식에서 미망의 세계가 생멸하면서 청정심으로부터 멀어져가기 때문이다.15 즉 인간은 무명으로 인하여 대상세계를 만들어 나가고 이를 고착시켜 청정심의 도(道)로부터 멀어져 나가는 것이다. 운봉이 인용한 공자의 말이나 역(易) 모두 대상세계를 만들어 나가는 연기의 맥락에서 성각으로부터 멀어진다는 기신론적 이해를 개입시킨 것임을 알 수 있다.

또한 운봉은 기신론뿐만 아니라 『능엄경』의 "성각(性覺)은 반드시 명(明)이지만 망(妄)하여 명각(明覺)이 된다."16는 내용을 가지고 역(易)을 설명했다.17

인간이 도를 멀리하는 것은 곧 명각의 진행으로 볼 수 있고 역은 연기로서 태극의 작용과 같은 것으로 이해되었으며 그러면서도 역이 근원하는 바가 성각(性覺)임을 빼놓지 않고 있다. 운봉에게 있어서 무극과 태극은 곧 각각 성각과 명각에 해당한다. 이는 조한보의 무극 개념과 맞닿아 있다고 볼 수 있다.

(3) 무극·태극의 기신론적 이해

운봉은 "역(易)의 도(道)는 태극(太極)에서 근원한 것이고, 태극은 또 무극(無極)을 근본으로 한 것으로 무극은 담적허명(湛寂虛明)하고 십허(十虛)를 포괄한 것을 말하니, 즉 부처의 법신(法身)"[18]이라 하였다. 또한 "무극의 중간을 지극히 하면 영묘(靈妙)한 것이 일어나려 하는데, 이것을 태극이라고 한다. 태극은 일진(一眞)을 함축하면서 육합(六合)에 가득 차 있는 것을 말한다."[19]고 하였다. 운봉은 무극과 태극을 불교의 진공(眞空)과 묘유(妙有)의 체용관계로 이해하였고 태극을 성리학처럼 본체 개념으로 놓지 않았다. 운봉에게 있어 태극은 "허망한 명각(明覺)"으로서 기신론에서 "세간의 일체 경계는 모두 중생의 무명망심(無明妄心)에 의지하여 머무를 수 있다."고 한 것처럼 명각(明覺)과 태극(太極)의 도(道)가 다르지 않다[20]고 보았던 것이다.

따라서 운봉은 사람들이 "중생심이 저 태극과 일체이다."라고 말하는 것은 잘못이라 하였다. 왜냐하면 태극이란 명각으로서 일기(一氣)에 불과하고 무극은 공적(空寂)의 본체로서 일심(一心)이라 할 수 있기 때문이다. 이언적이 무극을 공(空)으로 말하는 한 유학이 아니라고 지적한 것처럼 "중생심이 저 태극과 일체"라고 주장하는 한 불교와 다른 것이 된다. 운봉이 무극을 공적(空寂)으로 보는 입장은 조한보와 이언적의 논변 가운데 조한보의 입장과 상통한다 할 것이다.

太極은 一氣이고 一心은 法身이니, 유교와 불교가 같지 않다는 주장을 여기에서 알 수 있겠다.[21] 靈妙함이 일어나 一氣가 성대해지는 것을 太初라고 하고, 氣가 도는 것을 太始라고 하고, 靈妙하고 순수하고 참된 것을 太素라고 한다. 두 氣가 쪼개져 맑고[淸] 탁함[濁]으로 나뉘는 것을 兩儀라고 하는데, 氣가 맑아서 올라가는 것을 陽이라 하고, 氣가 탁하여 내려오는 것을 陰이라 하니, 즉 부처의 報身이다. 음양이 각각 12개로 나누어져 24氣가 되고, 24氣가 섞여 五行이 그 가운데서 생겨난다. 가령 한 알의 씨앗이 처음에는 한덩어리로 나뉘지 않을 듯하지만 온갖 오묘함이 모두 그 속에 있으니, 곧 法身은 太極의 體이다. 그 싹이 날 때면 뿌리는 아래로 얽히고, 싹은 위로 자라나니, 곧 報身으로 兩儀의 象이다. 위아래의 뿌리와 가지가 나뉘어 한 형태를 나타내고, 氣脈이 섞여 가지와 잎과 꽃과 열매가 생겨나니, 부처의 化身으로 조화의 用이다.[22]

운봉은 유가가 말하는 역(易)을 명각으로 보는 동시에 무극과 태극, 그리고 음양오행의 개념을 법신·보신·화신의 삼신(三身)과 기신론의 체·상·용 삼대(三大)에 상응시켜 역(易)의 도를 이해하였다. 무극은 담연허명하고 십허(十虛)를 포괄하는 것으로 이는 곧 법신(法身)이 되고 태극의 체(體)가 된다. 또한 영묘함이 일어나 일기(一氣)가 성대해지고 청탁으로 나뉘지는 것을 보신(報身)으로 놓고 이를 곧 태극·양의(兩儀)의 상(象)으로 보았다. 여기서 상(象)은 곧 상(相)이다. 그리고 음양이 24기(氣)로 나뉘고 서로 섞임에 따라 오행이 생겨나는 데 이것이 화신(化身)으로서 곧 용(用)에 해당하였다.

이를 꽃나무에 비유하면 한알의 씨앗이 처음에 한덩어리로 나뉘지 않을 듯하면서 오묘함이 모두 그 속에 있음이 곧 체대(體大)이고 그 싹이 날 때면 뿌리는 아래로 얽히고 싹은 위로 자라나는 것이 곧 보신(報身)으로서 상대(相大)에 해당하며 기맥이 섞여 가지와 잎과 꽃과 열매가 생겨남이 곧 부처의 화신(化身)으로 곧 용대(用大)에 해당한다 하였다. 이를 표로 정리하면 다음과 같다.

무극 - 담적허명(湛寂虛明)·십허(十虛)	= 법신(法身)	= 체대(體大)
태극·양의 - 영묘(靈妙) 청탁의 상	= 보신(報身)	= 상대(相大)
오행 - 분화와 조화의 작용	= 화신(化身)	= 용대(用大)

〈표1〉 운봉의 기신론에 기초한 태극 이해

운봉이 무극을 "담적허명(湛寂虛明)하고 십허(十虛)를 포괄한 것"이라 말하고 이것이 곧 부처의 법신(法身)이라 하여[23] 불교의 공(空)개념을 무극에 배대시킨 것은 분명 무극에서 공(空)의 개념을 삭제했던 주자학과 차이가 있고 주렴계와도 또 다른 것이라 할 것이다. 무극의 영묘한 발현이 태극·양의라고 하여 이를 상(相)의 개념으로 설명하는 것 역시 지극히 불교적 관점이다. 주자에게 있어 태극은 이(理)로서 작용을 일으키는 것이 아닌 본체 개념이자 실체적 개념이기 때문이다. 그리고 오행을 분화와 조화의 작용을 용대(用大)로 이해하는 것 역시 성리학의 음양·오행과는 거리가 있다. 태극론에서 음양은 기(氣)요 오행은 오상(五常)에 해당한다.

결국 운봉이 말하고자 하는 바는 처음 서두에서 명제로 제기했던 것처럼 "성(性)은 진실로 원융하여 애초에 생멸(生滅)이 없지만 업(業)을 따라 발현(發現)하여 삼라만상을 이룬다."는 기신론적 사유를 토대로 이를 유가에 적용한 것이다. "역(易)을 연기로 말하고 이로 인하여 청탁의 양의가 생성되는 것"과 무극·태극·음양·오행을 붓다의 삼신(三身)과 기신론의 3대(三大)로 풀이한 것이 그것이다.

이상으로 볼 때 운봉의 역(易) 이해는 크게 세 가지의 특징을 엿볼 수 있는데 첫째, "사람이 스스로 멀리한다."는 것을 하학(下學)의 의미가 아닌 기신론의 "청정심의 무명풍동"의 맥락에서 이해한 것, 둘째, 역(易)의 태극을 명각으로 이해한 것, 셋째, 무극, 양의, 오행을 법신·보신·화신의 삼신과 체·상·용의 삼대에 상응시켜 이해한 것이다.

2) 권상유·박세채의 태극논변과 운봉의 다성론

주희는 정이천의 이일분수설(理一分殊說)로써 통체태극(統體太極)과 각구태극(各具太極)의 개념을 제시하였는데 이일(理一)에서는 통체태극을 분수(分殊)에서는 각구태극을 도출했다. 이는 ① 사람과 사물마다 하나의 태극을 가지고 있다는 것, ② 합하여 말하면 만물이 하나의 태극을 한몸으로 하고 있다는 것, ③ 나누어 말하면 하나의 사물마다 각각 하나의 태극을 갖추고 있다(『朱子語類』권94,「太極圖」)는 것이었다. 즉 개체마다의 태극을 합하여 말하면 통체태극이고 나누어 말하면 각구태극이 된다. 이러한 주희의 태극론에 의문을 제기한 사람은 권상유였다.[24] 그는 박세채에게 다음과 같이 물었다.

> 태극도설해에 이르기를 혼연한 태극의 전체가 一物 가운데 각각 갖추어져 있지 않음이 없다 하였습니다. 대체로 태극이 理이고 性도 리여서 두 가지 物이 아닌데 인물의 성이 서로 편전이 없을 수 없는 것이고 보면 어찌하여 주자는 전체를 각각 갖추었다고 하는 것입니까?[25]

권상유가 묻는 바는 주자가 태극의 전체가 모든 개체에 갖추어져 있다고 했지만 개체의 성이 편전이 없을 수 없는 것이 아니냐는 물음이다. 즉 각구한 태극이 곧 전체의 태극을 갖춘 것으로 보면 각구태극의 현실적 차별성을 드러내지 못하는 것이고 이는 곧 개체가 갖고 있는 편·전의 차이를 무시하게 된다는 주장이었다. 이에 박세채는 다음과 같이 답하였다.

> 주자가 태극의 전체가 사물 하나하나에 각각 갖추어져 있지 않음이 없다고 말한 것은 오행이 각각 갖추고 있는 본성이 본래는 모두 태극의 전체로부터 나온 것으로 애초에는 서로 다름이 없음을 밝히고자 한 것일 뿐입니다. 그 실상은 태극의 전체가 각구한 태극에 포섭되어 합치되는 이치는 결코 없는 것입니다.[26]

박세채 답변의 요점은 태극의 전체가 개체마다 갖추어져 있다 하는 것은 개개의 본성이 본래는 통체태극으로부터 나온 것을 지칭한 것일 뿐이지 태극의 전체가 각구한 태극과 일치하는 것은 아니라는 것이다. 이는 박세채 나름대로 개체 안에서의 이일(理一)과 분수(分殊), 즉 전체 태극의 같음과 각구태극으로서의 다름을 설명하는 방식이라 할 것이다. 이는 권상유가 주희의 각구태극을 치우침의 차별성으로 이해한 것이 결코 잘못된 것이 아니라는 것과 주자가 말한 대로 전체로서의 태극이 각 개체에 부여된 것으로 보아야 하지만 형기(形氣)에 구속되기 때문에 편전(偏全)의 차이가 없을 수 없다는 것을 강조함이다.

그런데 권상유는 여기서 보다 더 본질적인 질문을 박세채에게 가하게 된다. 그 물음은 두 가지로 요약될 수 있다. 하나는 '각구태극이 전체의 태극과 일치할 수 없고 각구태극을 편(偏)이라 하고 통체태극만을 전(全)이라 한다면 모든 개체는 온전한 것이 못 되는 것이 아닌가?'라는 물음이고 또 하나는 '개체의 총합이 된 후에야 전체 태극이라 한다면 각구태극의 태극은 태극의 조각으로 표현해야 하지 않겠는가?'라는 물음이었다.

주자가 말하기를 '합해서 말하자면 만물을 통괄하는 본체가 하나의 태극이요 나누어서 말하자면 物마다 각각 하나의 태극을 갖추고 있다.' 하였으니 이른바 각각 하나의 태극을 갖추고 있다는 것은 바로 물마다 각각 갖추고 있는 태극의 전체를 말한 것입니다. 그런데 지금 만일 각각 갖추고 있는 것을 偏이라 하고 통괄하는 본체만을 全이라 한다면 사람의 性 또한 만물 가운데 각각 갖추고 있는 것의 하나일 뿐이니 역시 치우쳐 온전하지 않다고 하겠습니까?

이 통괄하는 본체 가운데서 저절로 萬片으로 나누어져 一片은 불의 성이 되고 일편은 물의 성이 되며 또 일편은 某物의 성이 되니 반드시 만편이 합해져서 하나가 된 다음에야 바야흐로 전체의 태극이라 할 수 있고 만일 이와 같다면 만물이 품부받은 性을 의당 태극의 일단이라고만 해야지 하나의 태극이라고 해서는 안 되고 偏이라고만 해야지 전체라고 해서는 안 되며 각각 얻었다고만 해야지 각각 갖추었다고 해서는 안 될 것입니다.[27]

권상유가 주장하는 바는 주자가 말한 각구태극을 편(偏)이라 하고 통체태극을 전(全)이라 하여 다름을 말한다면 사람의 성(性) 역시 온전하지 않게 된다는 것이다. 또한 전체 태극이 수많은 조각으로 나누어져 각각의 성이 되고 이 조각들이 다시 합해져서 하나가 된 다음에야 전체의 태극, 즉 통체태극이 된다고 하면 각구태극을 의당 태극의 일단이라고 해야지 태극이라고 해서는 안 되고 편(偏)이라고만 해야지 전체라고 해서는 안 되며 각각 부분을 얻었다고만 해야지 각각 전체를 갖추었다고 해서는 안 된다는 것이다.

권상유는 주자가 말한 각구태극과 통체태극은 처음부터 이원화될 수밖에 없는 것으로 이해하였다고 볼 수 있다. 만약 각구태극에 통체태극을 갖추었다 하면 각구태극은 곧 온전한 통체태극으로 이해되는 것이고 이와 달리 통체태극이 만개의 조각으로 나누어져 각구태극이 되고 이들의 총합이라고 한다면 개체성을 태극의 일단이라고만 해야 하고 편성(偏性)이라고만 해야 하며 각각 부분을 얻었다고 해야지 전체를 갖추었다고 해서는 안 된다는 것이었다.[28]

그러나 박세채는 권상유의 질문을 통해 자신의 사유를 진전시켜 가면서 그 모순을 풀어보고자 하였고 개체성의 같음과 다름을 만족시키고자 다음과 같이 논의를 전개해 나갔다.

> 물에는 물의 성만이 있고 불에는 불의 성만이 있어 다시 최초의 혼연한 태극의 전체가 아니라고 한 것은 진실로 정당한 것입니다. 다만 그 물과 불이 되는 까닭은 精粗와 大小를 막론하고 모두 자연적으로 그 가운데 완전히 갖추어지는 것이니 이는 또한 혼연한 태극의 전체라고 하여도 해로울 것이 없는 것입니다. 이것이 태극도해의 본의입니다. … 마치 물에 비친 달이 하늘에 있는 진짜 달은 아니지만 그것이 달이기는 마찬가지인 것이니 이것이 바로 혼연한 태극의 전체라고 말해도 해로울 것이 없는 것입니다. 그러나 이른바 "물에는 물의 성만이 있고 불에는 불의 성만이 있어 다시 최초의 혼연한 태극의 전체가 아니다."는 논리는 시종 존재하는 것입니다.[29]

권상유가 제기한 물음에 대해 박세채는 "물 위의 달"을 비유로 대응하였는데 이는 박세채가 주렴계의 입장에서 태극론을 이해하고 있는 것으로도 볼 수 있다.[30] 박세채는 개체성이 전체의 태극이 아니라는 주장을 일관시키면서도 강호(江湖)에 비친 달은 하늘의 진짜 달은 아니지만 곳곳에 미쳐서 나타나는 달 역시 달로 보아야지 달의 분열이라고 볼 수 없음을 제기했다. 이는 각구태극의 차별성과 통체태극의 온전함을 개체 안에 조화시키고자 함이다.

그는 주희의 각구태극을 개체의 차별성만으로 보기보다는 그 차별적인 다양함을 그대로 온전한 것으로 보고자 했던 것이다.

권상유와 박세채의 태극논변은 개체성의 같음(전일성)과 다름(다양성)을 어떻게 논리적으로 공존시키느냐의 문제라 볼 수 있고 이는 운봉의 심성론에 나타난 일성론과 다성론의 논점과 상통한다 할 것이다. 권상유의 "각구태극은 하나의 사물이 각각 전체를 갖춘 것으로 보아야 한다."는 입장은 "사람마다에 모든 부처의 법신이 갖추어져 있다."고 주장하는 불교 일성론에 가깝고 "태극의 전체가 각구태극에 포섭되어 합치되는 이치는 결코 없다."는 박세채의 입장은 "각각원만(各各圓滿)"을 주장하는 다성론(다법신론)에 가깝다. 또한 각구태극의 총합이 통체태극이라는 권상유의 입장이 "사람마다의 법신이 합해져 하나가 된다.(人人法身 總爲一者)"고 주장하는 일성론에 가깝다면 불에는 불만의 성이 있고 물에는 물만의 성이 있지만 이 역시 자연적으로 완전한 태극을 갖춘 것이라 주장하는 박세채의 입장은 곧 월인천강(月印千江)의 각각원만(各各圓滿)을 주장하는 다성론에 가깝다 할 것이다.

일물(一物)이 전체의 태극을 갖추었다고 하면 각구태극의 차별성을 드러내지 못한다는 태극논변자들의 문제의식은 "사람마다 전체의 법신을 갖춘 것"으로 생각하면 이미 개체의 구분이 없게 됨을 지적하는 운봉의 사유와 맞닿아 있다고 본다. 그리고 박세채의 말처럼 모든 만물이 모두 태극의 전체로부터 나온 것으로 애초에는 서로 다름이 없지만 현상으로 표현됨에 있어서는 혼연한 태극의 전체가 아니면서도 각각 태극을 완구(完具)한 것으로 보는 것 역시 운봉의 다성론과 일치한다.

한편 18세기 후반 불교계의 심성론이 연담 유일과 묵암 최눌 사이에서 다시 재개될 때 그들의 논쟁점도 이 연장선에 있음을 볼 수 있다. "모든 부처와 중생의 마음은 각각 원만하여 일찍이 '하나였던 적이 없다'는 것은 묵암 최눌의 주장이고 각각 원만하지만 '원래는 하나'라 주장한 것이 연담 유일이었다."31 묵암 최눌의 입장이 운봉의 입장과 일치한다고 볼 수 있는데 이러한 불가의 심성논쟁과 유가의 태극논변은 인간 개성에 있어 보편성[전일성]과 개별성[다양성]의 조화 문제에 있었다 할 것이다.

		다성론적 입장	일성론적 입장
유가의 태극논변에서의 개성		태극의 전체가 각 사물에 포섭되어 합치되는 이치는 결코 없다(박세채)	각각의 사물이 태극의 전체를 갖추고 있다(권상유)
불가 심성론에서의 개성	17세기 심성논쟁	모든 여래의 지혜가 중생의 몸가운데에 있는 것이 아니다(운봉의 다성론)	성은 둘이 아니므로 모든 부처의 지혜가 온전히 중생의 몸 가운데에 있다(일성론)
	18세기 심성논쟁	모든 부처와 중생의 마음은 각각 원만하여 일찍이 하나였던 적이 없다 (묵암 최눌)	중생의 마음은 각각 원만하지만 원래 모든 부처와 하나다 (연담 유일)

〈표2〉 개성에 대한 유불의 상관성

2. 운봉의 심성론 이해

1) 운봉의 심성론과 여래장

운봉의 심성론 이해는 "사람마다 다 각자 신령한 마음의 이치를 갖추고 있고(各具其靈心之理) 이것이 드러나지 않음이 없다."(『韓國佛敎全書』9, 「심성론」)32는 인간 이해에 전제를 두고 있다. 이 신령한 마음(靈心)이란 체용겸비의 의미로서 원만공적(圓滿空寂)의 체와 광대영통(廣大靈通)의 작용인 심체성용의 여래장으로 일컬어진다. 운봉은 규봉 종밀이 내린 여래장의 정의를 다음과 같이 세 가지로 설명하고 있다.

첫째, 여래장이란 隱覆의 뜻으로서 여래를 복장하되 가려지고 덮여 드러나지 않는다는 의미이고 둘째는 含攝의 뜻으로서 모든 일체를 함섭하고 있다는 뜻이다. 셋째는 出生을 뜻하고 여래법신을 말하는 것으로 이미 여래장이 온갖 德을 포함하고 있어서 了達하여 證入하면 온갖 덕을 낸다는 것이다.[33]

여래장이란 중생 가운데 있는 여래, 즉 진여를 의미한다. 중생을 떠나 있거나 초월해 있는 것이 아니라 중생 가운데 살아 움직이되 가려지고 덮여 있을 뿐이다. 이를 운봉은 재전법신(在纏法身)이라 표현한다. 재전법신은 은복(隱覆)과 함섭(含攝)의 의미로서 모두가 갖추고 있는 부처의 지혜(불성)이자 개체에 있는 보편성을 의미한다. 여래장은 일체를 함섭하고 있고 온갖 덕을 포함하고 있기 때문에 진리에 수순하여 참 성품을 깨달으면 여래장이 활동하고 전일적인 성격을 나타내며 온갖 덕을 드러낸다.

하나의 미세한 티끌은 한 명의 중생이 부처의 지혜를 원만히 다 갖추었음을 비유한 것이고, 일체의 미세한 티끌은 일체 중생이 부처의 지혜를 각각 원만히 다 갖추었음을 비유한 것이다. … 이상은 일체중생의 在纏法身을 설한 것이다.[34]

모든 개별체는 각각 부처의 지혜를 모두 원만히 갖춤과 동시에 다양한 모습으로 온갖 덕을 표출한다. 하나의 개체는 붓다의 지혜를 원만히 다 갖추었고 부처의 지혜를 각각 원만히 다양하게 드러내고 있다. 이 온갖 덕을 내는 출생을 운봉은 출전법신(出纏法身)이라 표현한다. 출전법신은 각 개체를 통해 드러나는 다양성을 의미한다. "감춤의 보편성"과 "드러냄의 다양성"이 운봉이 말하는 다성론의 요점이다. 특히 운봉은 출전법신의 다양성에 대해 다음과 같이 말하고 있다.

> 묻는다. 어떤 사람이 無邊虛空을 모두 一法身의 비유로 삼았으므로 구름이 없는 곳을 出纏法身이라고 하고, 구름이 있는 곳을 在纏法身이라고 한다면, 이 말이 옳은가? 그른가? 답한다. 한 곳의 허공에 구름이 없는 것뿐만 아니라, 만 리에 구름 한 점 없는 만 리의 하늘이어야 이것이 出纏法身의 모습이다. … 또 古人이 "사람마다의 面目은 본래 원만히 이루어져 있으니, 어찌 다른 사람의 연지와 백분을 빌려 바르겠는가."라고 말하였다. … 眞身과 化身은 걸림 없어 저것과 이것이 상대해 있지 않다. … 사사로운 하나의 집착이 없으면 이것과 저것의 두 가지 나뉨이 없게 된다. 그러나 이것은 수행자의 보신과 화신이지 여러 부처님의 보신과 화신이 아닌 것은 분명하고 분명하다.[35]

진신(법신)과 화신은 각각 재전법신과 출전법신이라 칭할 수 있고 사사로운 집착이 없을 때 진신과 보신은 서로 걸림이 없게 되고 자신만의 화신을 드러낸다. 개체마다 각기 출전법신을 표출할 때 이는 오직 수행자의 보신과 화신이지 다른 여러 부처의 보신/화신과는 다르다. 같은 이슬방울을 먹고 복숭아나무는 복숭아 열매를 맺고 사과나무는 사과 열매를 맺는 것처럼 하나의 진성을 표현함에 있어서는 십인십색으로 나타난다. 운봉은 개체의 다양성과 전일적 보편성이 한 개체에 어떻게 공존하고 있는지를 다음과 같이 말한다.

> 한량없는 報身은 바다에 있는 하나의 거품과 같으니, 어찌 하물며 천 백억의 한정된 숫자이겠는가? 중생의 법신은 하나의 자그마한 병속에 있는 허공과 같아서 한 사람에 대해서 性이 된다. 즉 그 한정됨을 알 수 있으니, 허공

이 비록 끝이 없다고 하지만 병으로 한정되는 것이다. 알지 못하겠다. 나 운봉은 무슨 부처의 화신인가? 미타불의 화신인가? 석가불의 화신인가? 저 부처님은 지옥을 바꾸어 연화세계로 만들 수 있는데, 나도 연화세계를 만들 수 있는가? 그 相用을 논해 본다면 하늘과 땅 사이로 벌어져 있다. 그렇다면 모든 부처님의 화신이 아님이 분명하고 분명하다.[36]

중생의 법신은 하나의 자그마한 병 속에 있는 허공과 같아서 한 사람에 대해서 성(性)이 된다. 모든 개체는 하나의 자그마한 병속에 있는 허공을 각기 갖추고 있는 법신이자 성(性)으로서 모두가 하나인 보편성을 지니지만 그 허공의 공기를 한정시키는 병의 모양은 천차만별이다. 이는 마치 바다에 이는 수천억의 물방울처럼 그 상용(相用)은 하늘과 땅 사이로 천차만별로 펼쳐져 있다. 그러므로 각 개체의 법신이 표출하는 화신의 상용은 다른 모든 부처의 화신과 같을 수 없다. 이는 당시 불교계의 주류가 "일체중생 실유불성(一切衆生 悉有佛性)"이라는 것에 함몰되어 개체의 다양성이 치밀하게 고려되고 있지 않는 사유 풍토에 분명 적지 않은 파장을 일으켰을 것으로 보인다.

2) 운봉의 다성론 논증

불성이란 중생의 자체적 성품인 부처의 지혜가 온전히 각 중생의 몸 가운데에 있는 것이지, 모든 여래의 지혜가 중생의 몸 가운데에 있는 것이 아님을 운봉은 주장하였다. 사람마다 모두 하나된 불성을 갖추고 있고 사람마다의 법신을 전체적으로 합하면 하나가 된다는 주장이 일성론(일법신론)이라면 사람 각자가 원만히 갖춘 자체적 성품이 불성이라는 주장은 다성론이 된다. 다성론은 운봉이 주장하는 입장으로 불성의 전일성이 개체를 통해 다양하게 현현함을 주장하는 것이다. 운봉은 당시 일성론(일법신론)자들의 주장이 지나침을 의식하여 다양한 논거를 들어 그 잘못됨을 지적하고 자신의 논지를 전개하였는데 그 논거는 대략 여섯 가지로 요약될 수 있다.

〈논거 ①〉
어떤 경론의 대덕이 나에게 "중생과 부처는 비록 다르지만, 그 性은 둘이 아니므로 모든 부처의 지혜가 온전히 중생의 몸 가운데에 있다."라고 문제제기 하였다. 그러므로 응답하였다. '그렇지 않다. … 중생의 자체적 성품인 如來智慧가 온전히 중생의 몸 가운데에 있는 것이지, 모든 여래의 지혜가 (중생의 몸 가운데에 있는 것이) 아님을 알아야 한다. 그러므로 규산이 비유하여 부처의 지혜는 온전히 중생의 몸 가운데에 원만히 구족하고 있다고 말한 것이 바로 이것이다.'[37]

모든 개체에는 각자 자체적 성품인 여래 지혜가 온전하고 원만하게 갖추어져 있는 것이지 전체 모든 부처의 지혜가 하나같이 중생 각자의 몸 안에 있는 것이 아니라고 운봉은 말한다. 우주 법신은 개체의 활동에 의지해서만 현현할 수 있고 이는 각자의 자체 성품에 따라 다양하게 그리고 온전히 드러난다. 따라서 운봉은 일성론이 잘못되었음을 다음과 같이 계속 말한다.

〈논거 ②〉
사람마다 법신은 전체적으로 합하면 하나가 된다고 말하는 사람이 있다. 그 말이 옳다면 모든 부처가 함께 증득할 때 무엇 때문에 중생의 법신은 지금도 망상 가운데 있는가? 또 만약 실로 법신이 하나라면 강가의 모래알같이 많은 여래는 한 때에 함께 증득하였는가? 각각 따로 증득하였는가? … 요즘 경론의 대덕들이 많이 있는데 이 대덕들이 한입으로 똑같이 하나의 법신이라고 말한다. 그들이 법신 운운하는 것에 대해 나는 그 허와 실을 모르겠다.[38]

사람마다의 법신이 하나의 법신이고 이들이 합해져 하나가 된다(人人法身 總爲一者)고 주장한다면 석가모니 부처가 증득할 때 모든 중생도 함께 증득해야지 중생의 법신이 지금도 망상 가운데 있어서는 안 될 것이라고 운봉은 말한다. 그리고 일법신을 주장한다면 이는 곧 각 수행자의 보신과 화신도 없게 되는 것이라고 그는 반박했다.

〈논거 ③〉

어떤 사람이 "생멸문이 드러내는 三大 가운데에서 부처의 보신과 화신을 능히 드러내 보인 것은 모든 부처님의 보신과 화신이다."라고 문제제기 하였다. 그러므로 응답하였다. "물음이 심하구나! 만약 그렇다면 후대에 화합식을 깨뜨리고 수행자가 성불할 때 보신과 화신은 없을 것이다. 그렇다면 무엇 때문에 緣動習 가운데에서 '法出離에 의거하기 때문에 중생의 마음을 두루 비추어 선근을 닦게 하고 念에 따라 드러낸다.' 고 하였겠는가? 현수는 '본각이 장애를 벗어날 때 중생의 근기에 따라 비추어 온갖 교화를 드러내니, 중생에게 外緣動力이 된다.' 고 하였다. 이것은 마음을 어디에 두어야 할지를 말한 것이다. 그러므로 이것은 수행자의 보신과 화신이지, 모든 여래의 보신과 화신이 아님을 말하는 것이 분명하고 분명하다."[39]

운봉은 인간이 생멸문으로 드러내는 보신과 화신은 수행자 자신의 보신과 화신이지 다른 모든 부처의 보신과 화신이 될 수 없다고 말한다. 만약 모든 부처의 화신과 보신이라면 수행자 별도의 보신과 화신은 없을 것이고 따라서 중생 각자가 만나는 외연력(外緣力)도 없게 된다는 주장이다. 그래서 운봉은 당시 일성론(일법신)자들의 주장이 지나치고 각각원만설(各各圓滿說)을 깨닫지 못하면서 사견으로 부처의 가르침을 훼손·비방하고 있다고 비판하였다. 더구나 각각원만설은 경전과 논서에서 분명히 설하고 있는 바라고 하여 자신의 주장이 정당함을 피력하고 있다.

〈논거 ④〉
또 一法身의 문제제기가 너무 심하기 때문에 거듭해서 문인들에게 보인다. 여기 한 가지가 있으니, 역시 알지 않으면 안 되는 것이다. 各各圓滿의 설은 경전과 논서에서 분명히 설하고 있는데도, 만일 지금 아직 得하지 못했으면서 得했다고 말하고 證하지 못했으면서 證했다고 말하는 학자들이 자신의 견해로서 一法身이 옳다고 판정한다면, 장차 원인을 가지고 결과를 도출하는 논의를 제대로 하지 못하여 부처의 가르침을 훼손하고 비방하여 무간지옥에 떨어질 것이니, 아마도 법을 아는 자가 그것을 본다면 박장대소하며 타이를 것이다. … 만약 요즘의 논자들이 주장하는 이치에 의거한다면, 부처와 보살은 (잠시도 머무르지 못하고 돌아다녀야 하므로) 자주자주 짚신을 사야 될 것이다.[40]

일성론자들이 주장하는 바는 모두가 하나의 성(性)으로서 중생들의 깨달음도 곧 석가 부처와 모든 보살들과 다르지 않다는 것인데 이는 개체가 지니는 원만구족의 독창성(유일성)을 간과한 것이 된다. 그래서 만약 일성론에 의거한다면 중생들의 깨달음이 구현될 때마다 모든 부처와 보살들이 돌아다니는 격이고 자주자주 짚신을 갈아 신어야 할 것이라 운봉은 비꼬는 것이다.

이제 운봉은 마지막 논거로서 '허공의 달'을 든다. 일법신론(일성론)자들은 허공의 달을 비유하여 모든 사람들이 공유하는 달처럼 '일성(一性)'을 주장하는데 그러면 이것이 누구의 법신이 되겠느냐는 것이다. 현성(現聖)의 출전법신으로 보면 범부의 재전법신은 제외될 것이고 범부의 재전법신으로 보면 현성의 출전법신은 아니게 된다. 또한 출전법신을 말할 때는 어디까지나 재전법신을 전제해야 되는 것이고 만약 재전법신을 떠나 출전법신을 말한다면 이는 인간의 인식에서 벗어나게 된다. 그래서 출전법신과 재전법신을 모두 포함하고 또한 법신과 보신/화신을 아우르는 개념으로서 "각각원만"의 뜻을 운봉은 다시금 강조한다.

〈논거 ⑤〉
어떤 사람이 하늘에 있는 달을 가지고 '모든 사람들이 공유하는 달'이라고 하여 一法身의 비유로 삼는 것은 완전히 잘못이다. 만약 법신이 하나라면 이것은 賢聖의 出纏法身인가? 범부의 在纏法身인가? 만약 범부의 법신이라면 賢聖의 법신이 아닐 것이고, 만약 賢聖의 법신이라면 범부의 법신이 아닐 것이니, 누구의 법신인가? 또 허공의 달을 보는 것처럼 법신이 보신과 화신 밖에 있다면 분명히 그것을 보았는가? 달을 본 사람들 중에는 아무도 법신의 智色을 보지 못하였다. 왜냐하면 智와 識이 모두 이르지 않았기 때문이다. 그러나 또 법신은 관찰하는 주체인 智일 뿐만 아니라, 그 관찰하는 智이면서 관찰하는 대상인 경계가 된다. 비록 주체와 대상의 차이는 있지만, 그 실제는 하나이다. 그러므로 "행동하는 모든 것이 불성이고 다른 법이 없지만, 증득하는 주체와 대상이 된다."라고 하였으니, 바로 이것을 말한 것이다. … 범부 역시 삼보와 같은 體를 가지고 있으니, 성품이 본래 신령스런 깨달음인 佛과 본래의 적멸함에 머물러 있는 法과 성품에 어그러지거나 다툼이 없는 僧이 전체적으로 三身이 되는 것이다. 그렇다면 各各圓滿의 뜻이 분명하다. 그러므로 풍담은 "사람 각각에게는 없어지지 않는 것이 있다."라고 하였으니, 이것이 그 증거이다.[41]

법신은 개체를 초월해 있는 것이 아니라 관찰하는 주체이자 관찰 대상이다. 주체와 대상의 차이는 있지만 그 실제는 하나로서 법신은 인간 각각의 개체를 떠나서 증득될 수 없다. 모든 중생은 스스로 신령스런 깨달음의 진성(眞性)인 불(佛)과 적멸에 머무르는 법(法)과 진성에 어그러지거나 다툼이 없는 승(僧)의 삼보(三寶) 자체와 같아서 각각원만하다는 것이다.

만약 공중에 뜬 달만을 진짜 달로 말하고 천강에 비친 달은 가짜 달이라고 하여 각각원만을 부정한다면 이는 퇴계와 같은 성리학적 논리라 할 것이다.[42] 반면 천강에 비친 달 모두가 원만하여 각각의 모습으로 불성을 드러낸다 하면 이는 운봉의 주장이 된다.

원만각구(圓滿各具)의 성(性)은 갠지스강 모래알같이 많은 중생의 번뇌심 가운데 있는 불성(佛性)이 각기의 인연에 따라 발현하는 것이기에 만 가지로 다름이 나타나게 된다. 이를 '갠지스강 모래알같이 많은 모든 붓다'라고 이름하였다.[43] 그러므로 "사람 각각에게는 없어지지 않는 것이 있다."라고 말하는데, 이것이 "각각원만(各各圓滿)"하다는 증거[44]라 운봉은 말한다.

운봉의 다성론은 보편리가 개별의 다양한 특수리로 나타난다는 것을 주장한 것이고 또한 그의 다성론은 탁사현법(託事顯法)의 화엄의 논리에 따른 것이라 할 수 있다. 그리고 그가 주자의 이일분수의 사유 틀을 빌려오면서도 이를 불교적으로 개변하여 의미 짓고자 한 것은 유불 교섭의 산물이라 할 것이다. 끝으로 덧붙여 운봉은 일성론을 심분설(心分說)로 명명하여 자신의 각각원만의 설이 정당함을 주장하였다.

⟨논거 ⑥⟩

갠지스강 모래알같이 많은 중생을 '하나의 性'이라 말하면 이는 한 사람의 마음이 나뉘어 여러 중생의 마음이 된다고 할 수 있을 것이고 또 모든 사람의 마음이 합해서 한 사람의 마음이 된다 할 것이다. 그대의 마음이 나뉘어 여러 사람의 마음이 되고, 여러 사람의 마음이 합해서 그대의 마음이 될 것이다. 聖人의 말씀에, '형체를 천억 개로 나누고, 몸을 여러 부처로 나툰다'는 說은 있지만, '마음을 나눈다[心分]'는 설은 아직 들어보지 못했다. 지혜로운 자는 생각해 보라. 허공의 형체 있는 물건도 둘로 가르기 어려운데, 하물며 마음을 나누고 합하는 일이겠는가? … 그렇다면 各各圓滿하다는 뜻이 조금도 틀리지 않을 것이다.[45]

운봉은 만약 갠지스강 모래알같이 많은 중생들을 "일성(一性)이라 한다면 이는 "한 사람의 마음이 나뉘어 여러 사람의 마음이 되고 여러 사람의 마음이 합해서 한 사람의 마음이 되는 것"이라고 비판했다. 주자학에서 말하는 이일분수(理一分殊)[46]를 심일분수(心一分殊)로 대치시키면 이 "심분설(心分說)"은 주희의 이분설(理分說)의 사유틀과 유사해 보인다. 그리고 "전체의 하나의 리(理)가 개체로 나뉨에 따라 그 리(理)가 각기 다르고 그 개별 리(理)의 총합이 이일(理一)이 된다"는 이일분수론(理一分殊論)의 논리를 "한 사람의 마음이 나뉘어 여러 사람의 마음이 되고 여러 사람의 마음이 합해서 한 사람의 마음이 된다"는 심분설로 반박하는 듯하다. 운봉의 심분설 비판은 주자의 이분설(理分說)을 비판하는 의미도 숨겨져 있다고 본다.

3) 운봉의 다성론에 나타난 마음공부의 의미

운봉의 심성론에 의하면 모든 개별체는 각각 부처의 지혜를 모두 원만히 갖춤과 동시에 다양한 모습으로 온갖 덕을 표출한다. 하나의 개체는 붓다의 지혜를 원만히 다 갖추었고 부처의 지혜를 각각 원만히 다양하게 드러내고 있다. "감춤의 보편성"과 "드러냄의 다양성"이 운봉이 말하는 다성론의 요점이다. 또한 법신은 개체를 초월해 있는 것이 아니라 관찰하는 주체이자 관찰대상이다. 주체와 대상의 차이는 있지만 그 실제는 하나로서 법신은 인간 각각의 개체를 떠나서 증득될 수 없다. 개체 안에 잠재된 전일성이 다양하게 구현될 수밖에 없는 것은 개인의 주체적 인식과 인식된 대상 안에서의 현현일 뿐이기 때문이다. 원만각구(圓滿各具)의 성(性)은 갠지스강 모래알같이 많은 중생의 불성(佛性)이 각기의 인연에 따라 발현하는 것이기에 만 가지로 다름이 나타나게 된다. 이를 운봉은 '갠지스강 모래알같이 많은 모든 붓다'라고 이름하였다.

운봉의 심성론은 보편성(전일성)과 다양성을 조화시키면서 개개의 존엄성을 부여한 개성의 교육철학이라 명명할 수 있다. 우주만물이 하나의 그물망처럼 한몸을 이루고 있다는 공동체적 전일성의 교육과 그 전일성이 개체의 구체적 삶 속에서만이 드러날 수 있다는 개성 실현의 다양성 교육은 현대교육이 겸비해야 할 과제처럼 보인다. 그러나 학습자 개인이 자신 안에 갖추어진 전일성을 자각한다는 것과 또한 그것을 자신의 삶에서 온전히 자기만의 스타일로 실현한다는 것은 쉬운 일은 아닐 것이다. 그럼에도 불구하고 운봉대지의 심성론과 같은 전통 사유에서 개성의 실현이란 자신에게 감추어진 보편적 전일성을 어떠한 객관적인 준거나 강요없이 자신 스스로 깨달아 실현해야 하는 그 무엇으로서 어느 누구도 대신할 수 없는 지극히 실존적인 것이고 스스로의 창조적 표현으로 구현해야 할 궁극임을 강조하고 있다.

학습자가 자신의 전일성을 깨닫는다는 것은 개체의 제한적인 인식을 벗어나 전체를 중심에 놓는 공심(公心), 무아(無我)를 통해서 가능하며 보편성의 자각은 곧 전일아로서의 인식을 드러냄을 의미한다. 그렇다면 무아를 전제한 전일아는 몰주체성인가? 그러나 운봉은 전일아의 자각이 진정한 주체성이자 개성이라 말한다. 전일아로서의 인식이란 인간과 자연, 모든 만물을 한몸으로 보기에 우주공동체의 자각을 의미하고 그 전일아를 각자 다양하게 표현하는 개성은 다양성의 창조로 이어진다. 이는 마치 잎 하나가 나무 전체와 무관한 개체의 잎이 아니라 나무 전체와 연결된 잎으로서 개체 잎의 성장을 보는 것과 같다. 이 세계는 전일성을 자각한 모든 개체들로 인하여 풍부한 문화와 무궁한 변화를 하게 되는 것이고 동시에 개인 역시 자유가 손상됨이 없는 개성의 창조를 통해 공진화(co-evolution)의 삶을 구현하게 된다. 다성론의 심성론에 있어 개성 실현이란 전체와 분리되고 공적 이익과 무관한 사적인 영역이 아니다. 전체의 보편성과 타당성이 각 개인의 그것과 일치되며 동시에 그것이 온전히 개인의 자유와 삶에 온전히 맡겨지는 것에서 개성의 창조와 공동체적 선이 동시적으로 이루어진다 할 것이다.

한편 개인이 실현해야 할 보편성이 각자의 세계 안에서 다양하게 표출되는 것이라고 해도 궁극적으로 보편성이라는 용어 자체가 보여주듯이 개성 역시 또 다른 이름의 보편성에 불과해 보일 수도 있다. 서구 사유 틀에서 보면 엄밀한 의미에서 이를 주체성 혹은 개성의 실현이라고 할 수 있는지 의문은 남는다. 그러나 전통 사유에서 개성의 실현이란 전일성(보편성)의 자각으로서 개성의 실현을 전제하고 있고 이는 인식 주체로서의 개체의 다양한 삶을 벗어나지 않는다는 점에 초점을 두면 분명 불교 심성론에 있어 마음의 도야란 주체의 자유와 창조를 수반하는 것으로 보아야 할 것이다.

04
불교를 통해 본 동학의 심성론 이해와 만물일체

　동학은 생명을 끊임없이 생성 성장 변화시키는 무궁한 활동성을 한울님으로 놓고 있다. 그러면서도 모든 개체의 생명은 허/공을 토대로 서로 의지하고 서로를 길러 주는 만물일체의 한울님임을 동학은 강조한다.
　먼저 동학이 불교와 관련을 갖는다는 것은 두 가지의 의미를 내포하고 있다. 첫째, 인간이 한울님이라는 것은 불교 화엄에서처럼 일즉다 다즉일(一卽多 多卽一)의 회통을 보였던 것과 같이 인간이 곧 우주 전체라는 만물일체의 사유를 내포하는 것이다.
　둘째, 동학에도 불교의 무/공(無/空) 개념이 수용되어 있다는 점이다. 동학은 모든 존재가 '있음/없음', '생겨남/사라짐'의 공존 속에서, 무궁히 변화·생성하는 무궁자임을 제시하고 있다. 유무(有無)회통 사상은 어떠한 현상과 사물도 고정된 것으로 보지 않고 집착하지 않아 끊임없이 변화(無常)·생성하는 무궁의 세계관을 지니게 한다.
　그러나 동학이 불교나 도가와도 다른 사상의 특성을 보이는 것은 첫째, 심천상합의 심성론과 무형유적한 마음의 주재자를 내세우고 있기 때문이고 둘째로는 천지부모·체용일치의 만물일체임을 말하면서 이천식천의 생성·변혁의 만물일체임을 강조하기 때문이다. 이는 기존의 만물일체가 평면적이라면 동학은 우주 한몸을 입체적이고 보다 역동적으로 말하고자 함이다. 이에 본 장에서는 동학의 심천상합, 만물일체의 사유가 어떻게 불교적 사유와 결합되고 어떠한 차이점을 보이는지 고찰하고자 한다.

1. 동학의 불교적 사유와 마음 이해

1) 본연 한울로서 마음과 궁을의 천인동체(天人同體)

수운은 한울님으로부터 받은 영부가 '이름은 선약(仙藥)이요 그 형상은 태극(太極)과 같고 또 그 형상은 궁궁(弓弓)과 같다'고 하였다.[1] 여기서 수운은 자신의 도를 선약(仙藥)이라 하여 선적(仙的)으로 명칭을 표방하나 그 모습과 형상은 태극과 궁궁으로 유불의 이미지를 나타내고 있다. 태극은 유가적 용어이지만 동학의 용례는 유가와 다소 거리가 있다. 태극은 현묘한 이치를 의미하고 이를 구비하고 있는 궁궁은 마음 심 자(心字)의 초서형으로서 태극이 곧 궁을로 지칭된다.[2] 유가에서 심(心)은 본체 개념일 수 없다. 인간 마음이 곧 한울님이라고 하는 것은 분명 불교적 전통의 수용이라 할 것이다.

궁을은 동학의 부도(符圖)로 사용되어졌다. 흔히 세상 사람들은 다만 한울만 알고 한울이 곧 나의 마음인 것을 알지 못한다. 수운선생은 이를 근심하여 심령의 약동불식(생생불식)하는 형용(形容)을 표상하여 부도로 그려낸 것이 궁을도였다. 동학에서 마음은 쉼없이 약동하는 생명의 활동이자 우주 한몸이다.[3]

1905년 동학이 천도교로 개칭된 후 이 궁을 부도는 궁을기의 교기로 사용되었다. 의암 손병희 선생이 양한묵, 권동진, 오세창 등 3인에게 지시하여 만들어진 것이다. 궁을기는 태극과 궁을을 모두 아우른 형상의 문양을 갖고 있다. 궁을이란 앞에서도 말한 바와 같이 수운 선생이 한울님을 체험할 때 한울님으로부터 얻은 진리의 형상이다. 따라서 궁을(弓乙)은 곧 궁천을인(弓天乙人), 즉 천인동체(天人同體)를 상징하고 태극(太極)은 마음이 만리(萬理)를 구비하였음을 상징하는 표상이다. 궁을과 태극 양자 모두 마음을 상징하고 천인동체·만물일체를 의미하는 인내천의 뜻이요 인간과 한울이 하나임을 말하는 천인일체적 표현이다.

〈그림1〉 궁을기와 궁을장

궁을기를 자세히 보면 궁 자(弓字) 2개가 하나의 원 안에 좌우로 그려져 있다. 이는 한울과 인간을 합일하는 인내천의 의미를 담아 낸 것이다. 궁을기의 흰 바탕과 붉은 바탕 역시 한울의 마음과 인간의 마음을 상징하는 것이다. 흰 바탕은 무궁한 우주 근원의 한울마음을 상징하고 붉은 바탕은 창조와 개벽을 의미하는 사람 마음을 상징한다. 또 궁을기 옆에 그려져 있는 궁을장을 보면 그 자체로 세 부분의 영역으로 구성되어 있는데 이는 바깥에서부터 차례로 몸(身), 마음(心), 본성(性)을 상징한다. 즉 바깥의 원은 인간의 몸을, 강낭콩 모양의 부분은 인간 마음을, 중심의 붉고 작은 원은 본성(性)을 뜻한다. 마음은 몸, 마음, 본성으로 불려지는 동시에 이 세 요소가 융합되어 나타나는 한울님이다. 수운은 민중이 찾는 정감록의 궁궁도 결국 일심이라 하면서 그 궁궁을 다른 데서 찾지 말고 모두가 각자 가지고 있는 마음에서 찾는 것이 인간의 살길이라 하였다. 이는 선불교에서 말하는 '직지인심(直指人心) 견성성불(見性成佛)'처럼 우주 근원의 본체를 인간 마음에 두고 있음을 볼 수 있다.

2) 마음과 허[虛(無)]

해월 선생은 마음이 곧 한울로[4] 마음은 허령하고 조화무궁한 것이라 설명하고 있다.[5] 마음이 허령하기에 조화가 무궁하고, 무궁한 이치가 된다. 허령(虛靈)이란 텅 비어 있으면서도 신령한 것으로 공(空)하면서도 어떤 작용(有)이 있는 불교적 사유를 드러낸다 할 것이다.

> 경에 말하기를 '마음은 본래 비어 있어 물건에 응하여도 자취가 없다.' 빈 가운데 영이 있어 깨달음이 스스로 난다. 그릇이 비었으므로 사람이 능히 모든 물건을 담을 수 있고 공간이 비어있으므로 사람이 능히 살 수 있고 천지가 비었음으로 능히 만물을 수용할 수 있다. 마음이 비었으므로 일만 이치를 능히 통할 수 있다. … 무가 유를 낳고 유가 무를 낳는다. 없는 데서 생기어 빈 데서 형상을 갖추니 없는 듯 비인 듯 하다. 보려 하나 보이지 아니하고 들으려 하나 들리지 아니한다. 빈 것이 능히 氣를 낳고 없는 것이 능히 이치를 낳는다. … 이 비고 없는 기운을 체로 하여 비고 없는 이치를 쓰면 비고 신령한 것이 참된데 이르러 망령됨이 없어진다. 체는 이 허무의 기요 용은 이 허무의 이치이다. 비고 신령하여 지극히 참되고 망령됨이 없다. 참이란 것은 빈 가운데서 실상을 낳는 것이니 천지의 지극히 공변된 것이요 망령이란 것은 빈 가운데서 생긴 거짓이니 천지의 공이 없어지는 것이다.[6]

해월은 그릇이 비었으므로 사람이 능히 모든 물건을 담을 수 있고 천지가 비었으므로 능히 만물을 수용할 수 있듯이 공(空)이기에 천지가 만물일체일 수 있고 허(虛)이기에 마음이 일만 이치를 능히 통할 수 있다고 말한다. 여기에는 불교의 공(空)이 전승되어 있다. 불교에 있어서 우주의 본체인 일심(一心)은 자기라 고집할 것도 고정된 그 무엇도 없으면서 변화와 생성을 지어낸다. 스스로 고집할 본성이 실재하지 않기 때문에, 즉 무자성이기에 모든 만물을 통섭할 수 있는 것이다.

해월은 무(無)가 유(有)를 낳고 유(有)가 무(無)를 낳는다고 하였다. 무(無)에서 생성이 이루어지고 허(虛)에서 형체가 생긴다. 허(虛)가 능히 기(氣)를 낳고 무(無)가 능히 이치를 낳는 '허무(虛無)의 기(氣)'는 곧 체(體)요 '허무(虛無)의 리(理)'는 곧 용(用)이다. 동학은 유무일치를 강조하고 있고 동학의 체용론[7] 역시 체용일치로서 허무적멸이 아닌 허·무의 활동을 체와 용으로 한다.

3) 공적활발(空寂活潑)의 생명적 마음

한편 의암은 한울님을 공적활발(空寂活潑)로 명명한다. 공적활발은 임제 선사도 말한 바 있지만 의암은 보다 활발성을 강조하는 측면이 두드러진다. 이는 불교가 허무적멸을 일삼는 시대적 폐단을 성찰한 것으로부터 나온 것으로 여겨진다. 병공(甁空)의 비유를 듦에 있어서도 이전의 선사(禪師)들은 인간의 본래성이 병에 한정되는 것으로 그 본래성을 공(空)으로 비유한 것과는 달리 의암은 '밝은 빛'으로 비유하는 것도 이와 무관하지 않다.

묻기를 어떠한 방법으로 그 큰 장애를 벗어나서 그 진성을 볼 수 있습니까. 대답하기를 해와 달은 비록 밝으나 검은 구름이 가리면 병 속의 등불과 같

다. 성의 맑고 깨끗한 것을 많은 장애물이 둘러서 진흙 속에 묻힌 구슬과 같으니...[8]

한울과 한울, 만물과 만물이 각기 성품과 마음이 있어 자체가 스스로 움직이는 것이 다 법상과 색상에 말미암은 것이다. 수행하는 사람이 깨달아서 어둡지 아니하고 적적하여 혼미하지 아니하면 빈 가운데서 빛이 난다.[9]

성품과 마음의 활발한 작용은 활기의 영적(靈迹)으로서[10] 천지무궁의 근본[11]으로 이해된다. 여기서 활기란 활동지기를 의미하는 것으로서 활활발발하여 물이 방금 솟는 듯하고 불이 활활 붙는 듯한 기운이요 힘이다. 의암은 유가에서 말하는 원형이정의 천리도 활동[12]의 작용으로 놓고 있다. 공적활발의 성심을 갖춘 인간 삶은 능동적인 생명의 활동자이다.

성리는 공적하나 자체 秘藏 중에 크게 활동할 동기가 갖추어져 있다. 만물이 크게 활동할 본지를 삼은 것이요 마음은 작게 활동하는 기관이다.[13]
이 조화옹되는 마음이란 본래 비인 것으로 변함이 없으나 스스로 화해 나며, 움직임이 없으면서도 스스로 나타나 천지를 만들고 다시 천지의 본체에 살아 만물을 내며 만물 자체에서 산다.[14]

또한 조화옹 되는 이 마음은 본래 빈 것으로 현묘해서 물건에 응하여도 자취가 없다.[15] 이 마음은 보려해도 볼 수 없고 들으려 해도 들을 수 없고 움직임이 없으나 스스로 나타나 천지를 이루어내고 만물 자체에 산다. 이것이 마음이자 "본래 나"라는 것이다.

나에게 한 물건이 있으니 물건이란 것은 본래의 나이다. 이 물건은 보려 해도 볼 수 없고, 들으려 해도 들을 수 없고, 물으려 해도 물을 곳이 없고, 잡으려 해도 잡을 곳이 없다. 항상 머무는 곳이 없이(常無住處) 능히 움직이고 고요함을 볼 수 없으며, 법으로써 능히 법하지 아니하나 만법이 스스로 몸에 갖추어진다. 情으로써 능히 기르지 아니하나 만물이 자연히 나고, 변함이 없으나 스스로 화해난다. 움직임이 없으나 스스로 나타나서 천지를 이루어내고 다시 천지의 본체에서 살며 만물을 생성하고 편안히 만물 자체에서 사니, 다만 천체를 因果로 하여 무선무악하고 불생불멸하니 이것이 이른바 본래의 나이다.[16]

동학은 '생하는 것이 당당한 이치'임을 주장하고 생령(生靈)의 활동을 말하고자 한다.[17]

2. 동학의 심성론과 수심정기(守心正氣)

1) 인의예지가 아닌 수심정기

의암은 기존의 유불 사상과 동학의 도가 어떻게 다른지를 무형유적으로 표현하였다. "일이관지는 공부자의 성덕이요 공계송심(空界送心)은 석씨의 도통이요 무형유적(無形有跡)은 우리 도의 조화"[18]라는 것이다. 가는 것도 오는 것도 없는 무형유적한 내 마음을 길이 지키어 옮기지 않는 것이 동학의 도라고 의암은 설명한다.[19] 유가는 인의예지로 일이관지했고 불교는 공(空)으로 마음을 돌려 허무적멸로 갔지만 동학은 유무를 아우르면서도 활동·생성을 강조하고자 한다.

또한 수운은 분명 유가적 전통과도 다른 사유체계를 세상에 내놓고자 했다. 단지 유자들의 탄압에 따라 자신이 기존의 사유 틀을 부정하지 않음을 내보여야 했던 상황으로 말미암아 유화적 태도를 보인 바 있다. 그는 자신의 도가 인의예지의 가치관과 위배되지 않으므로 혐의가 없음을 애써 항변하였다.

> 수심정기 하여 내어 인의예지 지켜 두고 군자 말씀 본받아서 誠敬二字 지켜 내어 先王古禮 잃잖으니 그 어찌 혐의되며 … 세간 밝은 법은 人性之綱으로서 잃지 말자 맹세하니 그 어찌 혐의될꼬.[20]

그러나 그의 의도는 자신의 도가 수심정기, 무위이화, 무형유적에 있음을 은밀히 강조하고 있음을 볼 수 있다. 수운은 "인의예지는 옛 성인의 가르친 바요 수심정기는 내가 다시 정한 것"[21]이라 했고 옛부터 성현 문도들은 백가시서 외워 내어 연원(淵源) 도통 지켜 내고 공부자 어진 도덕 천추에 전해 왔지만 수운 자신은 "이 세상에 무극대도 닦아 내어 오는 사람 효유해서 삼칠자 전해주는 무위이화"[22]임을 나타냈다.

> 대신사의 주문 열세자는 즉 천지 만물 화생의 근본을 새로 밝힌 것이요 수심정기 네 글자는 다시 천지가 운절되는 기운을 보충한 것이며 무위이화는 사람이 만물과 더불어 천도천리에 합하는 우주만유의 참된 모습이다.[23]

삼칠자 주문은 천지 만물 화생의 근본을 밝힌 것으로 이는 한울과 하나 되어 천도천리에 합하는 무위이화의 도이다. 따라서 "성인은 한울님 마음을 잃지 아니하고 언제나 성품을 거느리며 한울님과 더불어 덕을 같이하고 한울님과 더불어 같이 크고(大) 한울님과 더불어 같이 화생한다."²⁴ 이것이 무위이화로서 만물과 더불어 천도천리에 합하는 참된 모습이다.

동학의 독창성은 바로 인의예지가 아닌 수심정기에 있고, 백가시서의 공부자 도덕이 아닌 무위이화에 있으며 유가의 일이관지(一以貫之)나 불가의 공계송심(空界送心)이 아닌 무형유적(無形有迹)에 있다.

2) 무형유적과 수심정기

수심정기는 무형유적한 마음을 지키는 것이다. 무형유적의 마음은 나에게 있는 본연 한울로 천지만물은 본래 일심(一心)임을 뜻한다.²⁵ 일심은 곧 만물일체이다. 그러므로 내 마음을 공경치 않는 것은 천지를 공경치 않는 것이요 내 마음이 편안치 않은 것은 천지가 편안치 않은 것이다. 그래서 이 마음을 어린아이같이 보호하여 성성(惺惺)하게 지혜롭고 혼매한 마음이 없게 하는 것(惺惺無昏昧之心)이 수심정기이다. 이는 성성적적(惺惺寂寂), 정혜쌍수(定慧雙修), 성성불매(惺惺不昧)²⁶의 불교 수행과 상통한다.

> 내 마음을 공경치 않는 것은 천지를 공경치 않는 것이요 내 마음이 편안치 않은 것은 천지가 편안치 않은 것이다. … 수심정기하는 법은 효제온공이니 이 마음을 어린아이 같이 보호할 것이며 늘 조용하여 성내는 마음이 일어나지 않게 하고 늘 깨어 혼미한 마음이 없게 하는 것(惺惺無昏昧之心)이 옳다 … 참된 마음은 한울이 반드시 좋아하고 한울이 반드시 즐거워한다.²⁷

해월은 마음이 천지와 더불어 일체이기에 경심, 경인, 경물을 강조해 나갔다. 천지부모에 대한 공경이 곧 삼경으로 천지와 더불어 법도를 같이하고 운을 같이하면 대성인이 된다.[28]

수운은 천령이 강림하였다는 소리를 듣고 이를 물으러 온 선비들에게 천령(天靈)의 강림은 곧 천도로 가서 돌아오지 않음이 없는 이치, 즉 무왕불복(無往不復)의 이치를 받은 것이라 대답하였다.[29] 무왕불복의 이치란 곧 가는 것도 없고 오는 것도 없는 내 마음의 이치요 무형유적의 도라 하였다.[30] 무왕불복의 이치가 곧 무형유적의 도라 했으므로 무왕불복과 무형유적은 같은 의미로 이해해도 좋을 것이다.[31]

무왕불복의 용어는 유가와 불교 모두 쓰고 있는데 그 의미가 다르다. 『주역』에서 무왕불복은 사시순환의 갈마듦처럼 '가서 돌아오지 않음이 없는' 순환적 의미를 지닌다. 그러나 그 순환적 의미는 사시와 같이 일정하게 정해진 순환의 의미이다. 율곡도 64괘를 비판하면서 인간 삶의 이치가 어찌 64가지로 정해져 있어 순환하느냐 반문한 바 있다.

또한 유교의 변역은 불교와 같은 무자성의 연기를 말함이 아니라 실체화된 리(理)이다. 수운은 종래의 유가적 순환사관의 의미보다는 불교적 생성적 역사관을 의도하고 있다고 볼 것이다.[32] 그렇다면 불교에서 설명되는 무왕불복은 무엇인가?

불교의 화엄 4조인 징관은 『주역』의 무왕불복을 왕복무제(往復無際)로 설명하고 있다. 즉 '모든 존재는 가고 돌아옴이 끝이 없다는 의미이다. 왕(往)이란 가는 것이요 움직이는 것이다. 복(復)이란 오는 것이요 멸하는 것이요 고요한 것이다. 주역의 복괘(復卦)에서는 '돌아와 천지의 마음을 봄이여 그런즉 가면 반드시 돌아옴이 있다'고 하였고 주역 태괘(泰卦)에서는 '가면 돌아옴이 있다. 이것이 천지의 끝이 없음이다.' 라 한 것이 이러한 의미라고 징관은 말한다.[33] 징관이 말한 바 왕복은 곧 만물의 생멸을 통한 무궁한 생성을 의미한다.

또한 무왕불복에는 의암이 "가는 것도 오는 것도 없는 무형유적"[34]이라 한 것처럼 '무거무래(無去無來)'의 의미가 있다. 생멸과 동시에 불생불멸을 말하고자 하는 것이다. 화엄경에서 "일체 세계는 행함도 없고 머무름도 없으며(無住) 일체 중생의 몸이 모두 실체 있는 몸이 아님을 안다. 감도 없고 옴도 없으며 다함도 없다. 즉 머무름이 없은즉 무거무래인 것이다."라고 하였다. 실체가 없는 무, 공성(無, 空性)이기에 무주로서 생멸하고 동시에 무(공성)이기에 생할 것도 멸할 것도 없다. 의암 역시 화엄경과 유사하게 다음과 같이 말한다.

> 본래 성품도 없고 온 것도 없고 나 또한 없는 것이다.(性無來無我亦無) 천지는 나와 더불어 한 色空이다.(天地與我一色空)… 마음 밖에 空空도 없고 寂寂도 없고 불생불멸도 없고 극락, 동작, 희노애락도 없다. 오직 우리 도인은 자심을 自誠하고 자심을 自敬하고 자심을 自信하고 자심을 自法하여 한 터럭도 어김이 없으면 無去無來하고 無上無下하고 無求無望하여 스스로 천황씨가 된다. … 성품과 마음은 현묘하고 현묘해서 물건에 응하여도 자취가 없으나 있는 듯 생하는 듯한다. 성품은 본래 無無, 無有, 無現, 無依, 無立, 無善, 無惡, 無始無終이요 心 本虛이다.[35]
>
> 나에게 한 물건이 있으니 물건이란 것은 나의 본래의 나이다. 이 물건은 보려 해도 볼 수 없고, 들으려 해도 들을 수 없고, 물으려 해도 물을 곳이 없고, 잡으려 해도 잡을 곳이 없다. 항상 머무는 곳이 없이(常無住處) 능히 움직이고 고요함을 볼 수 없으며, 법으로써 능히 법하지 아니하나 만법이 스스로 몸에 갖추어진다. 情으로써 능히 기르지 아니하나 만물이 자연히 나고, 변함이 없으나 스스로 화해 난다. 움직임이 없으나 스스로 나타나서 천지를 이루어 내고 다시 천지의 본체에서 살며 만물을 생성하고 편안히 만물 자체에서 사니, 다만 天體를 因果로 하여 무선무악하고 불생불멸하니 이것이 이

른바 본래의 나이다.[36]

본래 성품이 공하고 오고 감도 없고 머무름도 없고 나 또한 없어 천지와 한 색공(色空)이 되는 것이 무형유적의 마음으로 이 역시 공성(空性)에 기초하고 있음을 알 수 있다. 생멸하는 무왕불복의 이치이자 무거무래·불생불멸·무주의 무형유적한 마음이 곧 한울님(천황씨)임을 의암은 분명히 하고 있다.

따라서 무형유적한 마음을 수심하는 수행은 내 안의 활동하는 한울을 지켜 창생을 위하는 것으로 귀결된다.

3. 동학의 만물일체 사상과 마음공부

1) 천지부모의 만물일체와 천지공경의 도야

해월은 말한다. '예로부터 한울이 만백성을 낳았다 말하는데 나의 부모는 첫 조상으로부터 몇 만대에 이르도록 혈기를 계승하여 나에게 이른 것이다. 부모가 죽은 뒤에도 혈기는 나에게 남아 있는 것이고 심령과 정신도 나에게 남아 있다. 그러므로 제사를 받들고 위를 베푸는 것은 그 자손을 위하는 것이 본위'임을 주장했다. 유가 사회에서 가장 중요시되는 예는 제사와 상례일 것이다. 유자들은 원래 제사를 통해 조상과 후손을 잇고 이를 통해 영원불멸을 이루고자 했다. 그러나 해월은 죽은 조상보다는 현재의 사람과 세상을 주목한다. 천지부모를 위하는 식고가 마음의 백년상이니 사람이 살아있을 때에 부모의 생각을 잊지 않는 것이 영세불망이요 천지부모 네 글자를 지키는 것이 만고사적'[37]이라는 것이다.

"사람이 어머님의 젖으로 자란 줄을 알면 반드시 효도로 봉양할 마음이 생기는 것처럼 사람이 천지의 녹으로 사는 생명인 줄을 알면 반드시 식고하는 이치를 알 것(『해월신사법설』, 천지부모)"이라 해월은 말한다. 따라서 동학의 종지는 천지 섬기기를 부모 섬기는 것과 같이 하는 것과 살아 계신 부모를 효양하는 이치와 같은 식고(食告)에 있다. 식고의 이치를 잘 알면 도통이 그 가운데 있다는 것이 이것이다. 동학에서 천지는 만물의 부모로 이해되고 천지부모는 곧 천(天) 자(字) 하나로 지칭되면서 천지 이기의 조화로 만물이 화해 낳는 만물일체관을 갖고 있다.

> 한울과 땅이 덮고 실었으니 덕이 아니고 무엇이며 해와 달이 비치었으니 은혜가 아니고 무엇이며 만물이 화해 낳으니 천지 이기의 조화가 아니고 무엇인가. 천지는 만물의 부모이다. … 천지가 그 부모인 이치를 알지 못한 것이 오만년이 지나도록 오래되었으니 다 천지가 부모임을 알지 못하면 억조창생이 누가 능히 부모에게 효도하고 봉양하는 도로써 공경스럽게 천지를 받들 것인가.[38]

천지 이기의 조화로 만물이 생성되고 천지의 은혜로 만물이 길러진다. "사람이 어렸을 때에 그 어머니 젖을 빠는 것은 곧 천지의 젖이요 자라서 오곡을 먹는 것 또한 천지의 젖이다. 젖과 곡식은 다 천지의 녹이다." 사람은 한울을 떠날 수 없고 한울은 사람을 떠날 수 없다. 한울은 사람에 의지하고 사람은 먹는 데에 의지한다.

만사를 안다는 것은 밥 한 그릇을 먹는(食一碗) 이치를 아는데 있다. 인간은 밥에 의지하여 한울의 생성을 돕고 한울은 인간에 의지하여 그 조화를 나타낸다. 마음이 몸에 의지한 것이 한울이 만물에 의지한 것과 같다. 그러므로 사람의 한 호흡, 한 동정(動靜), 한 의식(衣食)도 한울과 더불어 변화·생성하는 기틀이다. 인간의 호흡과 동정과 굴신과 의식(衣食)은 모두 한울님 조화의 힘이기에 한울님과 사람이 서로 화생하는 기틀은 잠시라도 떨어지지 못한다.[39]

동학의 도는 한울로써 한울을 먹고(以天食天) 한울로써 한울을 화할 뿐이다.[40] 한울님은 곧 생명의 근원이요 생성의 힘이요 이치이다. 우리가 의식하지 않아도 숨쉬고 맥박이 뛰는 것은 그 증거라 할 수 있다. 인간 본래의 모습은 한울의 영(靈)이 활동하는 생령(生靈)에 있다. 사람의 일동일정은 모두 한울님의 시키는 바다. 행주좌와 어묵동정 어느 하나 한울의 자취 아님이 없다.

천지는 이미 부모의 이름자가 있고 또한 부모의 은덕이 있은즉 부모에게 효도하는 도로써 천지를 받들고 부모같이 섬기고 공경하여 봉양함이 또한 마땅하다는 것이 동학의 천지부모관이다. 흔히 신체발부를 부모에게서 받은 은혜만을 사람들은 말하지만 천지에게서 받은 근본을 사람들은 알지 못한다고 해월은 말한다. 이렇게 동학은 유가처럼 인간 중심 사상이 아니라 우주 중심의 사상으로 중심이 이동되어 있다.

> 천지부모를 공경함으로써 자기의 영원한 생명을 알게 될 것이요 천지부모를 공경함으로써 모든 사람과 만물이 다 나의 동포라(人吾同胞 物吾同胞)는 전체의 진리를 깨달을 것이요 천지부모를 공경함으로써 남을 위하여 희생하는 마음과 세상을 위하여 의무를 다할 마음이 생길 수 있다. 그러므로 천지부모의 공경은 모든 진리의 중추를 把持함이다.[41]

2) 체용일치의 만물일체와 공공심의 도야

천지만물은 모두 한울님을 모시지 않은 것이 없다. 만물이 낳고 낳는 것은

(萬物生生) 이 마음과 이 기운을 받아 그 생성을 얻는 것이고 우주만물이 모두 한 기운과 한 마음으로 꿰뚫어져 있다.⁴² 우주는 하나된 한울이치로 구성되어 있다.

> 우주는 一氣의 하는 바요 一神의 하는 바이다. 눈앞에 온갖 만상이 비록 그 형상이 각각 다르나 그 이치는 하나이다. 一卽天이다.⁴³

수심정기하여 자심을 스스로 지키어 잃지 않으면 만법만상이 일체 마음에 갖추어져 나와 한울이 하나된다. 본성과 마음이 하나요. 성인과 범인이 하나며 나와 세상이 하나다. 나의 굴신동정 역시 그대를 한울의 활동이요 진리의 드러남이다. 이것이 동학에서 주장하는 '천체자용(天體自用)'의 체용일치라 할 것이다.

동학에서 수심견성(修心見性)의 도는 천체자용(天體自用)의 자각에 있다. 한울과 사물 각각이(天天物物) 성심(性心)의 리(理)가 있어 스스로의 체가 스스로 움직이는 것(自體自動)이 모두 법상(法相)과 색상(色相)에서 말미암는다. 여기서 법상은 무형의 공(空)이요 색상은 유형의 존재이다. 수행하는 사람이 부지런히 쉬지 않아(勤勤不息) 성성불매(惺惺不昧)하고 적적불혼(寂寂不昏)하면 빈 가운데서 빛이 날 것이라 하였다.(虛中生光) 빛은 곧 한울과 합한 마음으로 만리를 구비하여 있고 무상법체(無相法體)가 깨닫는 경지이다. 또한 공공적적(空空寂寂)하여 물을 것도 없고 들을 것도 없고 여심여진(如心如眞)하여 삼라만상이 본래 나와 일체(一體)가 된다. 오직 하나요 둘이 아니니 나와 너, 선과 악, 좋음과 나쁨, 생과 사가 모두 이 법체자용(法體自用)이다. 그리하여 모든 일과 모든 작용을 무심히 행하고 거리낌없이 행하니 이것을 한울본체(天體)의 공도공행(公道公行)이라 한다.⁴⁴ 이는 한울을 체로하면서 스스로 작용을 드러내는 천체자용

(天體自用)이요 공도공행이다.

무체법경에서는 성(性)과 심(心)을 기신론적으로 설명하고 있음을 볼 수 있는데 기신론의 일심이문을 여적(如寂)과 진몽(塵濛)으로 표현했다. 성인과 범인의 성심(性心)이 한 본체에서 나타난 것이지만(一體所發) 마음을 움직이고 세상을 움직이는데는 서로 다름이 있게 된다. 사람이 태어난 그 처음에는 한 티끌도 없고 다만 보배로운 거울 한 조각을 가진 것뿐이지만 거울이 허공에 비치면서 왼쪽 한 편은 여여적적(如如寂寂)하고 오른쪽 한 편은 티끌이 자욱하게 된다.(塵塵濛濛) 이 양자 사이에 살면서 비로소 위위심(爲爲心, 마음활동)이 생기고 위위심이 생기므로 천지가 생기고 세계가 생기고 도가 또한 생겨났다.

고금의 현철이 다만 이 한 마음으로 항시 쉬지 아니하고 오래오래 끊기지 아니하며 천지만물을 다 위위심두에 실었으나 범인은 위위심이 없어 다만 자신의 오늘 보는 것으로서 오늘 마음을 삼고 또 내일 보는 것으로서 내일 마음을 삼아 방향을 알지 못한다. 또한 자기 천성의 소관 아님이 없으나 본성의 본래를 알지 못하고 모든 일이 자기 마음의 소관 아님이 없으나 자기 마음의 작용임을 알지 못한다. 이것이 이른바 범인의 마탈심(魔奪心)이다. 기신론에서는 일심(一心)이 곧 청정심(淸淨心)으로 표현되나 의암은 본 마음을 위위심, 이타심, 공화심, 자유심, 극락심, 해탈심 등 다양하게 설명하는 특징이 있다.

> 성인의 위위심은 곧 自利心(스스로 이로운 마음)이니 자리심이 생기면 利他心(남을 이롭게 하는 마음)이 저절로 생기고 이타심이 생기면 共和心이 저절로 생기고 공화심이 생기면 自由心이 저절로 생기고 자유심이 생기면 極樂心이 저절로 생긴다.[45]

한울이 스스로 체가 되고 용이 된다는 천체자용의 강조는 체용분리를 막고 체용을 통일시키는 철학적 의의가 있다. 서양 전통 철학은 체와 용을 분리시켰고 주희도 체용 불상리·불상잡을 말하면서도 체와 용을 이원화시켜 서로 다른 것으로 규정했다. 주희의 사유는 분명 처음부터 이원적이었다. 그러나 불교는 이사무애의 논리로서 이사상즉임을 강조해 왔고 현세보다는 공(空)에 치우치는 편향을 드러내었다. 동학은 불교의 이러한 폐단을 막고자 처음부터 한울에 체와 용, 무와 유가 일치되는 의미를 부여하여 천지공경과 공공심의 마음활동을 강조해 왔다.

3부

유불 전통의 수심(修心) 공부와 동학의 마음공부

01 성리학의 격물치지 공부와 동학 시정지(侍定知)의 마음공부

02 염불선(念佛禪)과 동학 주문(呪文)의 마음공부론

03 동학의 성심신 삼단 이해와 마음공부

01
성리학의 격물치지 공부와
동학 시정지(侍定知)의 마음공부

1. 들어가는 말

지고의 인식은 지고한 경험에서 온다. 따라서 이성보다는 감성을 주목하게 되고 감성에서 더 나아가 영성(Spirituality)적 지각을 추구하는 일련의 추이를 보이고 있다.

영성이란 다양하게 정의할 수 있지만 일반적으로 개체 자신보다 큰 형이상학적 실재, 종교적 외경감이나 깨달음, 혹은 열반 상태의 감성적 경험을 포함하는 개념으로 특징지어진다. 즉 영성이란 신성(神性), 인간 자신에게서 궁극을 보는 것, 깨달음의 감성적 경험, 우주 마음, 천지정신, 전일아(全一我) 등으로 요약될 수 있다. 이는 삶이 보다 전일체적으로 통합되고 보다 고양되는 것을 희망하고 지각되는 것을 포함한다.

그러나 전통교육에서 영성이란 말은 영심(靈心), 영지(靈知), 영명(靈明), 신령(神靈) 등의 말과 함께 쓰이면서 유가의 리(理), 불교의 일심(一心) 혹은 진여(眞如)를 지칭하는 것이었다. 유교·불교·동학 등의 전통교육은 이러한 영성교육의 실현을 지향하는 것으로서 그 교육의 방법은 크게 세 가지 흐름으로 구분될 수 있다. 첫째, 마음을 고요히 가라앉혀 본래의 지혜가 드러나도록 하는 선종의 지관(止觀)적 전통, 둘째, 창명(唱名)을 통해 분별을 떨쳐 견성하는 염불선(念佛禪)의 전통과 한울의 소리인 강화(降話)로써 한울과 합하고자 하는 주문 수행, 셋째, 대상을 궁구하여 천리를 체인하는 전통이다. 첫 번째와 그리고 두 번째의 염불선은 불교적 전통이라 할 것이고 세 번째는 주자의 독창적 공부 방법이라 할 것이지만 주자의 그것에는 첫 번째의 불교적 성격이 다분히 녹아 있다. 그리고 동학은 이 셋을 모두 결합시킨 수행 방법을 제시했다 할 것이다.

전통 수행은 영성(본성)을 구하여 그 본질적 지각을 얻는 데 목적을 둔다. 그 본질적 지각이란 내감을 의미한다. 지각은 본래 둘로 나눌 수 있다. 감각 기관을 통한 지각으로서의 외감이 있고 감각을 초월한 심령에서 오는 지각으로서 내감이 있다. 주자도 "지각은 진실로 안으로부터 느끼는 내감이 있고 또한 외부로부터 느끼는 것이 있다."고 하였다. 동학에서는 "마음은 본래 비어서 빈 가운데 영(靈)이 있고 지각이 스스로 생겨난다."고 말한다. 감각적 지각과는 다른 종류의 지각이 존재하는 것이다. 내감은 청각·시각·미각·촉각·후각 등 감각에 의해 얻어지는 앎이 아니라 감각을 초월한 본래적 지혜에 의해 실상을 파악하는 것을 추구한다. 이 초자연적 지각은 산란한 마음, 육관으로 지각되는 분별의 마음, 인욕이 제거되는 정도와 일치한다. 그리고 재차 이 초자연적 앎은 육체로 돌아가 행위한다. 지각은 감각적 외부로부터만 오지 않는다. 그러나 영성적 지각은 감각에 존재하지 않으면 만물은 형상화될 수 없다.

서구 근대의 감각 경험이 외감을 중시한다면 동학과 주자학은 외감과 내감을 모두 중시한다 말할 수 있다. 동학은 내감을 우선하여 바른 외감을 위한 조건으로 놓고 주자학은 외감을 통해 내감에 이르고자 외감을 수단으로 취한다. 동학의 시정지의 수행은 우주의 근원이자 자신의 본래성인 천품과 하나 되어 진리를 지각하는 방법이라 할 것이다. 그러므로 전통교육은 우주 근원과 합일을 이루는데 주의를 기울인다. 만물일체(萬物一體), 동체대비(同體大悲), 심천상합(心天相合) 등이 그러하다.

본 연구는 주자의 격물치지(格物致知)와 동학의 시정지(侍定知)에 초점을 두어 주자와 동학이 갖고 있는 마음의 공부 방법의 특징을 드러내어 상호 이해를 돕고자 하는 데 목적이 있다. 주자학과 동학 모두 궁리라는 말을 쓰지만 그 리(理)가 놓여지는 맥락이 다름을 볼 수 있고 더구나 동학은 주문 수행을 중심에 놓기 때문에 주자와는 다른 위상을 파악할 수 있다.

2. 주자의 공부 방법론 이해

1) 미발체인(未發體認)과 이발찰식(已發察識)에 대한 주자의 입장

동서양을 막론하고 교육 방법은 본체론이나 체용론 혹은 근본적인 세계관과 분리시켜 논할 수 없을 것이다. 한 기존 연구에 의하면 심성론으로부터 공부론을 독립·분리시켜 "주자에게서는 심성론이 공부론을 위한 전제가 아니라 공부론이야말로 심성론의 전제가 되는 것"[1]이라 주장하지만 주희가 말하는 맥락을 잘 살펴보면 주된 관심의 시발은 미발과 이발의 체용문제에 있고 성체심용(性體心用)의 논리에서 심통성정론(心統性情論)으로 변화하고 이일분수(理一分殊)를 강조함에 따라 공부론 역시 변화된 것이라 할 것이다. 즉 성체심용에 입각한 미발체인과 이발찰식 공부에서 분수리의 심통성정론으로 바뀜에 따라 격물치지와 경(敬) 공부로 변화된 것으로 보아야 한다. 미발체인은 성체(性體)에, 이발찰식은 심용(心用)에 초점 둔 수행법이고 격물치지는 분수리의 본연성(體)과 기질성(用)에 초점 둔 수행이다.

주자의 수양론은 세 단계를 거쳐 발전한 것으로 본다. 첫째는 '중화구설 이전 시기'로서 주자가 선종에 빠져 있다가 이연평을 만난 후 그의 지도 아래 도남학(道南學)의 수양 방법인 미발체인에 치중하던 시기이다. 두 번째 시기는 '중화구설 시기'로서 도남학의 수행 방법인 미발체인에 실패하고 장경부와의 교유를 통하여 호상학의 수양 요결인 이발찰식에 치중하던 시기이다. 끝으로 세 번째 시기는 '중화신설 이후'로서 호상학의 이발찰식법을 비판하고 선함양후찰식의 수양 이론을 건립한 이후의 시기이다.[2]

일반적으로 알려진 바와 같이 성리학은 불교와 도교에 많은 영향을 받았고 특히 송대의 많은 지식인들은 맹자나 중용에 나오는 성(性)이 불교의 불성과 별반 다르지 않다고 생각했다. 그리고 도남학의 미발체인은 '중(中)을 구한다'는 구중(求中)으로서 선종의 견성(見性)과 결부시켜 이해할 수 있고 호상학의 이발찰식은 분별의식을 제거하는 데 힘을 쏟는 묵조선의 영향으로 이해할 수 있다.[3]

특히 도남학의 대표자라 할 수 있는 양귀산은 중용의 미발과 중(中)에 관한 구절을 선종식으로 해석하여 의식이 미발 상태에 이르면 천하의 대본인 중(中)을 체험할 수 있고 이러한 체험이 바로 본래적 성품을 보는 일이라고 여겼다. 한편 양귀산(楊龜山)의 제자인 나예장(羅豫章)은 비록 정좌를 통하여 고요함을 추구하기는 했지만 그저 앉아서 청정함만을 지키려는 묵조선과 달리 유학의 종지인 시비의 구별과 천리·인욕의 경계를 확보하는 데 궁극적인 관심을 두었다. 문자와 분별을 경시하는 양귀산과 달리 나예장은 사유의 중요성을 강조했던 것이다.

이연평 역시 나예장을 계승하여 주자에게도 이성과 사유의 중요성을 말했고 이일(理一)에 다가서기 위한 전 단계의 공부로 개별의 리를 하나씩 철저하게 궁구하도록 권했다. 연평은 정좌 수행을 통하여 천리를 직접 볼 수 있다고 여긴 것이 아니라 단지 천리의 기상 정도를 체험하는 것이라 생각했다. 그러므로 그의 정좌수행의 진정한 목적은 의식을 단절하고 천리를 직관하는 데 있다기보다 미발기상을 체험하기 위하여 의식을 고요하게 만드는 함양의 과정 그 자체에 있었다.

주자 또한 이러한 연평의 영향을 받아 정좌를 통해 천리를 체인하려는 선적(禪的) 요소에 분석적 사유를 통해 분수리(分殊理)를 탐구하려는 이성주의적 요소를 결합시켰다고 볼 수 있다. 주자의 미발체인 역시 항상 일상의 인륜과 관계를 가지는 것으로 나갔고, 미발 중에 체인된 일상적 세계의 만수(萬殊)는 곧 인사(人事)에 관한 사리로서 '반성분별지'를 포함하는 것이었다. 연평이나 주자가 말한 미발기상체인은 곧바로 본체에의 진입을 뜻하는 것이 아니다.

기존 연구에 의하면 미발기상체인이 우주의 근본 혹은 천리의 기상이라는 의미를 지닌다고 하여 이것이 곧 개체의식을 넘어서 주객 미분리의 의식으로 진입함을 의미한다고 했지만[4] 이는 어디까지나 이성적(반성분별적)·현실적·점진적 형태를 띠는 것이다.

또한 주자는 호상학(湖湘學)이 현행하는 의식의 흐름을 관찰하다가 문득 드러나는 본성의 단초를 붙들어 보존하는 선찰식후함양의 수행법을 비판한 바 있다. 자신의 의식을 관찰의 대상으로 삼는 이발찰식의 수행법은 주관의 활동 그 자체인 마음을 과도하게 대상화하거나 실체화한다는 것이다.[5]

그러므로 주자는 도남학의 미발체인을 비판하여 본체 직관이 아닌 본성의 함양을 하나의 방향으로 삼고 호상학의 이발찰식을 비판하여 선함양·후찰식의 거경궁리(居敬窮理)를 중심으로 지각론을 완성했다 할 것이다.

2) 경(敬)과 선(禪)의 지관(止觀)

주자학에서 경(敬)의 수양은 의식을 고요하게 만드는 함양의 과정 그 자체를 뜻한다. 함양 공부인 정좌, 거경(居敬)은 불교의 좌선(坐禪) 혹은 지관(止觀)의 영향으로 간주된다.[6] 주자가 공명한 연평의 "정좌(靜坐)에 의한 미발기상체인"도 불가의 좌선적 공부 방법을 연상시키는 것이고 특히 중화구설·신설을 거쳐 정립된 주희의 경(敬)사상은 '주일무적(主一無適)'과 '상성성(常惺惺)'으로 설명되는데 이는 불가의 지관(止觀)이 경(敬) 개념 속에 녹아들면서 변형된 것이라 할 수 있다.[7] 즉, 주일무적(主一無適)은 하나에 집중하는 것으로 불교의 지(止)가, 그리고 밝히 성찰하는 상성성(常惺惺)은 불교의 관(觀)이 녹아든 것으로 볼 수 있다.

주희의 경(敬)은 마음이 발하기 전(미발)의 존양함양과 마음이 발한 후(이발)의 찰식치지 양자에 모두 관계한다.[8] 중화구설에서는 이발찰식에 의한 공부가 강조되었지만 중화신설에서는 미발, 이발 각각의 존덕성과 도문학 모두에 있어서 경(敬)의 함양이 강구되고 있는 것이다.[9] 율곡도 "경(敬)이란 것은 지(知)와 행(行)의 사이를 관통하는 것이기에 함양과 치지에는 다 경(敬)을 힘쓰는 것"[10]이라 설명했다.

한편 경(敬)의 함양은 선가에 영향 받은 것이긴 하지만 대인접물 상에서 마음을 제어하는 방법을 취하기에 선(禪)과 거리가 있고 또한 대상의 격물과 추론적 궁리를 위한 함양공부가 강조되기에 분별을 넘어서고자 하는 선(禪)과 또한 배치된다.

주희의 거경은 좌선과 같이 무념무상이 되거나 공안(公案)을 생각하거나 분별을 떠나 본체에 전입하는 형태가 아니다. 어디까지나 눈앞에 있는 현실의 대상에 정신을 집중시키는 것이고 "자기의 본마음이 욕심으로 변질되지 않도록 지탱하는 방법"¹¹이며 또한 의관을 바르게 하고 용모를 단정히 하는 것을 우선하는 것에 지나지 않는다.

> 함양 공부라고 말하는 것은 눈을 감고 흙 인형처럼 된 후에 이것을 함양이라고 하는 것은 아니다. 단지 사태와 사물과 관계할 때 이 마음을 잃지 않도록 해서 각각의 경우에 그 이치를 얻는 것일 뿐이다.¹²
> 경을 지킨다는 것은 의관을 바르게 하고 용모를 단정히 하는 것을 우선으로 하는 것에 지나지 않는다.¹³

그러므로 선정(禪定)이 의미하는 지관(止觀)의 지(止)라는 것도 주자에게는 의미가 달라진다. 주자가 말하는 바 지(止)는 각각 인간관계에 따라 머물 바로서의 의미를 지닌다. 즉 임금은 인(仁)에 머물고 신하는 공경함에 머문다는 의미로서 강조된다. 당연히 있어야 할 바에 머무르고 적절한 자리에 그치며 멈춰야 할 곳에 멈춰 그것에 의해서 질서가 완수되는 것이 지(止)이다.

> 어떤 사람이 '動의 상태에서 靜을 구하는 것이 아닙니까?' 라고 묻자 '그렇다. 그러나 이것이 가장 어려운 것이다. 불교에서는 선정을 많이 말했지만 공자는 다만 머무르는 것[止]을 많이 말했다. 예를 들면 임금은 인에 머물러야 하고 신하는 공경함에 머물러야 한다는 것이 그것이다. 주역의 간괘에서 止의 뜻을 언급하여 멈춰야 할 곳에 멈춘다는 것은 적절한 자리에 멈춘다는 의미' 라고 했다.¹⁴

이와 같이 주희는 자신의 경(敬) 공부를 말함에 있어 지관(止觀)·정혜(定慧) 수행에 영향을 받았지만 불교와 차별성을 두어 경(敬)을 사물을 접할 때 마음을 제어하는 함양의 의미로 개념 지었음을 볼 수 있다. 그는 불교가 경(敬)으로써 마음을 곧게 하는 점은 있지만 오직 상달에 힘쓸 뿐 하학을 하지 않는다는 점을 비판했고[15] 대신 오로지 경(敬)으로 함양하는 가운데 분수리를 궁구 축적하여 활연관통지를 얻는 거경궁리를 주장해 나갔다 할 것이다.

3) 격물치지(格物致知)

불교나 노장은 인간의 분별의식과 인위를 넘어서는 만물일체의 공성(空性), 혹은 절대무(無)를 리(理)로 놓고 모든 분별이 상대적인 것임을 말하여 이를 넘어서는 자유인을 강조한다. 그러나 주희가 강조하는 리(理)는 윤리규범적 절대리로서 실체화되고 그 리를 인식하는 것은 대상을 접하고 궁리하여서만 이를 수 있는 활연관통의 리(理)이다. 즉 앎을 이루는 것은 사물을 궁구하는 데 있다. 사람의 마음은 신령하여 알지 못함이 없고, 천하 모든 사물에는 이치가 있다. 오직 그 이치를 오래 힘써 궁구해 가면 하루아침에 활연관통하여 모든 사물의 표리정조에 이르게 된다. 이것이 사물의 이치가 구명되는 것이며 지혜가 지극한 것이라 주자는 말하고 있다.

> 근간에 일찍이 정자의 뜻을 보충하여 말하기를 "이른바 아는 것을 이루는 것은 사물을 궁구하는 데 있다"고 하는 것은 나의 아는 것을 이루고자 하려면 사물에 나아가서 그 이치를 궁구함에 있음을 말하는 것이다. 대개 사람의 마음이 신령한 것이 알지 못하는 것이 없고 천하에 사물의 이치가 없는 데가 없지만 오직 이치에 궁진하지 못하는 것이 있는 고로 그 다하지 못함이 있다. 그러므로 대학을 처음 가르침이 반드시 배우는 자로 하여금 ① 천하의 사물에 나아가서 그 이미 아는 이치로 인하여 더욱 궁구하여 그 극진

한 데 이르는 것을 구하지 않는 것이 없게 할 것이니 ② 힘을 쓰는 것이 오래되어 ③ 하루아침에 활연히 꿰어 통하게 되면 ④ 모든 사물의 거죽과 속과 정함과 거친 것(表裏精粗)이 이르지 아니함이 없고 ⑤ 내 마음 전체의 작용이 밝지 않은 것이 없을 것이니 ⑥ 이것이 사물의 이치가 구명되는 것이며 이것이 앎이 지극한 것이라고 하는 것이다.[16]

앎을 이루고자 하면 먼저 사물에 나아가 그 이치를 궁구해야 한다. 격물을 먼저하고 사물을 궁리하는 가운데 활연관통을 이루어 일상적 세계의 근원인 미발의 중(中)이 체인되면 일상의 모든 이치에 두루 통하지 않음이 없게 된다. 그리고 그 중(中)이 발하면 어버이를 섬겨 효하는 인륜의 도를 시작함으로써 모든 일상적 세계의 일이 막힘 없이 처리될 수 있는 것이었다.[17]

사물마다 그 분수리(소당연지칙)를 얻으면 그 리가 하나로 관통되는 소이연지칙을 파악하게 된다. 이것이 곧 리(理)의 하나 됨이다. 그러나 이 소이연지칙은 모든 사물의 리를 다 알아야만 한다거나 하나의 사물만을 깊이 안다고 해서 얻어지는 것이 아니라 단지 여러 사물의 리를 하나하나 통철해 가다 보면 이것이 축적되어 어느 순간 홀연히 깨달아 파악된다.[18]

다시 말해 소이연의 이일(理一)은 일정한 사물들을 계속 누적하여 궁구하고 추론함으로써 밝혀질 수 있다. 예를 들어 효(孝)의 도리를 밝혔으면 충(忠)을 밝히고 다시 형제, 부부, 붕우에 이르는 것이다.

사람은 진실로 이해할 수 있는 것이 있으니 예를 들면 부모에게 효도하고 동생과 사이좋게 지내는 것, 물은 반드시 차갑고 불은 반드시 뜨거운 것은 그가 알지 못한다고 말할 수 없다. 다만 반드시 그 안 것을 미루어 지극히 해야 하니 그 이해한 것으로 말미암아 이해하지 못한 것에 대해 추리하여

얕은 것에서 깊은 것에 이르고 가까운 것에서 먼 것에 이르러야 한다.[19]

이미 유추하라고 했으니 한 가지 일을 끝까지 궁구하여 곧 끝내는 것은 아니다. 효를 예로 들면 효의 도리를 다 밝혔으므로 충은 군주에게 옮길 수 있다. 다시 충을 다 밝혀서 형제, 부부, 붕우에 이르러야 한다. 이로부터 추리하여 끝까지 궁구하지 않음이 없어야 한다.[20]

이상으로 볼 때 주자의 격물치지는 네 가지의 성격을 갖는다. 첫째, 격물치지 공부는 일상에서 늘 접하는 대인접물 상에서 한다는 것이고, 둘째, 소당연지리를 통한 소이연지리의 파악에 목적을 두며, 셋째, 격물의 대상은 곧 인사(人事)와 관련된 것을 주로 한다는 것이고, 넷째, 격물치지의 경험·식별지(識別知)와 활연관통지(豁然貫通知)는 서로 연계를 갖는 것이라 할 것이다.

(1) 주자는 왜 격물치지를 강조하는가?

주자는 젊은 날 과거시험을 보러 갈 때도 간화선을 제창한 대혜 종고의 어록을 넣고 갈 정도로 선불교에 심취했었다. 그런데 그가 왜 격물치지를 강조하게 되었을까? 물론 여기에는 관계를 중시하는 인륜사상과 중화민족주의가 가세된 것이겠지만 도모에다 류타로(友枝龍太郞)는 주희의 격물치지가 오히려 간화선을 제창한 대혜의 사상에서 연원함을 강조하고 있다.[21] 대혜는 행주좌와에서의 깨달음을 말하는데 이는 일상 행위의 세계에서 그대로 깨달아 견성함을 주장하는 것이었다. 주자의 대인접물 상에서의 격물치지 역시 일상 행위를 벗어나지 않는다는 점에서 대혜로부터 영향 받은 것이라 그는 보고 있다. 어떻게 보면 주자의 격물치지 공부도 선(禪)의 또 다른 변형이라 할 수 있을 것이다.

그러나 대혜의 입장은 일용(日用)과 인륜(人倫)의 세계에 있어서 사람과 사람, 사람과 사물, 사물과 사물의 그 있어야 할 바 방식의 규명이나 관계가 철저하게 물어지지 않는다. 그의 간화선 역시 인륜의 이법이나 분수리의 규명이 부재했다. 반면 주자는 대혜의 입장과는 달리 불교가 '이일(理一)'의 보편만을 강조하지 각 개체가 지녀야 할 바 도리를 간과한다는 것을 비판하고 분수리(分殊理)를 하나하나 궁구하는 것을 강조하는 방향으로 나갔다. 이는 개별 사물의 소당연을 이해해야만 하나된 전체리를 알 수 있다는 것이다. 소이연의 미발체인은 곧바로 소이연에 전입(轉入)하여 깨닫는 것이 아니라 소당연이 모아져 하나의 리로 관통되는 가운데 인식된다. 마치 여러 관념들이 추론을 통하여 종합·체계화되는 순간 홀연히 근본적 리가 현현하는 것과 같다.

> 성인은 일찍이 리의 하나됨을 말한 적이 없고 대부분 분수를 말하였을 뿐이다. 왜냐하면 분수 가운데 사사물물마다 그 당연을 이해할 수 있은 후에야 비로소 리가 본디 하나로 관통되어 있음을 알게 되기 때문이다. 만 가지 다른 것이 각각 한 가지의 리를 가지고 있음을 모르고 단지 리가 하나임을 말한다면 리의 하나됨이 어디에 있는지를 모르는 것이다. 성인이 천언만어로 사람들을 가르치며 학자가 종신토록 종사할 것은 이것을 이해하는 것일 뿐이다. 사사물물 일마다 각각 그 소당연을 알아야 하니 그 소당연을 얻으면 이것이 곧 리의 하나됨일 뿐이다.[22]

주희가 관심을 갖는 것은 리(理)의 하나됨이 아니라 만 가지 다른 사물이 갖는 각각의 리(理)이다. 리의 하나됨은 결국 개별 리들의 치밀한 추론이 체계화됨을 전제로 하게 된다. 그러나 주희의 격물궁리의 강조는 어디까지나 자연과학적 탐구가 아니라 내 안의 마음을 밝히는 수단이다.

> 이치를 궁구하는 것은 나의 내면의 마음을 밝히는 것일 뿐이다.[23]

물(物)과 나는 하나의 이치이기에 저것을 밝게 알면 내 안의 리를 밝게 알게 된다. 앎을 이룸에 있어 먼저 사단에서 구하고 성(性)이나 정(情)에서 구하는 것이 절실하지만 이를 위해 먼저 한 포기의 풀, 한 그루의 나무를 살펴야 한다.

> 物과 나는 하나의 이치이기 때문에 저것을 밝게 알면 바로 이것을 밝게 알게 된다. 이것이 안과 밖을 합하는 도라고 했다. 또 참된 앎을 이룸에 있어 먼저 사단에서 구한다는 것은 어떻습니까? 라고 묻자 다음과 같이 대답했다. "그것을 情이나 性에서 구하는 것은 진실로 자신에게 절실한 것이다. 그러나 한 포기의 풀, 한 그루의 나무들이 모두 이치를 갖고 있으므로 반드시 이것을 살펴야 한다."[24]

주희에 있어 소이연지고는 소당연지칙을 근거로 하여 추리될 뿐이다. 소당연지칙과 소이연지고, 즉 보편리와 분수리의 두 양상을 파악한 것이 격물치지의 내용을 이룬다.

(2) 격물 학습의 대상은 인사와 관련된 대상이다

주희가 말하는 격물 대상은 인사(人事)에 관한 물(物)로서 독서를 통해 의리를 밝히는 것, 고금의 인물을 논하여 옳고 그름을 구별하는 것, 구체적인 사물에 접하여 마땅한 바에 따라 처리하는 것이었다.

> 무릇 하나의 사물에는 하나의 이치가 있다. 반드시 그 이치를 다 찾아보아

야 하는데 그 이치를 다 찾아보는 데에도 또한 많은 방법이 있다. 독서를 통해 의리를 밝히기도 하고 고금의 인물을 논하여 옳고 그름을 구별하기도 하고 구체적인 사물에 접하여 마땅한 바에 따라 처리하는 것이 모두 이치를 깊이 연구하는 것이다.[25]

이른바 앎을 지극히 하는 것(致知)은 경전과 역사를 읽고 사물을 접하는 때에 그 理의 소재를 궁구할 뿐이었다. 모두 요즘의 거칠고 허망하고 기이하고 속이는 사람의 일반적 정서에 가깝지 않은 설과는 다르다.[26]

다시 말해 주자가 강조하는 격물 대상은 경전과 역사의 독서, 고금의 인물, 그리고 사물이라 할 것이다. 율곡도 말하기를 "이치를 궁구하는 데 있어 독서를 하는 것보다 먼저 할 것이 없으니 이는 성현의 마음을 쓴 자취와 선악의 본받을 만한 것, 경계할 만한 것이 모두 책에 있기 때문"[27]이라 했다. 또한 격물 대상에는 예학이 포함된다. 그 궁구한 바를 객관화시킨 것이 예학이라 할 것이다. 예(禮)는 천리의 절문이요 인사의 의칙으로서 예는 하늘의 이치를 구분지어 구체화한 것이고 사람 일의 제도며 규범이다.[28]

주희는 주관적 당위준칙을 객관적 행위의 규범으로 제정한 것이 바로 전통적으로 전승된 예전(禮典)이라고 본다. 그러므로 예는 곧 오늘날의 사회과학적 법칙이라고 지칭될 만큼 객관화되고 검증된 법칙적 지식이고, 예전을 먼저 학습하고 지키는 것이 독서와 함께 주된 격물치지의 내용을 이룬다.

곡례의 3백 가지와 위의의 3천 가지는 모두 인간이 마땅히 행해야 하며 그러하지 않을 수 없는 것으로서 성인이 억지로 안배하여 사람들을 규약하고 구속하려는 것이 아니다.[29]

성인은 사람과 만물이 마땅히 행해야 할 것에 말미암아 그것을 절도가 맞게 정하고 세상에서의 법으로 삼아 그것을 교라고 하였으니 예악형정 따위가 그것이다.30

경전에 기술된 예의 체계는 성인이 자의적으로 고안한 것이 아니라 인간의 본성에 근거해 있으므로 그것은 일정한 객관성과 합당성이 부여될 수 있다. 그리고 그것은 인류의 객관화된 지식이다. 그러므로 유자들에게 있어 예전은 인간과 사물의 법칙에 근거하여 성인이 객관적이고 합당하게 제정한 것으로서 교육에서 가르쳐야 할 지식이었다.

주자의 격물치지는 불교의 깨달음이 주관적이고 객관화할 수 없는 것임에 반해 활연관통의 내용을 객관화하는 의의가 있다. 주자가 불교를 비판한 것 중의 하나가 외물에 대한 분별망상을 타파하기만 하므로 지각 경험에서 얻어지는 개체 사물의 리(理)와 도덕적 판단을 무시한다는 것이었다. 그러나 주자가 격물치지의 내용을 구체적으로 객관화하고 제도화한 것은 인간관계의 도리를 항존적으로 규정하는 절대법칙이 되어 획일적·강제적 비현실성을 띠게 된 것 또한 사실이다.

(3) 활연관통(豁然貫通)의 치지(致知)는 심구중리(心具衆理)로서 오상을 의미한다

주희의 궁극지(知)인 활연관통지(知)는 궁리가 치밀해짐에 따라 홀연히 관통되는 심구중리의 자각이라고 말할 수 있다. 궁리로 생각을 치밀하게 하는 것은 마치 우물을 파는 것과 같아서 처음에는 흐린 물이지만 오래된 후에 점점 맑은 물이 나오게 된다. 사람의 생각도 처음에는 모두 혼탁하지만 오랫동안 치밀하게 생각하고 나면 저절로 명쾌해진다.31

주자가 활연관통을 말하는 근거는 심구중리(心具衆理)에 있다. 만물의 이치

가 다 나에게 갖추어져 있으니 큰 것은 군신과 부자에서 작은 것은 사물의 가늘고 은미한 것까지 그 당연의 이치가 하나도 성분(性分) 안에 갖추지 않은 것이 없다는 것이다. 따라서 모든 당연지칙은 인간 마음과 하나로 관통하기에 심구중리이다. 리(理)는 비록 만물에 산재해 있지만 그 작용의 미묘함은 실제로 한 사람의 마음을 벗어나지 않는다. 리(理)는 사물에도 그리고 내 자신에도 있으니 똑같을 뿐이다.

> 리는 천지만물에 편재하지만 마음은 그것을 관리한다. 마음이 이미 관리하니 그 작용은 실제로 이 마음을 벗어나지 않는다. 그러니 리의 본체는 사물에 있고 그 작용은 마음에 있다. 다음날 아침 선생께서 말씀하셨다. "이것은 자신을 주체로 삼고 사물을 객체로 삼으므로 이와 같이 설명한 것이다. 요컨대 리는 사물에도 그리고 내 자신에도 있으니 똑같을 뿐이다.[32]

이는 불가적 사유와 비교하면 더욱 잘 이해될 수 있다. 불가는 선(禪)을 통해 마음이 공적하고 맑고 허령해지면 심구중리(心具衆理)가 된다고 말한다. 분별심을 씻어 허령한 마음이 되면 곧 실상이 드러난다. 주객일치의 깨달음인 것이다. 마음이 텅비고 신령하므로 만물의 리(理)를 갖추어 만물과 하나 된다. 그러나 주희가 말하는 심구중리는 주객일치의 무분별적 양태가 아니다. 그가 비록 도심을 허령불매(虛靈不昧)라 하고 심구중리라 하지만 심(心)은 곧 기[氣(心卽氣)]로서 규정되고 있다. 주희는 인간 마음을 무형·무위한 것이 아니라 유형·유위하여 감응할 수 있는 구체적인 기(氣)로 규정했다.[33] 주희가 마음을 허령지각(虛靈知覺)이라 하는 것도 '소당연과 소이연을 아는 마음의 기능'[34]이지 마음 자체를 성(性)과 같은 것으로 보거나 공적(空寂)한 것으로 본 것은 아니다.

한편 모종삼은 주자의 격물궁리지와 활연관통의 덕성지가 서로 구분되는 것으로서 양자 간에는 단절이 있음을 주장한다.[35]

> 격물궁리로써 치지하는 것은 결코 물 자체의 복잡한 형상에다 붙잡아 놓고서 그 형구지리를 궁구함으로써 경험지식을 이루는 것이 아니라 바로 그 복잡한 형상을 초월하여 그 초월적이고 형이상적인 소이연의 존재지리를 궁구하여 우리들의 心氣를 완전히 이 理에다 응집시키고 그 발동을 완전히 如理하도록 한다. 그러므로 이 知는 여전히 德性之知이며 그 목표는 여전히 도덕 행위를 지향하는 가운데에 우리들의 행위를 모두 如理하도록 한다.

주자의 격물치지는 즉물, 궁리, 치지로 나눌 수 있는데 모종삼에 의하면 즉물·궁리가 곧바로 귀납·보편화하여 활연관통의 치지[36]로 이어지는 것은 아니라는 것이다. 그러나 격물궁리를 통한 활연관통은 앞에서 살펴본 바와 같이 '처음에는 혼탁하지만 오랫동안 치밀하게 생각하고 나면 저절로 명쾌해지는 것'과 같은 의미로서 격물궁리지와 활연관통지가 완전 분리되는 것은 아닐 것이다. 궁리의 사유가 치밀하여 명료함에 이르고 경을 통하여 마음을 전일하게 함양하는 가운데 초월적 소이연의 치지에 이르는 것이라 할 것이다. 그러므로 궁리나 치지 모두 반성적 분별지의 연장이라 볼 수 있기에 모종삼이 주장하는 것처럼 양자가 서로 단절되는 것으로 보는 것은 부적절하게 여겨진다.

한편 존재리가 하학으로 귀결되는 것을 비판한 모종삼의 입장은 고려할 필요가 있다. 모종삼은 주자가 하학이상달(下學而上達)을 말했지만 상달의 자각적 도덕 실천의 방법론을 올바로 이해하지 못하고 하학적 공부 방법론을 기조했다는 점에 비판을 가하고 있다. 즉 미발·이발 공부법이 모두 천리 그 자체인 심체 및 성체(性體), 중체(中體) 등을 상달하는 좋은 법례였음에도 불구하고 이를 깊이 체득하지 못하고 전전긍긍하다가 결국 이천의 주경궁리설을 따라서 껍데기만 남은 경 공부(소학의 습관들임의 함양 공부를 그 내용으로 하는)와 본체론적 직각체증과는 별개인 격물치지 공부를 제기했다고 본다.[37] 이는 주자가 범주지주의적 경험 지식의 탐구법만 주장하는 것으로서 본체 직각의 경지를 알지 못했기 때문이라는 주장이다.

3. 동학의 영성과 마음교육

앞에서 살펴본 바와 같이 주자의 격물치지는 감각적 지각 경험의 외감만이 아니라 외감을 수단으로 '이일(理一)'을 자각하는 내감의 초감각적 지각까지 포함했다는 의미에서 주자 역시 영성교육을 지향했다 할 것이다. 그러나 주자가 목적하는 내감의 자각으로서 이일(理一)은 인의예지의 리(理)로서 실체화·객관화된 것이었고 예전(禮典)이나 예악형정의 예교(禮敎)로 절대화·정형화·규범화해 갔다는 점에서 생생불식하는 리(理)이기보다는 정체화되고 하학(下學)적인 것이었다.

이에 반해 동학은 우주 근원을 규범적 리로 놓지 않고 무궁히 생성·변화하는 무왕불복지리(無往不復之理)의 한울(天)을 본체 개념으로 하여 이를 지기(至氣), 혹은 영(靈)으로 부르고 있다. 동학에서 우주 근원의 이치는 영으로서 우주만물은 영의 표현이다. 영의 적극적 표현이 형상 있는 만물이고 영의 소극적 표현이 형상 없는 한울이 된다.[38] 즉, 영(靈)과 세상만물은 체용의 관계로서[39] 세상 만물에 의지해 우주 근원인 영 자신을 드러낸다.

그러므로 동학의 마음교육이란 유형한 인간 한울이 무형한 한울을 깨달아

하나 되는 심천상합(心天相合)을 의미한다. 그리고 한울(天)을 모셔 한울과 합한 존재 양태를 다양하게 현실로 드러내 한울을 창조하는 시정지(侍定知) 교육을 지향하는 것이다. 또한 동학은 그 마음교육의 방법으로서 성경신의 궁리(窮理)와 주문(呪文)수행을 제기한다. 동학의 궁리는 유가적 전통의 연맥으로 볼 수 있고 주문은 염불선(念佛禪)적 전통과 관련시킬 수 있지만 궁리와 주문 양자 모두 동학의 독자성을 띠는 것 또한 분명하다.

1) 심천상합(心天相合)의 시정지(侍定知)와 영성교육

> 마음과 한울이 서로 합하면 가히 시정지(侍定知) 했다 말할 것이다. 마음과 한울이 서로 어기면 사람들이 모두 말하기를 한울을 모셨다 하더라도 결코 나는 모셨다 말하지 않는다.[40]

주자가 거경궁리를 통한 소이연[理-]의 자각을 목적했다면 동학은 궁리와 주문을 통한 심천상합에 목적을 두는 영성교육의 방법을 제시한다. 인간에게 있어 마음과 한울이 서로 합하면(心天相合) 한울을 모신 것이고 마음과 한울이 서로 어긋나면(心天相違) 한울을 떠난 것으로 영성이 죽은 것이다. 수운이 말한 시정지(侍定知) 세 글자는 천지무궁의 근본을 밝힌 것으로[41] 심천상합을 이루어 심주(心柱)를 정하고 만사의 이치를 알아 한울과 함께 하는 생명운동이라 할 것이다. 여기서 한울은 만물일체의 전일성, 스스로 명령하는 주재성, 만물을 무궁히 변화·생성·운동케 하는 무궁성을 의미한다.

한편 의암 손병희는 우주 근본이 세상에 나타난 것을 일컬어 성령출세(性靈出世)[42]라 명명했다. 영은 세상으로 드러나고 영을 부여받은 인간이 한울과 심천상합하여 한울이 항상 간섭하면 "지혜로운 한 영물(靈物)"이 된다고 그는 말했다. 해월은 또한 이를 '살았다'고 지칭했다.[43] 살았다고 하는 것은 한울이 항상 간섭하여 지혜로운 한 영물이 되는 것이다. 인간의 일동일정이 모두 한울의 시키는 바가 된다. 우리가 영성이라고 했을 때는 한울의 간섭과 시키는 바가 내 마음과 합하여 그대로 표현되는 존재 양태라 할 것이다.

한편 만물이 모두 영(靈)의 표현이지만 각각 그 표현이 다른 것은 이 영성의 활동이 만기만상에 응하기 때문이다. 마치 비와 이슬에 복숭아는 복숭아 열매를 맺고 살구는 살구 열매를 맺듯이 천차만별의 식물이 천차만별의 열매를 맺음과 같다. 같은 성령이지만 헤아릴 수 없는 이치가 천지의 다양한 만물을 낳는다. 하늘에 솔개가 날고 못에 고기가 뛰는 것이다.[44] "솔개 날고 물고기 뛴다."는 주자의 이일분수(理一分殊) 맥락이 동학에서도 인용된 것은 동학 역시 성리학의 주된 논점이었던 이일분수의 사유를 독자적으로 계승한 것이라 여겨진다. 동학은 이기일치, 이분원융(理分圓融)으로서 우주근원(보편리)과 만물(개체리)이 상즉하는 일체적 다양성을 주장한다.[45]

해월 최시형이 유가의 향벽설위를 향아설위로 변혁한 것[46]도 심천상합한 인간의 다양성을 나타낸다. 향아설위란 우주의 정신이 곧 억조의 정신인 것을 표명함과 아울러 다시 억조의 정신이 곧 내 한 개체의 정신임을 뜻한다.[47] 우주의 정신은 억조의 정신이며 이는 한 개체의 정신에서 다양하게 표현되므로 향아설위는 곧 심천상합의 창조적 다양성을 상징하는 의식이라 할 것이다.

동학에서는 심천상합의 마음교육을 크게는 궁리와 주문의 두 가지로, 작게는 성경신, 삼경, 주문의 세 가지로 제시하고 있다. 여기서 세 가지란 넓게 지식을 배우고 생각하는 궁리와 삼경(三敬)의 공경, 그리고 천연한 마음을 지키고 그 천품의 기운을 바르게 하는 주문공부를 지칭한다.

2) 동학의 주문(呪文) 수행과 시정지(侍定知)

동양 전통에서 성음(聖音)을 통해 궁극에 이르려는 수행 전통은 힌두이즘의 만트라(mantra)나 염불과 같은 것을 들 수 있겠는데 이는 언어의 힘을 통해 견성(見性)을 추구하는 수행이라 할 것이다. 동학에서도 주문(呪文)[48]을 통해 천연한 마음을 지키고 그 천품의 기운을 바르게 하는 공부를 제시하고 있고 여기에 더하여 궁리공부를 겸전시키고 있다.

> 사람을 가르치는데 도가 있으니 그 천연한 마음을 지키고 그 천품의 기운을 바르게 하여 넓게 지식을 배우고 행하는 도를 베풂에 경위를 잃지 않으면 이것이 가히 사람이 사람 된 인사의 경위를 잃지 않는 것이라 말할 것이다.[49]

> 주문만 외우고 이치를 생각하지 않으면 옳지 않고 다만 이치를 궁리하고자 하여 한 번도 주문을 외우지 않는 것 또한 옳지 않다. 두 가지를 겸전하여야 한다.[50]

주문은 강화이자 천어(天語)를 일컫는다. 수운이 체험한 천어이자 강화는 곧 "지기금지 원위대강 시천주 조화정 영세불망 만사지(至氣今至願爲待降侍天主造化定永世不忘萬事知)"의 21자로서 수운이 내면의 본래 한울을 만났을 때 한울로부터 얻은 소리이다. 심천상합의 시정지 교육은 이 주문의 강화(降話)에서 시작한다. 사람은 먼저 마음에 한울의 가르침을 얻은 뒤에라야 뜻과 생각이 신령할 수 있다.[51]

주문 강화는 "천지만물 본래일심(天地萬物 本來一心)"에서 나오는 지공(至公)

한 가르침이다. 주문공부를 통해 마음이 지극하고 바르게 되면 은은한 총명이 내면으로부터 자연히 신선스럽게 솟아나오는데[52] 이 역시 강화이다. 수운의 21자 주문 강화를 통해 자신의 강화를 듣는 것이다.

강화는 한울을 지각하는 내감으로 이는 감각 경험으로 지각되는 것이 아니라 우주 근원인 한울의 천지정신이 나로 하여금 깨닫게 하는 것이다. 사람이 한울의 강화를 들으면 서로 뜻과 생각이 하나 되어 만사를 능히 통할 수 있고[53] 천지정신과 통하여 천지의 언어(天語)를 구사할 수 있다. 그러므로 강화는 곧 천지정신이자 천어(天語)이다. 천어는 사람의 사욕과 감정으로는 생길 수 없고 공리와 천심에서 나온다. 말이 이치에 합하고 만물에 통하는 것이면 천어 아님이 없다.

> 천지정신이 나로 하여금 깨닫게 한다.[54]

> 천어는 대개 강화로 나오는 말을 이름인데 강화는 사람의 사욕과 감정으로 생기는 것이 아니라 공리와 천심에서 나오는 것을 가리킨다. 말이 이치에 합하고 도에 통한다 하면 어느 것이 천어 아님이 있겠는가.[55]

강화란 우주 근원인 마음의 지공성(至公性)이 내 마음 안에 생겨나는 것으로 본주문 13자가 의미하는 지공성은 신인합일로서 한울의 모심[侍天主], 무위이화의 개벽[造化定], 만물의 이치와 하나로 통함[萬事知]으로 설명된다. 이는 그리고 시정지(侍定知)로 요약된다.

> 주문 십삼자는 천지만물 화생의 근본을 밝힌 것이다. 개인 각개가 능히 신인합일이 자기됨을 깨달으면 이는 곧 모실 侍 字의 근본이며 侍의 근본을

알면 능히 정할 定의 근본을 알 것이요 마침내 알 知의 근본을 알 것이니 知 는 즉 通이므로 모든 일이 함이 없는 가운데서 화한다.[56]

원래 주문을 외우는 공부 방법은 염불선(念佛禪)의 전통과도 관련시킬 수 있다. 염불선은 염불을 통해 삼매에 들고 마음을 밝히고 성품을 보아(明心見性) 깨달음(一切種智)을 실현하는 것을 목적한다.[57] 염불선은 견성을 추구하는 선 수행으로서 염불을 통해 청정한 생각이 지속되도록 삼매를 얻는 방편이었다.[58]

동학의 주문도 이러한 방편의 하나로 볼 것이지만 염불선의 염불은 나무아미타불을 염송하기에 타력적인 반면 주문은 자기 내면의 공리와 천심에서 나오는 것, 즉 말이 이치에 합하고 도에 통하는 천어(天語)를 의미하기에 차이가 있다. 이는 인간이 한울과 심천상합하여 천지일심이 될 때, 한울이치가 강화를 통해서 인식되는 자각이다. 또한 동학의 주문 공부는 궁리 공부와 겸전시키고 있기에 유가적 전통도 계승하고 있다. 그러나 수운은 "성현 문도들은 백가시서 외워내어 연원도통 지켜내고 공부자 어진도덕 밝혀내는 것" 이었지만 동학의 도는 무극[59]대도로서 오는 사람 깨우쳐서 삼칠자 전해주는 무위이화[60]라고 말하여 주문을 강조하고 있다. 유가의 방법이 백가시서 외워내는 것이라면 수운의 그것은 삼칠자 주문의 강화지교를 통한 무위이화이다.

무위이화란 그 어떤 외부적 원인에 의해서가 아니라 스스로 운동·변화하는 것이고 그 운동·변화의 원인이 사물 자체 내에 있다는 의미를 담고 있다. 따라서 사람과 만물은 다 무위이화의 힘을 본성적으로 가지고 있기 때문에 인간이 사물의 운동·변화를 파악할 수 있고 그에 맞게 진행하면 이루지 못할 것이 없다.[61] 우주만물이 모두 한기운과 마음으로 꿰뚫어져 있기에 한울과 하나되는 것이고 우주와 하나 되면 천지정신이 한몸 안에 돌아와 능히 만

리·만사를 알게 된다.[62]

요컨대 주문 수행은 내 안의 영성이 작용하도록 하는 수행법으로서 곧 심령의 가르침이다. 오관의 욕심이 슬기구멍을 가리지만 마음이 바르면 모두가 강화의 가르침이 된다. 그리고 이것이 시정지(侍定知)에 이르는 공부가 된다. 시(侍)란 천심을 모심이고 정(定)이란 천심과 합하여 천심을 정하는 것이며 지(知)란 능히 한울의 가르침을 받으므로 만사지(萬事知)하여 능히 모든 이치에 통함을 말한다(能通萬理).[63] 이러한 천연한 마음으로 천연한 물리를 궁리하면 만물을 이루지 못하는 것이 없게 된다.[64]

3) 동학의 성경신(誠敬信)

동학은 주문과 더불어 궁리 공부를 겸전시킨다. 주자가 거경궁리와 선지후행(先知後行)을 말하고 그 격물궁리의 목적하는 바가 소당연의 법칙을 궁구하여 소이연으로 활연관통하는 것이라면 동학은 주문 궁리와 선신후성(先信後誠)을 말하여 심천상합의 시정지를 지향한다. 동학의 궁리공부는 곧 성경신이다. 성경신을 부지런히 힘써 행하면 천지정신과 감통(感通)하고 한울과 하나된다. 수운은 자신의 도를 '박이약(博而約)' 이라 하여 넓으면서 간략하고 하나로 함을 강조하였고 이는 곧 성경신(誠敬信) 세 글자에 있다 하였다.

> 동도는 넓으면서 간략하고 자세하나 하나로써 주를 삼는다. 넓고 간략하고 자세하고 하나됨은 성·경·신이 아니면 능히 하지 못한다. 믿음이 있은 연후에 능히 참되고 참된 후에 능히 통한다.[65]

성경신 가운데서 제일 먼저 오는 단계는 신(信)이다. 그리고 그 마음으로 믿는 것이 쌓여져 능통만리(能通萬理)의 경지인 성(誠)과 실천의 경지인 경(敬)이 이루어진다.

> 사람의 닦고 행할 것은 먼저 믿고 그 다음에 誠이니 만약 실지의 믿음이 없으면 헛된 誠을 면치 못하는 것이다. 마음으로 믿으면 誠과 敬은 자연히 그 가운데 있다.[66]

성경신의 신(信)은 말의 옳고 그름 가운데 옳은 말은 취하고 그른 말은 버리어 거듭 생각하여 마음을 정하는 것이다. 말의 옳고 그름은 처음부터 정해져 있는 것이 아니라 거듭 생각하는 가운데 정해지는 것이고 한울을 준적 삼아 점차 마음 기둥으로서 체(體)를 삼는 성(誠)이 이루어진다. 따라서 그 성(誠)은 순일(純一)하고 무식(無息)함을 의미한다. 주자학에서 성(誠)은 진실무망(眞實無妄)으로 말해지지만 동학에서는 성(誠)이 '순전히 하나됨(순일)'과 '쉬지 않음(무식)'의 개념으로 말해진다.

> 순일한 것을 誠이라 하고 쉬지 않는 것을 誠이라 한다. 순일하고 쉬지 않는 誠으로 천지와 더불어 법도를 같이하고 운을 같이 하면 가히 대성대인(大聖大人)이라 이를 수 있다.[67]

성(誠)을 '쉬지 않음'이라 말하는 것은 신(信)으로부터 옳은 바가 끊임없이 움직임에 따라 정해지기 때문이다. 해월이 "물이 쉬지 않고 흐르는 것이 하나로 합하기 위함"이라고 하듯이 무식(無息)하는 성(誠)이기에 순전히 천지와 하나(純一)될 수 있다. 즉 순일무식하기에 천지와 더불어 법도와 운을 같이 할 수 있다는 것이다. 그러므로 동학의 성(誠)은 주자처럼 실체 개념으로서 진실무망이 아니라 생성적 전일자를 의미하기에 맥락을 달리 한다.

> 마음으로 믿어 誠이 된다. 믿을 信 글자를 풀어보면 사람(人)이 말하는 것(言)이니 믿음은 말의 옳고 그름(可否) 가운데 옳은 말은 취하고 그른 말은 버리어 거듭 생각하여 마음을 정하는 것이다. 한번 정한 후에는 다른 말을 믿지 않는 것이 믿음이다.[68]

동학의 성(誠)은 먼저 신(信)으로서 옳은 바를 취하여 마음을 정하고 이를 믿어서 성이 된다. 여기서 신(信)은 옳은 바를 살피는 궁리를 뜻하고 그 옳은 바를 믿는 것을 포함한다. 예를 들어 정성스러운 마음으로 생각과 말과 일을 살피고 그 살핀 것으로 말미암아 생각과 말과 일이 확실히 효력이 있는가 없는가를 또 다시 궁리한다. 궁리하면 사람의 일동일정이 자연히 천리에 합당하게 되고 천리에 합당하면 일신상 광채와 사회 문명이 다 고등한 이치를 구비하게 된다. 그러므로 사람의 수행 정도는 살피는 범위 속에 있다고 의암은 말한다. 즉 당일 살피던 마음과 살피던 것을 인연하여 ① 옳은 생각을 둠과 ② 옳은 말을 발함과 ③ 옳은 일을 행하던 조건을 낱낱이 조사하여 ④ 선악의 다소를 비교하고, ⑤ 그 살피던 마음과 조사하는 성력(誠力)을 날마다 연속하여 쌓아가 나태한 마음이 없으면 종내 자연히 옳은 것이 많게 되는 공부가 된다 하였다.[69] 동학이 말하는 신(信)은 곧 살피는 궁리로서 주자의 격물궁리에 대응한다.

또한 동학은 그 살핌의 궁리로부터 준적(準的)을 얻는다. 이 준적이 없으면 마음이 항상 현혹되고 주저하여 방향을 정하지 못한다. 그러므로 먼저 사람의 선악과 세상의 치란지사(治亂之事)를 검증하되 시초에 무슨 생각과 무슨 말과 무슨 일에 근본하여 종말에 무슨 결과가 나타났는가를 사적(事蹟)과 학문상 의견에 참고하여 살핌으로써 점차 공부의 준적을 삼는다. 준적은 절대적 표준이 아니라 경험의 축적과 해석적 확장에서 오는 준적이다. 그리고 준적을 세움에 있어 꺼리고 두려운 마음으로 항상 한울을 모셔 엄숙하며 공경하는 마음으로 준적의 근본을 삼아야 한다.[70]

그러므로 신(信)한 후에 얻어지는 성(誠)과 경(敬)은 체용의 관계이다. 성(誠)이란 마음의 주체요 일의 체(體)로서 마음을 닦고 일을 행함에 성(誠)이 아니면 이룰 수 없다. 또한 경(敬)이란 도의 주체로서 몸으로 행하는 것이다. 도를 닦고 몸으로 행함에 오직 경(敬)으로 종사하여 사사로운 욕심을 끊고 사사로운 물건을 버리고 사사로운 영화를 잊는 것으로 경(敬)한 뒤에라야 기운이 모여 환하게 깨달음이 있다.[71] 다시 말해 경(敬)으로써 마음의 근원을 맑게 하고 그 기운을 깨끗이 하여 티끌로 더럽혀지지 않고 욕념이 생기지 않으면 자연히 한울과 하나 되고 만사지(萬事知)하게 된다.

> 사람이 능히 그 마음의 근원을 맑게 하고 그 기운바다를 깨끗이 하면 만진이 더럽히지 않고 욕념이 생기지 아니하면 천지의 정신이 전부 한몸 안에 돌아오는 것이다. 마음이 맑고 밝지 못하면 그 사람이 우매하고 마음에 티끌이 없으면 그 사람이 현철하다.[72]

특히 경(敬)은 해월에게서 경천·경인·경물의 삼경으로 구체화되는데 한울과 사람은 물론 자연까지 공경하여 자신을 비우고 천지공심에 이르러야 경(敬)했다 할 수 있다 하였다. 주문과 궁리, 삼경의 겸전 공부는 분명 전통의 수행법을 융합하면서도 시정지에 초점 둔 동학의 독창적인 공부라 할 것이다.

주자의 거경궁리의 치지(致知)와 동학의 궁리주문의 시정지(侍定知)를 비교하여 정리하면 〈표1〉과 같다.

주자의 공부방법			동학의 공부방법과 주자와의 비교		
거경궁리	敬	거경:주일무적/상성성의 마음함양 ①현실의 대상에 정신을 집중 ②욕심으로 변질되지 않도록 마음을 지탱하는 방법 ③의관을 바르게 하고 용모를 단정히 하는 것 ④적절한 관계의 자리에 머무는 것.	주문	①주문은 마음을 지극하고 바르게 하여 은은한 총명이 내면으로부터 솟아나오는 것을 말함. ② "천지만물 본래일심(天地萬物 本來一心)"에서 나오는 지공(至公)한 가르침. ③이치에 합하고 만물에 통하며 천지정신과 하나되는 천어(天語)를 의미. ④우주 근원인 영성의 지공성(至公性)이 내 마음 안에 생겨나는 것. ⑤마음의 영성이 작용하도록 하는 심령의 가르침	@주문은 주자에게는 없는 동학의 핵심 공부로서 내감을 통해 바른 외감을 얻고자 함. 시정지의 능통만리는 지공성을 뜻하지만 주자의 격물치지의 심구중리는 오상으로 귀결됨.
	격물치지	즉물·궁리·활연관통: ①대인접물상에서의 격물 ②격물의 대상은 인사(人事)와 관련된 대상을 주로 함. ③소당연지리를 통한 소이연지리의 파악에 목적을 둠. ④격물치지의 경험·식별지(識別知)와 활연관통지(豁然貫通知)는 서로 연계를 갖음. ⑤주희의 궁극지인 활연관통지는 궁리가 치밀해짐에 따라 홀연히 통하는 심구중리의 자각임. ⑥궁리로 생각을 치밀하게 하는 것은 마치 우물을 파는 것과 같아서 처음에는 흐린 물이지만 오래된 후에 점점 맑은 물이 나오는 것과 같음. 사람의 생각도 처음에는 모두 혼탁하지만 오랫동안 치밀하게 생각하고 나면 저절로 명쾌해짐.(외감을 수단으로 하여 내감을 드러냄)	주문궁리의 시정지	信: 옳은 바를 취함 ①생각과 말과 일을 살피고 궁리하여 옳고 그름을 정함. ②옳고 그름은 처음부터 정해져 있는 것이 아니라 거듭 생각하는 가운데 정해짐. ③그 가운데 점차 마음 기둥으로서 體를 삼는 誠이 이루어짐.	@주자에게 해당하는 궁리가 동학에서는 信으로 표현되고 궁리의 대상이 생각과 말과 일로서 옳고 그름을 거듭 정해가는 것으로 의미가 달리 규정됨.
				誠: 순일불식함 ①誠은 주자처럼 본체개념으로 쓰이지만 의미 맥락을 달리함. ②먼저 옳은 바를 취하여 마음을 정하고 이를 믿어서 誠이 됨. ③誠은 순일(純一)하면서도 불식(不息)·무궁함을 의미.	@주자학에서 誠은 진실무망으로 말하지만 동학은 誠이 순일과 불식의 개념으로 말해지는 차이가 있음. 또 주자는 선지후행(先知後行)을 말하지만 동학은 선신후성(先信後誠)을 말함.
				敬:마음비움과 천지공심의 三敬 ①사사로운 욕심을 끊고 사사로운 물건을 버리고 사사로운 영화를 잊는 것. ②마음의 티끌을 씻어 마음의 근원을 맑게 하고 그 기운을 깨끗이 함. ③삼경(三敬)을 통해 천지공심의 행에 이름.	@주자의 敬이 마음을 전일하게 하는 함양공부라면 동학의 敬은 마음을 비워 천지공심에 곧바로 이르는 행을 의미.

〈표1〉 주자와 동학의 공부방법 비교

02
염불선과
동학 주문의 마음공부론

조선 선불교는 불립문자(不立文字)와 직지인심(直指人心)을 표방했지만 수행에 있어서 교학과 염불 등 다양한 방편을 수용했다. 선(禪)만을 고집하지 않고 다양한 수용을 보인 것은 고려 지눌에게서부터 비롯되는데 조선 시대에 오면 정혜쌍수, 간화선, 염불, 교학 등이 긴밀한 관계를 이루면서 종합되는 현상을 보인다. 조선의 선승들은 교(敎)와 선(禪)을 아우르고자 했고 염불을 선적(禪的) 방법으로 수용해 갔다. 선불교에서 염불은 타력적인 염불 수행이라기보다 자력적인 방편의 측면에서 취해졌고 극락왕생의 타방정토가 아니라 자신의 마음 본성이 곧 미타정토라는 것을 전제하여 자성미타를 자각하기 위한 수행 방편으로 삼았다.

염불선은 유심정토(唯心淨土)의 자성미타를 주된 핵심으로 하는 것으로 서방정토를 목표로 하는 염불 수행과는 구별된다. 물론 조선 시대 선승들은 서방정토와 유심정토를 아우르고 있는 사례도 많이 보인다. 그러나 대부분의 경우에 있어 선불교의 염불은 간화선이나 지관(止觀)과 결합된 염불이라 할 것이다.

선(禪)이 목적하는 가르침의 궁극은 마음을 고요히 가라앉혀 밝게 두루 비치는 지혜로 깨달음을 구현하는 것에 있다. 염불은 그 공부 방법으로서 분별의식을 가라앉히고 마음을 한곳에 모으는 공부 방법이 된다. 이러한 염불선의 전통은 근대 동학이나 원불교 등 새로운 사상운동에도 영향을 주었다. 특히 원불교의 염불 공부법에는 선(禪)적 전통이 내재해 있고 동학의 주문(呪文) 공부에는 염불선의 형식에 상응하는 유사한 흔적이 드러난다.

동학의 주문은 장생주(長生呪)로 불리는데 이 역시 아미타의 의미인 무량수(無量壽)와 접점을 이룬다 할 것이다. 그러나 동학의 주문은 염불처럼 본연의 마음과 합하여 마음을 다른 곳으로 옮기지 않는 삼매적인 의미뿐만 아니라 이에 더하여 내면으로부터의 가르침이라는 강화지교(降話之敎)의 기화(氣化)를 이루고자 하기에 차이점 또한 크다. 본 장에서는 한국 전통의 선불교에 있어서 염불이 어떠한 성격과 위상을 지니고 어떠한 맥락에서 수용·결합되었는지를 살펴보고자 하였다. 그리고 이러한 염불선의 전통이 구한말 새롭게 일어난 동학의 사상운동에 어떠한 영향을 주었는지? 그리고 각각의 차이점과 특징이 무엇인지를 밝혀 주문 염송의 마음공부론을 고찰하고자 하였다.

1. 선불교와 염불선의 마음공부

1) 선불교와 염불선(念佛禪)

선(禪)은 순수한 집중을 통해 인간 존재의 실상을 자각하는 길이다. 선(禪)이란 산스크리트 드야아나(dhyāna)의 음을 중국에서 선나(禪那)로 번역하였고 다시 그것을 줄여 선(禪)으로 쓰게 된 것인데 그 의미는 고요히 생각함(靜慮), 생각으로 닦음(思惟修)이다.[1] 이를 현대말로 번역하면 선(禪)은 명상을 뜻한다.

명상은 두 가지의 기본적인 형태로 나뉘는데 하나는 사마타samatha(사변없는 寂靜)이고 또 다른 하나는 위빠사나vipassana(개념적인 명상 수행)이다. 사마타란 생각하는 행위를 멈추고 마음을 가라앉히는 것이다. 사마타의 좌선은 헛되이 날뛰는 마음의 활동을 가라앉히는 데 목적이 있다. 이는 세상 속에서 온전한 의식으로 현존하는 데 장애가 되는 무의미한 상념을 없애 버리고자 하는 것이고 평소에는 가려져 있던 새로운 방식으로 세상을 경험할 수 있는 의식을 열고자 하는 것이다.

또한 위빠사나vipassana(개념적인 명상 수행)란 좌선 시 계속해서 사유하는 가운데 마음을 깨치고자 하는 것이다. 이 경우에는 관념적인 이치가 실재의 새로운 차원을 볼 수 있게 열어 주는 인식의 눈을 제공한다. 사물이 나타나는 모습은 어떤 정신적인 빛을 거기에 비추느냐에 따라 달라지기 때문이다.[2]

선불교의 스승들은 마음의 본성을 말하고자 했고 가르침에 있어 마음에서 마음으로 전하는 이심전심(以心傳心)의 사자전승을 강조했다. 선(禪)의 가르침은 언어를 넘어서 있기에 언어보다는 침묵을 쓰거나 기이한 행동을 하기도 했다. 그러나 대부분의 가르침은 스승 스스로가 내면 깊이 체험된 깨달음을 바탕으로 말과 행동을 하는 것이었고 이는 제자들로 하여금 지금까지 형성해 왔던 의식의 통념과 구조화된 틀을 풀어 버리도록 하는 것이었다.

한편 선(禪)의 가르침은 침묵을 지향하지만 진리를 언설에 담아 표현하는 설법도 수용했다. 고기를 잡았으면 통발을 잊어 버려야 하고 강을 건넜으면 타고 온 뗏목은 버려야 하듯이 언설은 역할이 다하면 버려진다. 깨달음을 일으키는 살아 있는 언설과 그 변화의 힘을 발휘하는 힘을 통해 비언설적인 경험을 모색할 뿐이다. 그리고 이 비언설적인 경험은 "공(空)"의 마음과 관련된다. 공(空)의 마음은 시작도 끝도 없이 텅 빈 마음이자 우주 일체를 담아 내고 우주의 실상을 꿰뚫으며 살아 활동하는 본래 마음이다.

본래 마음이 작용할 때는 규칙에 얽매이지 않고 성속(聖俗)에 속박되지 않으며 마음이 자재하다. 선(禪)에서 말하는 깨달음의 자유란 '자기 자신이 비어 있고 어디에 고착되는 바가 없으며 늘 온갖 인연에 따라 변화하는 존재'라는 자각을 통해서 계발된다. 이 본래 마음은 허공에 비유됨과 같이 무한한 공간 속의 모든 것을 그 안에 담을 뿐 아니라 무한한 시간 속의 모든 존재를 담고 있다. 데일 라이트의 표현을 빌어보면 "마음은 만물의 원천으로서 인연에 따라 만물을 드러낸다. 마음이 만물의 원천이라는 뜻은 현상으로 나타나는 것, 즉 인식의 대상이 되는 것은 모두 다 마음속에서 나타난다는 것"[3]을 의미한다.

본래 마음을 거울에 비유한다면 마음공부는 '거울을 닦음'에 비유할 수 있다. 선불교에서 마음공부란 '감각을 통한 인식과 개념적 사유라는 장막을 찢어 버리고 실재에 대한 직관적 인식에 도달하고자 노력하는 것'을 의미한다. 종일토록 갖가지 일을 하면서도 그 경계에 현혹되지 않는 마음공부를 통해 자유 자재함에 도달하고 구하고자 함이 없으면서도 자기 자신을 현실에 열어 놓고자 한다. 한국 전통의 선불교는 선(禪)을 근간으로 다양한 방편을 수용해 왔다. 특히 정토사상의 염불을 수용해 선(禪)수행의 방편으로 삼았다.

일반적으로 염불은 서방정토사상과 맞물려 있는데 한국 선불교에서의 염불은 유심정토(唯心淨土)의 선(禪)적 성격을 강하게 드러내고 있다. 원래 불교에서 경전의 가르침은 붓다의 말이고 선(禪)은 붓다의 마음이다. 모든 경전은 사람들이 스스로 자신의 본래 성품을 깨닫도록 하기 위한 방편이다. 이는 흔히 달을 가리키는 손가락으로 칭해진다. 그러나 염불은 "붓다의 말과 마음을 포괄"하여 자신의 본래 성품인 아미타불인 자성, 즉 마음의 불국토(유심정토)를 드러내고자 하기 위함이다. 그리고 모든 마음공부의 요점은 염불선의 유심정토, 자성미타로 회통된다.

이 마음을 밝힌 것을 부처라 하고 이 마음을 설한 것을 敎라 하니 부처가 설한 一大藏敎는 사람들이 스스로 성품을 깨닫도록 가리켜 보인 방편이다. 방편은 비록 많지만 그 요점을 말하자면 唯心淨土, 自性彌陀이니 마음이 깨끗하면 佛土가 깨끗하고 성품이 드러나면 부처의 몸이 드러나는 것을 말한 것이다.[4]

흔히 염불이란 아미타불을 염하는 것으로서 산스크리트어의 아미타(Amitabha)란 우리말로 하면 끝없는 목숨(無量壽) 또는 끝없는 빛(無量光)의 뜻이다. 그래서 아미타불을 무량수불, 무량광불이라고도 부르는데 염불이란 마음과 입으로 아미타불을 생각하고(念) 암송(誦)하는 것을 일컫는다. 그리고 선불교에서 아미타불은 곧 진심(眞心), 혹은 자성(自性)을 말하는 것으로 염불공부는 자신의 본래 마음인 자성미타로의 왕생이라 할 것이다.

2) 선(禪)과 염불의 결합 형태

일찍이 고려의 태고 보우(太古 普愚, 1301-1382)[5]는 서방정토(西方淨土)를 부정하고 유심정토(唯心淨土)를 주장하여 아미타불의 염불을 선(禪)수행의 방편으로 삼아 간화선과 결합시켰다. 그는 "아미타불의 이름을 마음에 두어 항상 잊지 말고 생각 생각마다 틈이 없도록 간절하게 참구하고 또 간절하게 참구해야 할 것"[6]을 권하면서 아미타불을 염불하되 염불하는 자신의 마음을 관찰하라고 하였다. 서방정토에 대한 염불이 아니라 유심정토에 대한 염불을 통해 염불을 간화선의 수행 방법으로 승화시켰던 것이다. 이는 지눌이 유심정토로서의 염불을 용인하였던 토대에서 한 걸음 더 나아간 것이고 선(禪)과 염불을 결합하여 염불의 선화(禪化)를 이룩한 것이라고 할 수 있을 것이다.

이를 구체적으로 살펴보면 몇 개의 단계를 설정할 수 있다. 먼저 아미타불의 이름을 마음에 항상 두어 잊지 말고 매순간 간절하게 참구하면 어느 순간 생각이 다해진다. 그 때 '생각하는 자 누구인가?'를 관찰하고 또 그 '관찰하는 자 또 누구인가?'를 계속 참구하여 분별의식을 끊으면 자성미타가 불쑥 나타난다는 것이 태고의 주장이다. 이는 참선을 중심에 놓고 염불을 결합한 방편이라 할 것이다.

> 아미타불의 이름을 마음에 두어 항상 잊지 말고 생각 생각마다 틈이 없도록 간절하게 참구하고 또 간절하게 참구해야 한다. 만약 생각이 다하고 뜻이 다하였거든 '생각하는 자 누구인가'라고 돌이켜 관찰하라. 또 '관찰하는 것은 무엇인가' '돌이켜 관찰하는 자는 또 누구인가'라고 하라. 이와 같이 자세히 참구하고 자세히 참구하여 이 마음이 홀연히 단절되면 자성미타가 불쑥 나타날 것이다. 힘쓰고 힘써 수행하라.[7]

나옹 혜근(懶翁 惠勤, 1320-1376) 역시 서방정토만이 불국토가 아니라 하나의 티끌 속에 하나의 불국토가 있다고 하여[8] 스스로 마음을 깨달으면 그 자리가 바로 불국토가 된다고 설하였다. 그 역시 유심정토를 주장한 것으로 이해된다.

> 항상 하루 종일 옷입고 밥먹고 말하고 문답하는 모든 행동 모든 장소에서 진심으로 아미타불을 염하라. 숨이 가고 오는 것을 그 순간순간에 기억하여 염불하지 않아도 저절로 염불하는 경지에 이르면 나를 기다리는 마음에서 벗어날 수 있을 것이요, 또한 부질없이 헤매는 육도윤회의 고통에서 벗어날 수 있을 것이다.[9]

염불이란 일상의 매 순간에서 진심으로 아미타불을 생각하는 것이고 아미타불을 염하는 순간순간을 관찰하다 보면 어느 순간 염불한다는 의식도 없어지고 염불하지 않아도 염불하는 경지에 이르러 나라는 의식을 벗어나게 된다고 나옹은 말한다. 이는 의식하지 않아도 저절로 화두를 드는 것처럼 염불하지 않아도 저절로 염불하는 경지에 이른다는 것이다.

자성의 아미타불 어느 곳에 있는가
언제나 생각하여 절대로 잊지 말지니
갑자기 어느 날 생각조차 잊거든
사물마다 감춤없이 드러나리[10]

나옹 혜근은 염불을 지관(止觀)[11] 공부법과 결합시켜 염불선으로 승화시킨 사람이다. 자성의 아미타불을 언제나 생각하여 잊지 않고 그 생각조차 잊는 순간이 되면 사물의 자성미타가 감춰짐 없이 드러난다는 것이다. 자성미타 염불법은 곧 지관(止觀) 공부의 맥락처럼 마음의 집중과 비움을 통해 밝히 드러나는 지혜를 도모하는 것이라 할 것이다. 염불선을 통해 완전한 고요와 평정 상태가 됐을 때 내면의 심층으로부터 지혜가 밝히 비추인다. 그리고 이 비추임이 세상을 향했을 때는 우주 만물을 하나로 꿰뚫는 진정한 공감이 자비로 나타나게 된다.

3) 조선 염불선과 마음공부

(1) 득통 기화의 염불선과 마음공부

조선 염불선의 성격은 고려의 태고 보우나 나옹 혜근의 그것과 연맥해 있고 염불을 지관 수행이나 간화선과 결합시켜 고려 선불교 전통을 계승했다고 볼 수 있다. 그러나 고려 시대와 달리 조선 선불교가 갖는 특징은 단순히 염불과 선의 결합이 아니라 '염불이 곧 참선'이라는 관점으로 발전된다는 것이다. 또한 유심정토를 근간으로 하고 있지만 극락왕생의 타방정토도 수용하여 이를 근기가 낮은 사람들을 가르치기 위한 방편으로 삼은 것도 특징이다. 득통 기화(得通 己和, 1376-1433)는 대승경전을 염(念)하고 염불향사를 맺어 아미타불을 염하는 것 모두가 공덕이 됨을 말하면서 유심정토를 주장하였다.

> 왕생의 길이 없지 않다면 어떤 길이 왕생의 길인가. 견문각지[12]에 장애가 없고 소리와 냄새와 맛과 감촉이 언제나 삼매인 것인데 만일 이를 깊이 만날 수만 있다면 다시 어떤 곳을 향해 왕생의 길을 따로 찾을 것인가. … 금강신(金剛身)은 물건마다 원만히 이루어 있고 무량수는 사람마다 두루 갖추었다. … 금강신도 남에게서 얻는 것이 아니며 무량수도 밖에서 오는 것이 아니다. 한 생각을 돌이키면 그 자리가 바로 그것이지마는 미혹을 스스로 돌이키지 못하면 그림자를 잡으려는 원숭이와 같을 것이다. 만일 한 생각을 돌이키면 계단을 밟지 않고 바로 부처 자리에 오를 것이요, 만일 그것을 깨친다면 한량없는 묘한 작용이 구하지 않아도 저절로 얻어질 것이다. 만일 그런 경지에 이른다면 생사를 벗어야 할 것이 무엇이며 열반을 얻어야 할 것이 무엇 있겠는가.[13]

득통 기화는 사람들이 극락왕생을 말하는데 왕생이란 "모든 인식에 장애가 없고 소리와 냄새와 맛과 감촉의 인식 대상이 언제나 삼매인 곳"으로 가는 것이라 일침을 가했다. 또한 그는 '금강신(金剛身)[14]이 만물에 원만히 이루어져 있고 무량수가 사람마다 두루 갖추어져 있는 바'라 하여 인간과 만물에 깨지지 않고 물들지 않는 본래 마음, 즉 자성미타가 있고 이는 외부로부터 오거나 남에게서 얻는 것이 아니라 하였다. 그러므로 미혹을 돌이키면 계단을 밟지 않고 바로 깨달음의 자리에 오를 것이요 그 자리가 유심정토가 된다. 이는 구하지 않아도 묘한 작용이 얻어지고 그 경지에 이르면 따로 생사해탈이나 열반을 구할 필요가 없다. 득통에게 있어 유심정토란 자성미타로서 마음이 편하고 한가하면 천당이 되고 마음이 깨끗하면 불찰(佛刹)이 된다.[15]

또한 득통 기화는 극락지옥설의 유용한 쓰임도 강조했다. "사람의 마음에 따라 극락정토도 되고 지옥도 된다. 천당, 지옥이 설사 없다고 쳐도 사람들은 그런 말을 듣고서 천당을 생각해 선을 좇고 지옥을 싫어해서 악을 버리게 되는 것이니 천당지옥설이 인민을 교화함에 있어 그 이익이 막대하다."[16]는 것이다. 득통은 유심정토를 주장하지만 근기가 낮은 사람에게는 천당지옥설도 유익하다고 생각하였다.

(2) 서산 휴정의 염불선과 마음공부

임진왜란 시 승병을 이끌었던 서산 휴정(西山 休靜, 1520-1604) 역시 유심정토를 강조하였다. "만약 일념(一念)을 일으키지 않아 전후의 때가 끊어지면 자성미타가 홀로 드러나 자심정토가 현전할 것"이라 하였고 "붓다는 본래 이대로이지만 부지런히 생각해야 하고 업은 본래 공(空)하지만 부지런히 끊어야 한다."[17]고 말하여 염불 수행을 강조하였다.

> 마음은 붓다의 경계를 인연하나니 항상 가져 잊지 않게 하고 입은 붓다의 이름을 부르나니 분명하여 어지럽지 않게 하라. 이렇게 마음과 입이 서로 응하여 생각하면서 부르는 한 소리는 능히 18억 겁의 생사의 죄를 없애고

80억 겁의 뛰어난 공덕을 성취하는 것이니, 한 소리도 그러하거늘 하물며 천 소리 만 소리며, 한 생각도 그러하거늘 하물며 천 생각 만 생각이겠는가. 이른바 열 소리의 염불로 극락에 태어난다는 말이 바로 이것이다. 그러나 입에 있으면 외운다 하고 마음에 있으면 생각한다 하는데 한갓 외우기만 하고 생각하지 않으면 이치에 아무 이익이 없을 것이니 생각하고 또 생각하라.[18]

서산은 염불선의 공부법에서 붓다의 경계를 항상 마음에 지니고 붓다를 마음으로 생각하며 입으로 부르면 18억 겁의 생사의 죄를 없애고 80억 겁의 뛰어난 공덕을 성취하는 것이라 말한다. 여기서 생사(生死)라는 것은 곧 분별망상으로서 '생각이 일어나고 생각이 사라지는 것'[19]을 말하는데 마음이 곧 붓다요 마음이 곧 정토(淨土)며 자성이 곧 미타(彌陀)이니 이는 서방이 여기서 멀지 않다는 것이다. 서방은 사람의 번뇌나 공덕에 따라 멀어지기도 하고 가까워지기도 한다. 어느 특정 공간이 아니다. 만일 누구나 한 생각도 내지 않으면 과거와 미래가 곧 끊어져 자성미타가 홀로 드러나고 자심정토가 앞에 나타난다.[20] 흔히 십만 팔천의 거리에 서방정토가 있다고 하는데 서방정토란 근기가 둔한 사람을 위해 방편적으로 취한 것이지 실제 극락이 아니라는 것이다. 만약 깨달음과 행동이 상응하는 자라면 모두가 자성미타로서 언어의 현밀(顯密)과 방편의 멀고 가까움이 모두 통할 것이라 휴정은 말한다.

서방정토는 여기서부터의 거리가 머니 십만 팔천 국토를 지나가야 한다 하였는데 이는 근기가 둔한 사람들을 위해 현실만을 설한 것이다. 어떤 때는 '정토가 멀지 않다. 마음이 곧 아미타불이라'고도 한 것은 영리한 사람들을 위하여 성품을 가르친 것이다. 가르침에는 방편과 실상이 있고 언설에는 드러남과 비밀이 있다. 만약 깨달음과 행하는 것이 서로 일치된 이는 머나 가까우나 두루 통하게 될 것이다. 그래서 조사 문하에도 혜원과 같이 아미타불을 부른 이가 있었고 서암과 같은 이는 주인공아! 하고 불렀다.[21]

서방정토의 멀고 가까움은 마음에 달려 있고 서방정토의 현(顯)과 밀(密)은 일념에 달려 있다. 만약 일념(一念)을 일으키지 않아 전후의 때가 끊어지면 자성미타가 홀로 드러나 자심정토가 현전할 것이다. 그러나 오랫동안 길들여진 습기를 갑자기 없앨 수 없으므로 부지런히 염불수행을 하라고 서산은 권한다. 염불이란 입으로 외우면 송불(誦佛)이요 마음으로 생각하면 염불(念佛)이다.

> 염불이란 입으로 하는 것을 송불이라 하고 마음에서 하는 것을 염불이라 한다. 입으로만 외우고 마음으로 생각하지 않으면 道에 있어서 아무런 이익이 없다. 나무아미타불의 여섯 글자 법문은 결정코 윤회를 벗어나는 지름길이다. 마음으로는 부처에 인연된 경계(정토)를 항상 생각하여 잊지 말고 입으로는 부처의 명호를 불러서 분명하게 엇갈리지 않아야 한다. 이와 같이 마음과 입이 서로 상응되는 것을 염불이라 한다.[22]

염불과 참선을 통해서 이르는 경지는 자성미타이자 유심정토로서 이는 밝게 비추고 고요한(昭昭寂寂) 근본 성품을 드러내는 것이기도 하다. 그러므로 입으로 하는 송불(誦佛)과 마음으로 하는 염불(念佛)을 합한 의미에서의 염불은 곧 참선이고 참선은 곧 염불이 된다.

마음으로 하나의 금산(金山)을 생각하고 손으로 백팔의 염주를 돌린다.

염하는 자가 누구인가를 돌이켜 보면 마음도 아니고 물건 또한 아니다.²³
해지도록 생각 모아 사바를 하직하고 16관경에서 석가 소리 듣는다.
한없는 빛깔과 소리에 귀와 눈을 맑히노니 하고 많은 천지에 미타 하나 뿐이라.
서방의 부처를 생각하는 법 결정코 생사를 뛰어 넘는다.
마음과 입이 서로 상응하면 왕생은 손가락을 퉁기는 것과 같다. …
참선이 곧 염불이고 염불이 곧 참선이다.
근본 성품은 방편을 떠나 소소하고 또 적적할 뿐이다.[24]

서산 역시 유심정토의 염불 수행을 강조하는 가운데 참선의 선(禪)수행을 아우르고 있음을 볼 수 있다. 염불을 통해 자성 안의 반야를 항상 붙들어 일으키고 조사들의 법구를 힘껏 참구하여 활연히 크게 깨달음으로써 그 문에 들어가면 일체 보고 듣고 깨닫고 앎으로 그 마음이 어두워지지 않을 것이라는 것이다.[25] 염불선의 수행이란 입으로만 외워서는 도에 아무 이익이 없고 오로지 마음으로 유심정토를 생각하면서 수행하는 것이어야 한다. 마음은 부처의 경계를 반연하여 기억해 잊지 않고 입은 나무아미타불(南無阿彌陀佛)[26] 부처의 명호를 불러 분명하고 어지럽지 않아야 한다.

따라서 휴정은 염불 수행을 네 가지로 구체화시키는데 첫째는 입으로 외우는 것, 둘째는 상(像)을 생각하는 것, 셋째는 모양을 보는 것, 넷째는 실상이다. 그리고 이는 사람마다 근기가 날카롭고 둔한 이가 있으므로 그 근기를 따라 들어가는 것이라 하였다.[27] 서산의 염불선이란 아미타불을 마음 머리에 깊이 새겨 절실한 마음으로 하루라도 잊지 않아 생각이 다하고 생각이 없는 곳에 생각이 이르러 자성미타·유심정토가 드러나는 마음공부를 말한다.[28] 이는 염불을 참선화한 것이라 할 것이다.

2. 동학 주문(呪文)의 마음공부에 나타난 염불선의 영향

1) 동학의 21자 주문과 의미

동학은 잘 알려진 바와 같이 1860년 수운 최제우가 서세동점의 위기를 맞아 유불도 삼교 합일의 생성·변혁의 우주관을 새롭게 창출시킨 사상이다.[29] 동학의 핵심은 시천주(인내천) 사상으로서 이는 주문 21자의 근간을 이룬다. 동학의 마음공부법은 크게 주문과 궁리로 나누이고 궁리 공부는 유가적 방식과의 결합[30]이라 한다면 주문공부는 염불선적 전통과의 관련이 크다 할 것이다.[31]

동학의 주문은 한울님을 위하는 글로서 동학사상의 근본 핵심과 강령을 담아 낸 것이다. 주문공부란 염주를 쥐고 21자를 외우는 것인데 염주의 종류에는 21주와 105주가 있다. 염주를 쓴다는 것 자체가 불교적 전통의 영향이라 볼 수 있는데 주문을 외울 때는 반드시 염주를 들어야 하고 청수 의례도 염주를 손에 들고 엄숙한 자세로 봉행한다.[32]

주문 21자란 '지기금지원위대강시천주조화정영세불망만사지(至氣今至 願爲待降 侍天主 造化定 永世不忘 萬事知)'를 말한다. 이 21자 주문의 뜻은 "우주에 가득 찬 한울님의 지극한 기운이 지금 이르러 있으니 한울님의 지극한 기운이 내리기를 청하여 빕니다. 안으로 신령하고 밖으로 기화로 작용하는 한울님 모심을 깨달아 한울님의 자연한 덕과 합하고 마음을 정하여 평생 잊지 않으니 모든 일에 그 도를 알아서 지혜를 받습니다."이다.[33]

주문은 한울님을 위하는 글로 이 주문을 염송함으로써 덕을 밝게 하고 늘 생각하여 잊지 않으면 지기와 화합하여 성인에 이른다. 주문 염송에서 중요한 것은 입으로만 외는 것이 아니라 마음으로 생각하는 것이다. 서산이 강조한 구송(口誦)과 염송(念誦)의 강조는 동학의 주문 방식에도 수용되었다 할 것이다. 일제하『천도교회월보』에서 주장한 주문 방법을 보면 "주문을 외울 때는 분명히 외울 것이요 생각하여도 항상 생각할 것이며 한울 근본을 알고자 하는 생각을 잠시라도 잊으면 한울을 저버리는 것이요 내가 나를 잊어버린 것"이라 하였다. 또한 "주문을 외면서 단정히 앉아 있으면 자연히 마음이 화하고 기운이 화하여 감화가 있게 되고 만물화생의 근본이 된다."[34] 하였다. 동학의 주문 공부 역시 앞에서 살펴 본 조선의 염불선처럼 입으로 외우는 구송(口誦)과 마음으로 생각하는 염송(念誦) 양자 모두를 강조하고 있음을 볼 수 있고 주문을 외면서 단정히 앉아 있으면 마치 삼매의 경지와 같이 본래 마음과 기운이 합하고 감화가 있게 됨을 강조한다. 주문을 외면서 단정히 앉으면 염불과 좌선의 결합처럼 삼매의 상태에 들게 되는데 이때 감응의 기화가 있게 된다. 이는 서산이 말한 염불의 실상(實相) 체험과도 접점을 이루는 것이라 할 수 있다. 선불교가 염불과 좌선을 결합시켰던 것처럼 동학의 주문공부에는 좌선적(坐禪的) 요소가 들어가 있다.

선불교에서 염불선은 염불을 통해 삼매에 들고 마음을 밝히고 성품을 보아(明心見性) 깨달음(一切種智)을 실현하는 것을 목적한다. 염불선은 견성을 추구하는 선수행으로서 염불을 통해 마음을 고요히 가라앉히고 청정한 생각이 지속되도록 삼매를 얻는 방편이었다.[35] 그러나 동학의 주문은 마음을 고요히 가라앉히는 삼매와 더불어 본래 마음의 활동, 즉 한울의 감응과 감화가 작용하는 적극적인 상태를 추구한다.

2) 염불선과 동학의 주문공부

한편 동학의 주문은 21자를 송주할 뿐 아니라 그 뜻에 집중하여 내 안의 한울 소리를 듣는 강화법이기도 하다. 수운 선생이 자신의 체험으로부터 얻은 주문 강화를 받아 후학들이 이를 매개로 하여 자신의 한울님 소리를 듣는 것이다. 이렇게 보면 동학의 주문 수행은 염불선과 유사해 보이지만 차이점도 엿볼 수 있다.

주문은 내유강화지교(內有降話之敎)이다. 내유강화지교란 내면의 본래 마음으로부터 가르침이 작동하는 것이다. 그러므로 주문의 강화는 곧 한울의 말, 즉 천어(天語)로 일컬어진다. 이 한울의 가르침을 얻은 뒤에라야 뜻과 생각이 신령하고 지혜로울 수 있다.[36] 즉 주문의 강화는 "천지만물 본래일심(天地萬物本來一心)"에서 나오는 내면의 지공(至公)한 가르침으로 불교 정법훈습(淨法薰習)의 내감교육(內感敎育)[37]과 같은 역할을 한다. 주문공부를 통해 내 안의 본래 마음이 활동하고 마음이 지극하고 바르게 되면 은은한 총명이 각자의 내면으로부터 자연히 신선스럽게 솟아나오는데[38] 이것이 강화이다. 주문 공부는 수운의 21자 주문 강화를 통해 자신의 강화를 듣는 것이다. 염불선이 아미타불을 외우고 생각하는 것이라면 동학의 주문은 한울을 위하고 '한울의 덕과 합하여 모든 일을 밝히 아는 지혜'를 생각하면서 외우는 것이다.

동학의 주문공부도 본래 마음과 합하고 본래 마음의 활동을 목적하는 것이기에 염불선이 지향하는 자성미타와 동학의 본래 마음, 본연의 한울은 서로 상응하는 바가 있다. 그러나 동학의 주문은 염불선과는 달리 '심천상합(心天相合)의 기화(氣化)'를 목적한다는 점에서 그 특징을 엿볼 수 있고 염불선의 염불이 간화선이나 지관수행과 결합되는 방식이라면 동학의 주문은 지관(止觀) 수행뿐만 아니라 궁리 공부와 결합된다는 점에서 차이를 보인다.

동학의 마음공부는 "오는 사람 깨우쳐서 삼칠자 전해주니 무위이화"(『용담유사』, 도수사)라 하였다. 삼칠자 주문을 통한 무위이화란 그 어떤 외부적 원인에 의해서 활동하는 것이 아니라 스스로 운동·변화하는 것으로 그 운동변화의 원인이 자기 자체 내에 있다는 의미를 담고 있다. 또한 우주만물이 모두 한 기운과 한 마음으로 꿰뚫어져 있기에 한울과 하나 되는 것이고 우주와 하나 되면 천지정신이 한 몸 안에 돌아와 능히 만리·만사를 알게 된다.[39]

요점을 정리하면 주문을 통한 마음공부란 내 자신이 한울과 합하여 내 안의 본래 마음이 활동하도록 하는 수행법으로서 다음과 같은 작용을 일으킨다. 첫째, 마음을 지극하고 바르게 하여 은은한 총명이 내면으로부터 솟아나온다. 둘째, 천지만물 본래일심(天地萬物 本來一心)[40]에서 나오는 가르침이 있다. 셋째, 이치에 합하고 만물에 통하며 천지정신과 하나 되는 천어(天語)가 내면에서 나온다. 넷째, 우주 근원인 천지마음의 지공성(至公性)이 내 마음 안에 생겨난다. 다섯째, 본래 마음이 작용하도록 하는 심령의 가르침이 있다.[41]

한편 동학의 주문은 장생주(長生呪)로 명명되는데[42] 염불선에 있어서 아미타가 무량수(無量壽)를 의미하는 것과 일정 부분 유사점이 있어 보인다. '장생의 주문을 입으로 외우는 것(口誦長生之呪)'은 마음을 '불사약(不死之藥)'이라 명명한 것과 더불어 도교적 측면으로 해석될 수 있지만 뜻은 무량수와 통한다. 한량없는 목숨을 뜻하는 무량수와 장생불사의 마음 주문은 통하는 측면이 있다.

3) 동학의 마음 이해와 마음공부

동학에서 한울님은 인간 내면에서 생명으로서 감응하고 상합한다. 그러므로 인간이 곧 한울님이다. 이 한울님은 구체적인 것이라 말할 수 있다. 호흡과 맥박이 그러하다. 우리가 잠잘 때나 깨어 있을 때 우리가 의식하지 못하고 우리가 스스로 하는 바가 아니어도 숨이 저절로 쉬어지고 맥박이 뛴다. 이 모두가 한울님이 하는 바다. 호흡과 맥박은 한울님을 느낄 수 있는 단서이다.

동학의 한울은 곧 '본래 마음'으로 이 마음은 무궁히 변화하고 살아 움직인다. 존재하는 모든 것 안에서 활동하고 있는 내유신령(內有神靈)한 힘, 활동하는 한울님은 우주의 모든 곳에 모셔져 있고 간섭하지 않음이 없으며 명령하지 않음이 없이 우주적 생명을 유지·보존하고 있는 무궁자이다. 그러므로 동학은 "한울이 있음으로써 물건을 보고 한울이 있음으로써 음식을 먹고 한울이 있음으로써 길을 간다는 이치를 투철히 아는"[43] 마음공부를 중요시하고 있다. "내 속에 어떤 내가 있어 굴신동정하는 것을 가르치고 시키는가 하는 생각을 일마다 생각하여 오래도록 습성을 지니면 한울 자체로 살게 된다."[44]는 것이다. 이 역시 염송(念誦)의 일종이자 참구의 일종이기도 하다. 나의 굴신동정을 가르치고 시키는 것이 누구인가를 일마다 생각하면 어느 순간 묻는 나도 없어지고 본래 한울 마음과 합해진다.

동학에서는 자기 안에 부여된 한울인 나를 자각하고 그 생명기운이 지금이 순간에도 호흡으로 맥박으로 나타나고 있고 이로 인하여 내가 살아 움직임을 깨달으라 한다. 생명은 보편성을 지니고 있는 우주의 근원이요 모든 만물은 하나의 생명이치로 구성된 한몸이다. 그러나 그 보편적 생명기운의 활동은 각 개체, 각 개인을 통해 다양성으로 드러난다. 원래 수운이 주문에서 모심(侍)을 '내유신령 외유기화 각지불이(內有神靈 外有氣化 各知不移)'라 했을 때 "모심(侍)이란 천인상합(天人相合)의 전일체로서 자기됨을 자각하는 것을 말하고 모실 시의 근본을 알면 능히 정할 정의 근본과 알 지의 근본을 아는 것"이라 했다. 각지불이의 '지(知)'는 '통(通)'을 의미한다. 한 이치기운이 간섭하여 관통하지 못함이 없으면 지혜로운 한 영물(靈物)이 된다. 이것을 살았다고 하는 것이고 생명이라고 하는 것이다.[45] 주문의 마음공부는 바로 본래 마음으로 돌아가 한울과 합하는 것이고 천지를 내 마음에 가까이 하는 것으로 천지와 하나됨을 잊지 않는 것이며 천지의 막힌 기운을 다시 보충하는 것이 된

다.⁴⁶

요컨대 동학은 주문과 궁리공부를 통해 허광심(虛光心), 여여심(如如心), 자유심(自由心)의 세 가지 마음을 도야하고자 한다. 허광심이란 마음을 비고 고요하게 하는 마음이요, 여여심이란 비고 고요한 마음으로 평등히 세계와 하나되는 마음이며 자유심은 모든 일과 대인접물에서 마음없이 행하고 거리낌없이 자유롭게 행하여 공도공행(公道公行)을 이루는 마음이다. 이는 곧 마음을 비우고 고요히 한 자리에서 밝게 비추이는 마음, 그리하여 우주 만물과 하나되어 지혜를 갖추는 마음, 그리하여 모든 대상과 현상에 집착됨이 없이 행할 것을 행하는 자유의 마음인데(의암성사법설, 무체법경) 주문을 통해 허광심과 여여심을 이루고 여기에 궁리 공부를 결합해 자유심을 이루고자 하는 것이다.

동학의 마음공부법은 크게 주문과 궁리로 나누고 궁리 공부는 유가적 방식과의 결합인 반면 주문공부는 염불선적 전통과 관련이 크다. 또한 주문 공부 시 염주를 쓴다는 것 자체가 불교적 전통의 영향이라 볼 수 있는데 주문은 한울님을 위하는 글로 이 주문을 염송함으로써 덕을 밝게 하고 늘 생각하여 잊지 않으면 지기와 화합하여 성인에 이른다. 주문 염송에서 중요한 것은 입으로만 외는 것이 아니라 마음으로 생각하는 것이다. 서산이 강조한 구송(口誦)과 염송(念誦)의 강조는 동학의 주문 방식에도 수용되었다 할 것이다. 또한 주문을 외면서 단정히 앉아 있으면 마치 삼매의 경지와 같이 본래마음과 기운이 합하고 감화가 있게 됨을 동학은 강조한다. 주문을 외면서 단정히 앉음은 염불과 좌선의 결합처럼 삼매의 상태에 들게 하는 방법이고 삼매뿐만 아니라 감응의 기화가 있게 되는데 이는 서산이 말한 염불의 실상(實相)체험과도 접점을 이루는 것이라 할 수 있다. 선불교가 염불과 좌선을 결합시켰던 것처럼 주문의 마음공부에는 좌선적(坐禪的) 요소가 들어가 있다.

또한 동학의 주문은 21자를 송주할 뿐 아니라 그 뜻에 집중하여 내 안의 한울 소리를 듣는 강화법이기도 하다. 수운 선생이 자신의 체험으로부터 얻은 주문 강화를 받아 후학들이 이를 매개로 하여 자신의 한울님 소리를 듣는 것이다. 이렇게 보면 동학의 주문 수행은 염불선과 유사해 보이지만 차이점도 엿볼 수 있다. 염불선이 아미타불을 외우고 생각하는 것이라면 동학의 주문은 한울을 위하고 '한울의 덕과 합하여 모든 일을 밝게 아는 지혜'를 생각하면서 외우는 것이다. 동학의 주문도 본래 마음과 합하고 본래마음의 활동을 목적하는 것으로 염불선이 지향하는 자성미타와 동학의 본래 마음, 본연의 한울은 서로 상응하는 바가 있다. 그러나 동학의 주문은 염불선과는 달리 '심천상합(心天相合)'의 기화(氣化)'를 목적한다는 점에서 차이가 있고 염불선의 염불이 간화선이나 지관수행과 결합되는 방식이라면 동학의 주문은 궁리공부와 결합되는 차이점을 지닌다. 주문 공부를 통해 비고 밝게 비추는 마음(허광심), 만물 전체를 하나로 하여 평등히 대하는 마음(여여심)을 추구한다면 궁리 공부를 통해서는 "대인접물상에서의 적절한 행위를 하는" 자유심을 누리고자 한다.

염불이나 주문의 마음공부는 어떻게 보면 전통적인 종교 영역에서 사용될 수 있는 것으로서 현대 일반 교육현장에 이를 적용하는 것은 생소할 수 있다. 그러나 중요한 시사점은 학습자 자신이 헛되이 날뛰는 마음으로 인하여 고통을 받고 이로 인하여 사물과 세상을 바로 보지 못한다는 사실이고 마음을 가라앉혀 본래 마음으로 돌아가 완전한 마음으로 세상에 행위하고자 할 때 염송만큼 효과적인 것이 드물다는 것이다. 그리고 그 염송이 구송(口誦)과 결합되어야 함은 물론이나 명호는 달라도 상관없다는 사실이다. 아미타불이든 동학의 21자 주문이든 '고요한 중심, 환한 미소' 또는 '본래 마음과 합하고자 합니다' 등 무엇을 외우든 간에 그것이 일념으로만 행해진다면 효과는 같을 것이다.

03
동학의 성심신 삼단 이해와 마음공부[1]

1. 의암의 공적활발(空寂活潑)의 성심론(性心論)과 불교적 이해

인간은 공적하면서도 온 세계에 두루 작용하는 체·용을 지닌 존재다. 이는 의암이 말하는 공적활발과 같다고도 할 것이다. 운봉 선사는 병(甁)을 비유로 들어 말하기를 "중생의 법신은 하나의 자그마한 병속에 있는 허공과 같아서 각 사람의 성(性)이 된다. 허공이 비록 끝이 없는 하나이지만 병으로 각기 한정되는 것이다."[2]라고 했다.[3] 여기서 병은 의암에 의하면 심·신에 해당하고 허공은 곧 의암에게 있어 공적(空寂)의 성(性)이라 할 것이다. 다만 의암은 비유를 듦에 있어서 병의 허공 대신 작용을 강조하는 의미에서 등불로 설명하는 차이가 있다.

> 묻기를 어떠한 방법으로 그 큰 장애를 벗어나서 그 진성을 볼 수 있습니까. 대답하기를 해와 달은 비록 밝으나 검은 구름이 가리면 병 속의 등불과 같다. 성의 맑고 깨끗한 것을 많은 장애물이 둘러서 진흙 속에 묻힌 구슬과 같으니….[4]

의암의 성(性)은 공적한 것으로 체(體)에 해당하고 심(心)은 활발(活潑)로서 용에(用)에 해당하는 것으로 양자가 완전히 통섭되어 있다(卽體卽用). 의암의 성(性)은 공적(空寂)으로서 만물을 변화·생성케 하는 근거가 된다. 이러한 의암의 심성론은 조선 시대의 불교적 심성론과 맞닿아 있다. 이 불교적 심성론은 대승기신론의 입장을 대부분 반영한 것이다. 중생심, 자성청정심 등으로 불리는 일심(一心)은 무한한 작용력을 지닌 통일적인 마음으로서 불성이고 여래장으로 이 마음에는 두 가지 측면이 있다(一心二門). 이는 하나의 마음이 둘로 나뉘었다는 것이 아니라 두 가지 관점에서 접근할 수 있다는 것을 의미한다. 하나는 진여의 마음(眞如門)이고 또 하나는 생멸의 마음(生滅門)이다. 진여의 마음은 불변의 관점에서 바라본 것이고 생멸은 변화의 관점에서 바라본 것이다. 불교 심성론에서 말하는 일심(一心)은 곧 진여와 생멸의 체용을 결합하여 일컫는 궁극자로서 의암의 "심즉천(心卽天)"에 해당하는 것이라 보아도 될 것이다. 그러므로 한울(天)은 성(性)·심(心)의 공적활발이다. 성의 공적함은 곧 진여요 무체성으로 진진여여(眞眞如如)이다.[5] 또한 한울의 작용, 즉 영적(靈迹)은 활기(活氣)로서 무극계이며[6] 천지무궁의 근본[7]이다. 여기서 활기란 활동의 기를 의미하는 것으로서 활활발발(活活潑潑)하여 물이 방금 솟는 듯하고 불이 활활 붙는 듯한 기운이다.

의암은 수운이 말한 시천을 각천(覺天)으로 이해하면서 그 각천이란 성심신 삼단의 깨달음으로 의미 지었다. 즉 의암에게 있어 한울(天)이란 곧 성천(性天), 심천(心天), 신천(身天)[8] 삼단이 결합되어 이루어진 것으로 의암에게 있어서 성(性), 혹은 성리(性理)는 성리학에서 말하는 성즉리(性卽理)의 성리라기보다는 불가(佛家)의 불성(佛性)에 가까운 개념이라 할 수 있다

의암의 성리(性理)는 인의예지를 성리(性理)로 삼는 주자학과는 달리 공공적적(空空寂寂)하고 무변무량(無邊無量)하며 동정(動靜)이 없는 근원이다. 또한 마음

은 기(氣)로써 두루 충만하여 다함없이 크다. 그러므로 의암은 성(性)과 심(心)을 체용일치의 차원에서 겸칭하여 쓴다. 어떻게 보면 성(性)이라 말하고 심(心)이라 부르는 것은 관념상의 구분이기도 하다. 동학에서 성(性)과 심(心)은 하나이자 분리될 수 없는 것으로 성리가 없으면 마음이 없는 목인(木人)과 같고 심기가 없으면 물 없는 고기와 같다.

> 性은 이치니 性理는 空空寂寂하여 가이 없고 양도 없으며 움직임도 없고 고요함도 없는 원소일 뿐이다. 마음은 기운이니 심기는 圓圓充充하여 넓고 넓어 흘러 물결치며 움직이고 고요하고 변하고 화하는 것이 때에 맞지 아니함이 없다. 이러므로 이 두 가지에 하나가 없으면 성품도 아니요 마음도 아니다. 밝히어 말하면 성리가 없으면 마음이 없는 木人과 같고 심기가 없으면 물없는 곳의 고기와 같다.

즉 성리는 본래 공적하고 무선무악(無善無惡), 무시무종(無始無終)한 것이요, 마음은 본래 활발한 것이지만 마음 역시 무(無)를 갖추고 있다.[9] 마음이 성(性)속에 들면 공공적적하고 성이 마음속에 들면 활활발발하다. 그러므로 성심(性心)은 공공적적(空空寂寂)·활활발발(活活潑潑)한 것이라 하는 것이다.

> 마음이 성품 속에 들면 空空寂寂하고 성품이 마음속에 들면 活活潑潑해진다. 비고 고요하고 활발한 것은 내 성품과 내 마음에서 기인된 것이요 내 성품과 내 마음은 내 마음의 본바탕이니 도를 어느 곳에서 구할 것인가 반드시 내 마음에서 구할 것이다.[10]

성은 공적(空寂)이다. 인간은 공적함을 바탕으로 한 활발의 활동체이다. 활발이라고 하는 것은 정지하는 바 없이 무한·무궁하기 때문이다. 만일 이것이 한 상태에 고정되어 다시 다른 대립으로 옮아갈 수 없다면 이때는 죽음을 의미한다. 우리의 본래적 성심은 언제나 창조적이고 자유이고 무한히 활동한다. 이는 현상을 만들어 내고 움직이게 하는 근거가 된다. 공(空)이기 때문에 없는 곳이 없고 작용하지 않는 데가 없는 것이다. 그렇기에 활활발발의 생명 약동이 이어져 존재를 생성한다. 생명 약동의 한 순간 한 순간이 점점이 이어져 우리 삶이 이뤄진다. 그러므로 공적활발의 성심을 갖춘 인간 삶은 능동적인 생명의 활동이 된다.

> 성리는 공적하나 자체 秘藏 중에 크게 활동할 동기가 갖추어져 있다. 만물이 크게 활동할 본지를 삼은 것이요 마음은 작게 활동하는 기관이다.[11]

그러므로 인간은 실체적 존재가 아니라 활동적 존재이다. 생명의 활동 그 자체가 진리를 나타낸다. 인간 마음의 직접 경험으로서의 활동이 존재를 이루는 것이다. 내가 있어 대상을 경험하는 것이 아니라 활동 경험이 나를 만들면서 천지합일의 대활동을 지향한다. 의암에게 있어 진정한 자아는 이러한 우주합일적 활동에 도달하는 것에 있다. 불교에서 말하는 것처럼 자기와 우주는 동일의 근저를 가지고 있다.

의암이 말하는 공적활발은 분명 유가의 심성과 대조된다. 『주자어류』에서 주자는 "붓다는 만리(萬理)가 모두 공(空)이라고 주장하고 우리 유학은 만리가 모두 실(實)이라고 주장한다."고 하였다. 주자는 정이가 그랬던 것처럼 불교·도교와 혼용된 도학적 전통 가운데 무(無)를 걷어내 오로지 성(性)을 규범적 인의예지의 유(有)로 놓았다.[12] 그러나 모든 존재가 무(無) 없이는 존재할 수 없음을 그리고 개체와 전체가 일치되는 것은 본허(本虛)·본공(本空)이기 때문임을 불교는 말한다. 의암의 한울도 공(空)을 수반하기에 만물이 성장하고 세계가 개벽되며 인간 개체가 전체가 될 수 있다.[13] 의암은 한울을 불공(不空)이라고도 했는데 의암이 말하는 불공(不空)이란 의미는 '비고 빈 것이 본래 빈 것이 아니다(空空本無空)'라 설명하였다.[14] 그리고 '처음이 없는 성품은 바로 '무체성(無體性)'으로 '생사도 없고 더함도 샘도 없으며(不有生死 無漏無增)', '본성의 인연 없이 생겨남(無緣有生)'이니, '진진여여(眞眞如如)'라 하였다. 불교에서도 진여[15]란 본체를 뜻하는 것으로 참된 실상의 모습을 말한다.

일찍이 달마선사는 말하기를 "사물이 생겨날 때는 본래의 공(空)이 생겨나는 것이지만 사물이 사라질 때는 본래의 공이 사라지는 것"[16]이라 했다. 마음은 활동하면서 항상 공이므로 유가 아니며 공이면서 항상 활동하고 있으므로 무(無)도 아니다.[17] 즉 마음은 실체가 없으므로 유가 아니며 인연에 의하여 일어나므로 무도 아니다. 실제로는 하나도 생겨나는 일이 없고 하나도 사라지는 일이 없다. 자기 마음이 본디부터 비어 있다는 것을 안다면 마음은 아무것에도 지배되지 않는다.[18] 이는 모두 공(空)과 불공(不空)을 함께 표현한 것으로 승조의 '진공묘유(眞空妙有)', 지눌의 '공적영지(空寂靈知)',[19] 해월의 '허령(虛靈)'과 상통해 보인다. 원래 불교가 말하는 공은 "진공묘유(眞空妙有)"의 공으로서 주자가 이해하는 바와 같이 허(虛)만을 주장함은 아니었다.[20] 이런 의미에서 볼 때 의암의 공적활발로서 성리 이해는 불교에 가깝다 할 것이다.

> 無로써 無를 보면 無 역시 有요 無로써 有를 보면 有 역시 無이다. … 眞眞如如하여 無漏無增하다.[21]

임제 선사에 따르면 활발발지(活潑潑地)야말로 사람이 사람다운 점이고 그것은 인간의 본질로서 실체성의 부정을 의미하는 것이었다. 그러나 그 부정은 '체·용일치, 유무중도(有無中道)'로 귀결된다. 성(性)은 항상 상(相)의 체로서 무(無)이고 상(相)은 체(體)의 용(用)으로 하여 고정적인 형(形)을 붙잡아 두지 않는 것이다. 말하자면 성(性)도 상(相)도 일체의 실체적인 것을 인정하지 않는 곳에 진정한 활동성이 있다는 것이다. 그것은 반야적인 공(空) 무자성의 작용이다.[22] 임제는 이를 성의 작용(性用)으로 파악한다. "주재자는 성(性)이고 성은 곧 나이며 내외 동작이 모두 이 성으로 말미암는 것이다.(作者性也 性卽我也 內外動作 皆由於性)" 즉 성(性)이 곧 나(我)이고 나는 주재자가 된다.[23] 의암에게 있어서도 인간이 한울이고 주재자인 것은 공적활발의 성심천(性心天)이기 때문이다.

> 내 마음은 곧 천지 만물 고금세계를 스스로 주재하는 하나의 조화옹이다.[24] 이 조화옹되는 마음이란 본래 비인 것으로 변함이 없으나 스스로 화해 나며, 움직임이 없으면서도 스스로 나타나 천지를 만들고 다시 천지의 본체에 살아 만물을 내며 만물 자체에서 산다.[25]

2. 성심신(性·心·身) 삼단(三端)의 결합체로의 우주 마음 이해

의암은 성/리(性/理)[26]가 표현된 것이 몸이고 마음은 성리가 몸에 부여될 때 생기는 것으로 성리와 몸 둘 사이에서 만리만사를 형성하는 중추가 마음이라 하였다.

> 무릇 마음은 몸에 속한 것이다. 마음은 바로 성(리)가 몸으로 나타날 때 생기어 형상이 없이 성리와 몸 둘 사이에 있어 만리만사를 소개하는 요긴한

중추가 된다.[27]

인간이 태어나기 전 우주 근원의 이치가 있고 이것이 인간 생명으로 드러난 몸은 한울 이치(성리)의 표현이다. 만물에는 우주 근원의 이치와 불성과 같은 근본 성품이 부여되어 있으며 각각의 개별 존재로 다양하게 표현된 것이 만물이다. 인간 몸으로 한정지어 표현된 한울은 다른 개체와는 달리 한울과 몸의 관계를 이어주는 마음을 형성한다. 성리, 마음, 몸 삼단은 결합되어 있다. 그러나 의암의 삼단론은 성심신의 결합체이지만 성심만을 말해도 무방할 것이다. 신체는 지각 경험을 형성하는 감관적 활동체를 의미하지만 마음(心)과 합한 개념으로 묶여져 쓰인다.

> 깨달은 왼쪽은 性天·理天이요 깨달은 바른쪽은 心天·身天이다. 靈이 발현하는 本地는 我性·我身에 있다. 성도 몸도 없으면 이치도 한울도 없다. 이치도 내 한울(아천) 다음에 이치요 과거도 역시 내 마음이 있은 후에 과거가 있다.[28]

의암에게 있어 성과 리는 같은 개념으로 쓰이고 있고 심과 신 역시 심신일여의 의미속에서 사용되고 있음을 볼 수 있다. 불교나 의암에게 있어 몸은 모두 생명적 몸을 의미하는 동시에 감관을 통해 형성되는 지각 경험과 마음(정신)의 표상들은 연관하여 지칭하는 개념으로서 신체는 곧 마음이 된다. 의암은 이렇게 인간을 성심신 삼단의 결합체로 보면서도 그 시작은 몸·마음에서 출발하고 이 몸·마음은 성천에서 기인함을 설명한다.

성이 닫히면 모든 이치와 모든 일의 원소가 되고 성이 열리면 모든 이치와 모든 일의 좋은 거울이 된다. 모든 이치와 모든 일이 거울 속에 들어 능히 운용하는 것을 마음이라 이른다. 이 운용의 첫 시작점을 나라고 한다. 따라서 나의 시작은 성천의 기인한 바다.[29]

성품이 본체로서 합하여 있으면 모든 이치와 일의 원소가 되고 성이 작용하여 열리면 모든 이치와 일이 성의 거울 속에 들어 운용하는데 이를 마음이라고 의암은 칭한다. 즉 성은 거울이라 할 수 있고 마음은 거울에 비친 모습이라 할 수 있는데 거울에 비친 모습과 거울은 둘이 아니게 된다. 우리가 거울을 볼 때 거울에 비친 자기를 보듯이 보는 나와 보여지는 모습은 둘이 아닌 것이다.

일찍이 마조 선사는 "마음은 거울에 비친 모습과 같다. 마음에 거울이 있고 거기에 비친 대상은 바로 모든 만상(諸法)이다. 이 마음이 대상을 취하면 곧 밖의 인연과 서로 관계를 맺게 되는데 이것이 바로 생멸의 이치요 또한 법을 취하지 않는 것은 진여의 이치이다."[30]라고 했다.

운봉 선사도 말하기를 "심은 거울의 몸체와 같고 성은 거울의 빛과 같다." 하여 명칭은 다르지만 그 실제는 하나임을 보이고 있다. 그러므로 진심이 바로 성이다.[31] 거울과 형상이 걸림이 없기 때문이다. 마음과 인식하는 대상 역시 그러하다. 경계(대상) 밖에 마음이 없고 마음 밖에 경계가 없으니, 마음과 경계가 걸림 없기 때문이다.[32] 성이 일어나 모습(상)이 되면 경계와 지혜는 뚜렷하고 모습(상)이 성을 얻어 원융하면 몸과 마음은 확연히 깨닫는다.

의암에 있어서도 마음이 곧 세계가 되는 것은 성품이 열림에 따라 거울이 운용되어 대상세계를 형성하기 때문이다. 주관과 객관은 분리될 수 없다. 내 마음을 대상 밖으로 보내면 형상도 없고 자취도 없고 위도 없고 아래도 없으며 내 마음을 대상 안으로 보내면 억천만상과 삼라미진이 다 내 성이요, 내

마음이다. 물질은 단순한 대상 물질이 아니라 자기 마음이 그것을 그려 내는 것이다.[33]

인간 마음이 대상 밖으로 보내진다는 것은 마음이 고요히 가라앉혀져 공적한 성리천에 든 상태를 뜻하고 마음이 대상 안에 두어져 있다는 것은 모든 존재를 두루 드러내는 세계가 됨을 의미한다. 불교 화엄에서 '탁사현법(託事顯法)'이라 한 것처럼 진리의 성품은 오직 현상을 의지해서만 자신을 드러낼 수 있듯이 우주 근본 이치인 성(性)은 심신(心身)을 통해서 드러난다.[34] 성리와 몸은 사람이 사람 노릇하는 자료요, 마음은 사람의 사람 노릇하는 주장(主掌)이다. 물에 비유하면 성리는 물이요, 물이 능히 움직이며 흐르는 힘은 마음이요 흐르는 물을 받는 곳은 몸이다. 그러므로 마음은 성령을 수련하고 몸을 보호하는 데 그 본질이 있다.[35]

율곡은 일찍이 "성은 물과 같으니 맑은 그릇에 물을 담은 것은 성인이요 그릇 가운데 모래나 흙이 있는 것은 중인(中人)이요 진흙 가운데 물이 있는 것은 하등 사람들이다."[36]라고 했다. 그릇인 심신(心身), 즉 형질을 승화시키는 가운데 진리의 성품이 나타난다. 따라서 성과 마음과 몸 세 가지 중 먼저 할 것은 성이다. 성이 주체가 되면 성(性)의 권능이 몸의 권능을 이기고 몸이 주체가 되면 몸의 권능이 성품의 권능을 이긴다.[37]

3. 본래아(本來我)로서 삼성(三性)과 삼심(三心)

의암이 말하는 '본래 나'라는 것은 무체를 인과로 하기에 '무선무악'하고 '불생불멸'[38]하는 '나'라고 말한다.[39] 의암이 말하는 본래아는 보려 해도 볼 수 없고 들으려 해도 들을 수 없고 물으려 해도 물을 수 없고 잡으려 해도 잡을 곳이 없다. 항상 머무는 곳이 없이(無住處) 능히 움직이고 만법이 스스로 몸에 갖추어지며 만물이 자연히 난다. 움직임이 없으나 스스로 화해 나타나서 천지를 이루어내고 천지의 본체에서 살며 만물을 생성하고 편안히 만물 자체에서 사는 것이 본래아이다. 선천과 후천 세계가 다 내가 태어남으로 말미암아 시작되어 모든 만물이 나(본래아)를 체로 하고 나를 용으로 한다. 여기에 '본래 나'의 주재성과 전일성이 있다.

나를 체로 하고 용으로 하는 것에는 세 가지 성(性)이 있다. 첫째, 원각성(圓覺性), 둘째, 비각성(比覺性), 셋째, 혈각성(血覺性)이다. '원각성'은 만법(萬法)으로 인과를 삼아 함이 없이 되는 성품이고, 천지만물이 조판되기 전 무위(無爲)로써 이루어지는 인과관계를 말한다. '비각성'은 만상(萬象)으로서 인과를 삼아 나타남이 있으나 헤아림이 없는 성품이다. 또한 '혈각성'은 화복(禍福)으로서 인과를 삼아 선도 있고 악도 있어 수시로 서로 보는 것이니 선을 위하여 세상의 성과를 얻으려는 사람은 좋은 화두(化頭)를 가려야 할 것이라 한다. 이러한 세 가지 성(性)으로 과목을 삼아 잘 지키어 잃지 않으면 성품을 보고 마음을 깨닫는 것이 시각(時刻)에 달려 있다[40]고 하였다. 이는 불교의 삼성, 즉 원성실성, 의타기성, 변계소집성을 의암이 동학적 담론으로 풀이한 것이라 할 수 있다. 즉, 원각성은 불교 삼성 가운데 원성실성, 비각성은 의타기성, 혈각성은 변계소집성에 대응된다 할 것이다.[41]

또한 의암이 말하는 삼심(三心)에서 허광심(虛光心)은 불교 유식학의 사지(四智)[42] 가운데 성소작지(成所作智)와 묘관찰지(妙觀察智)를, 여여심(如如心)은 평등성지(平等性智)를, 그리고 자유심(自由心)은 대원경지(大圓境智)에 해당하는 개념이라 할 수 있다.

道에는 세 가지 마음의 단계가 있다. 마음을 닦고 성품을 보는 자는 이 세 가지 단계의 묘법이 아니면 善果를 얻을 수 없다. 첫째는 虛光心이니 한울과 한울, 물건과 물건이 각기 성품과 마음이 있어 자체가 스스로 움직이는 것이 다 법상과 색상에 말미암은 것이다. 부지런히 하여 쉬지 않고, 깨달아서 어둡지 아니하며 적막하여 혼미하지 아니하고 빈 속에서 빛이 나면 반드시 모든 이치가 갖추어 있어 형상 없는 법체가 깨닫는 곳에 나타나며 형상 있는 色體가 돌아오는 빛이 돌려 비치어 밝지 아니한 곳이 없고 알지 못함이 없다. 이를 허광심력이라 한다. 이에서 또 한 단계를 올라가면 둘째는 여여심이다. 한번 윗 지경에 뛰어 오르면 비이고 비어 고요하며 물을 것도 없고 들을 것도 없으니 마음과 같고 참과 같아서 삼라만상과 본래 내 몸 일체도 오직 하나요 둘이 아니다. 나와 너, 선과 악, 좋은 것과 나쁜 것, 나고 죽는 것이 모두 이 법체의 스스로 하는 작용인 것이니 사람이 어찌 지어서 이루리오 또한 법 가운데 묘하게 작용하는 것이 다 내 성품과 마음이라 성품과 마음의 본체는 비이고 또 끊겼으니 무엇을 이 밖에 구하리오 마는 쉬고 쉬어 숨을 돌려 다시 한층계를 더 나아가라. 셋째는 自由心이니 한울도 비지 아니하며 물건도 또한 끊기지 아니하니 도가 어찌 빈 데 멎으며 물건이 어찌 끊긴 데 멎으리오 성리는 근본과 끝이 없어 이치는 처음과 나중이 없고 다만 내 마음 한 가닥에 기인하여 만법만상을 헤아려 생각할지니라. … 모든 일과 쓰임을 마음 없이 행하고 장애가 없으면 이를 한울본체의 공도공행이라 한다.⁴³

도를 닦는 세 가지 단계 중에서 첫째단계인 '허광심(虛光心)'은 쉬지 않고 부지런히 하여 마음을 닦고 성품을 보아 '성성불매(惺惺不昧)' 하고 '적적불혼(寂寂不昏)' 하여 빈 가운데서 빛이 남을 뜻한다. 이는 무형의 법체가 나타나 유형의 모든 현상을 두루 비쳐 밝지 않은 곳이 없고 알지 못하는 바가 없다.⁴⁴

둘째 단계는 '여여심(如如心)'으로 한번 경계를 뛰어 오르면 '공공적적(空空寂寂)' 하고 '여심여진(如心如眞)'하여 온 우주와 하나됨이다. 나와 너, 선과 악, 좋음과 나쁨, 생과 사가 모두 이 법체의 스스로 하는 작용이기에 삼라만상과 내 몸은 일체요 법 가운데 묘한 작용이 모두 나의 성품과 마음이다. 성품과 마음의 본체는 공(空)이기에 일체가 하나되고 평등한 여여심을 이룬다. 셋째 단계는 자유심으로 한울 또한 '불공(不空)' 하고 만물 또한 끊어지지 아니한다. 여여심처럼 마음과 성품이 일체로서 그치는 것이 아니라 삼라만상의 모든 현상에 집착이 없는 무심행(無心行)과 걸림이 없는 무애행을 통해 현실에서 다양하게 구체화되는 것이다. 이것이 바로 한울본체의 공도공행이라 하는 것이요 인간이 한울의 조화를 실현하는 단계이다. 인간이 지니고 있는 우주 마음은 이렇게 허광심-여여심-자유심으로 갖추어 나가면서 활동하는 것에 동학이 지향하는 마음공부의 목적이 있다.

4. '본래아(本來我)'의 실현과 성심신의 마음공부

1) 우주 마음의 자각과 활동

의암에게 있어 성인(聖人)과 범인의 차이는 깨달음에 있다. 자기 마음과 성(性)을 자기가 깨달으면 몸이 바로 한울이요(身天), 마음이 바로 한울(心天)이나 깨닫지 못하면 세상은 세상대로 사람은 사람대로 있다. 그러므로 의암은 각성(覺性)한 자를 성인(聖人, 해탈자)이라 이르고, 깨닫지 못한 사람을 범인(凡人)이라 한다.[45]

> 해탈은 곧 견성법이니 견성은 해탈에 있고 해탈은 자천자각에 있다. … 만법만상이 일체 마음에 갖추어져서 사리가 등지지 않으면 나와 한울이 둘이 아니요, 성과 마음이 둘이 아니요, 성인과 범인이 둘이 아니요, 나와 세상이 둘이 아니요, 삶과 죽음이 둘이 아니다 그러므로 진심은 둘도 아니요 물들지도 않는다.[46]

또한 성인은 진심(眞心)을 회복한 자를 의미하는데 이는 '본래 나'를 위하는 마음인 위위심(爲爲心), 즉 자리심(自利心)과 이타심(利他心)을 갖춘다. "상구보리(上求菩提) 하화중생(下化衆生)"의 의미처럼 본래 나의 성품인 한울을 위하는 자리적 마음이 이타심, 공화심, 자유심, 극락심을 갖춘다.

> 사람이 태어난 처음에는 실로 한 티끌도 가지고 온 것이 없고 다만 보배로운 거울 한 조각을 가진 것뿐이다. 이 거울이 허공에 도로 비치어 한편은 여여적적(如如寂寂)하고 또 한편은 티끌이 자욱하다. 이 사이에서 비로소 위위심 즉 자리심이 비로소 생기어 천지가 생기고 세계가 생기고 도가 생긴다. 성인은 다만 이 한 마음으로 항시 쉬지 아니하고 천지만물을 다 본래아를 위하는 위위심에 실었으나 범인은 위위심이 없어 다만 오늘 보는 것으로서 오늘 마음을 삼고 또 내일 보는 것으로서 내일 마음을 삼아 방향을 알지 못하고 본성의 본래를 알지 못한다. … 성인의 爲爲心은 곧 자리심이니 자리심이 생기면 이타심이 저절로 생기고 이타심이 생기면 공화심이 저절로 생기고 공화심이 생기면 자유심이 저절로 생기고 자유심이 생기면 극락심이 저절로 생긴다.[47]

흔히 인간은 탐착의 마음인 물정심(物情心)에 얽매여 본래 한울을 돌아보지 못한다. 그러나 우주 마음을 자각한 사람은 항상 나의 본래 나를 잊지 않고 굳건히 지켜 위위심(爲爲心)과 해탈심(解脫心)을 행한다.[48] 즉 본래아를 위하는 위위심과 자신이 한울임을 자각하는 해탈심이 우주 마음이다. 따라서 의암에 의하면 인간은 물정심(物情心)을 갖느냐 해탈심을 갖느냐에 따라 한울과 합하느냐 합하지 못하느냐가 정해지고 성인과 범인이 구별된다. 물정심은 곧 일정한 틀로 물들여지는 습관을 의미한다. 많은 사람들이 다 여기에 얽매여 벗어나지 못한다. 그리하여 나의 본래 나를 돌아보지도 않고 찾지도 않고 다만 물정심으로써 세상에 행하는 것을 범인의 어리석음이라 이른다. 그러나 범인과 성인은 하나이다. 운봉 선사도 미혹됨과 깨달음, 범인과 성인은 비록 다르지만 그 실제는 중생심이라 했다.[49]

2) 이신환성(以身換性)의 마음공부

의암은 본래의 나를 실현하고 회복하기 위해 마음을 다스려 몸으로써 성(性(靈))으로 바꾸는 이신환성(以身換性)을 말하게 된다.

> 몸을 성령으로 바꾸라는 것은 대신사의 본뜻이다. … 육신으로 성령을 바꾸는 사람은 먼저 괴로움을 낙으로 알아야 한다.[50] … 한울님께 복록 정해 수명을랑 내게 비네 하였으니 이것은 몸으로써 성령과 바꾸어야 한다는 말씀이다. 한울이 있음으로써 물건을 보고 한울이 있음으로써 음식을 먹고 한울이 있음으로써 길을 간다는 이치를 투철하게 알라.[51]

이신환성이란 몸이 곧 성령으로 음식을 먹고 길을 걷는 몸의 활동이 곧 한울이 하는 바다. 사람의 정신 작용은 마음 내부의 생명 사건으로 그치지 않고 신체의 표출을 구할 뿐 아니라 그 표출 운동을 통하여 발전되고 완성된다. 신체 없이 나라고 할 것은 없다. 본래적 나는 승화된 신체다. 감관에 의해서 사실의 세계와 진리의 세계가 결합하듯이 나의 경험 활동에 의해서 진리의 세계와 결합한다. 신체가 나로서 승화되지 않는 만큼 그만큼 외부 대상 세계와 대립하고 하나가 되지 못하는 것이다. 모든 활동은 육체의 운동을 통해서 가능하다. '진정한 나'는 곧 "신체의 생명활동"으로서 이는 곧 성리가 "물질화된 인격"이라 할 것이다. 신체가 일단 승화되면 자아의 공적활발적 생명은 그대로 몸으로 표현되는 것이다. 자기 순화가 신체의 순화이고 신체 순화가 곧 자기 순화란 의미에서 의암의 신체론 역시 심신일체론이라고 부를 수 있다. 진리의 표현은 인간의 순수한 신체라고 말하여도 좋다.

주석

성리학의 이기체용론과 심성론

1 김대용, 「현대한국교육에서 유교연구는 의미를 갖고 있는가?」, 『현상과인식』32-3, 한국인문사회과학회, 2008, 75-111쪽.(아울러 그는 몇 가지 제언을 하였는데 현대 한국 사회에서 유교를 연구해야 하는 이유가 무엇인지에 대해 물을 것과 주자학의 독선을 간파할 것. 그리고 중국판 오리엔탈리즘을 경계할 것을 제시하였다)
2 이은선, 「효와 교육: 동양의 효윤리·서양의 책임윤리의 비교연구와 그 교육적 종합」, 『교육학연구』29-3, 한국교육학회, 1991, 163-187쪽 ; 황금중, 「성리학의 마음교육 이해와 현대공교육에의 시사」, 『한국교육』32-3, 한국교육개발원, 2005, 3-33쪽.
3 진공묘유(眞空妙有)·비유비무(非有非無)·역유역무(亦有亦無)로 설명되기도 한다.
4 김용수, 「왕필 체용론에 대한 몇가지 논변」, 『도교문화연구』17, 2002, 202쪽 ; 김제란, 「중국철학에서의 체용개념의 변천과정」, 『시대와 철학』17-4, 2006, 69쪽.
5 『退溪集』, 「心無體用辯」.
6 주희, 임헌규 역, 『인설』, 책세상, 2003, 56쪽.
7 주자어류 권5, 72조
8 『주자문집』67, 관심설.
9 垣內景子, 『朱熹思想構造の硏究-心と理をめぐる, 汲古書院』, 2005, 11-14쪽.
10 『주자문집』12, 19.
11 垣內景子, 앞의 책, 16-17쪽.
12 위의 책, 22쪽.
13 위의 책, 35쪽.
14 몽배원, 홍원식·이상호 역, 『송명성리학과 심성론의 전개』, 예문서원, 2005, 70쪽.
15 여정덕 편, 허탁·이요성 역주, 『주자어류I』, 1999, 89쪽.
16 『주자문집』46, 「답유숙문」.
17 여정덕 편, 허탁·이요성 역주, 『주자어류II』, 1999, 655쪽.
18 윤영해, 『주자의 선불교 비판』, 민족사, 2000, 62쪽.
19 『주자어류』62, 「중용一」.
20 오하마 아키라, 이형성 역, 『범주로 보는 주자학』, 예문서원, 1997, 304-305쪽.
21 『주자어류』62, 「중용一」

22 변원종,『주자학의 형성과 논변의 사유구조』, 한국학술정보원, 2007, 182-183쪽.
23 『朱子文集』36,「答陸子靜」
24 주희・여조겸 엮음, 이기동 역,『근사록』, 홍익출판사, 1998, 494쪽.
25 쓰시다 겐지로, 성현창 역,『북송도학사』, 예문서원, 2006, 79쪽.
26 임헌규 역, 앞의 책, 2003, 26쪽.
27 쓰시다 겐지로, 앞의 책, 351쪽.
28 가지노 부유끼, 김태준 역,『유교란 무엇인가』, 지영사, 1990, 217쪽.
29 2장 1절 참조.(흔히 불교 사유에서 만물일체라 말하는 것은 모든 현상이 ① 관계인연의 존재 ② 무실성의 비실체(空性) ③ 하나의 이치로 구성되기 때문이다. 모든 개체는 서로 연결되어 있고 개체의 모습은 끊임없이 변화하며 공이라는 공통의 기반에 기초해 있기 때문에 만물은 한 몸이 되는 것이다.)
30 주희・여조겸 엮음, 이기동 역, 앞의 책, 489쪽.
31 주희, 임헌규 역, 인설, 앞의 책, 17쪽.
32 위의 책, 79쪽.
33 주자도 만물일체의 근거가 되는 것은 생생지리의 하나의 이치로 구성되었기 때문이라 말한다. 그러나 불교에서 생성지리와 만물일체는 생멸과 동시에 불생불멸을 의미하는 無 개념에 기초할 때 가능하다. 반면 주자의 생생지리인 천도는 오상으로 실체 개념이다.
34 『주자문집』,「잡저: 옥산강의」.
35 주희, 임헌규 역, 앞의 책, 30쪽.
36 『주자어류』68,「易四」.
37 주희, 임헌규 역, 앞의 책, 33쪽.
38 주희, 이기동 역, 앞의 책, 1998, 49쪽.
39 주희, 임헌규 역, 앞의 책, 20쪽.
40 주희, 임헌규 역, 위의 책, 19쪽.
41 기누가와 쓰요시, 박배영 역,『하늘 天 위에는 무엇이 있는가?』, 시공사, 2003, 123쪽.
42 쓰시다겐지로, 앞의 책, 223쪽.
43 위의 글, 241쪽, 재인용
44 앞의 책, 39쪽.
45 『주자문집』32,「답장경부」.
46 주희, 임헌규 역, 앞의 책, 58쪽.
47 위의 책, 30쪽.

48 모종삼, 앞의 책, 1998, 83쪽.
49 『여유당전서』,「대학공의」.

퇴계 율곡의 이기심성론 이해

1 맹자는 묵자의 겸애설이 남의 아버지도 내 아버지처럼 여기므로 二本이 된다고 비판했다.
2 이동희,『주자』, 서울: 성균관대학교출판부, 2007, 151쪽, 재인용.
3 정혜정,「불교와의 비교를 통한 주자 체용론과 만물일체의 교육철학적 검토」,『교육철학』제36호, 대구: 한국교육철학회, 2008, 233쪽.
4 한형조,『왜 조선 유학인가』, 서울: 문학동네, 2008, 216-217쪽.
5 한형조,『조선유학의 거장들』, 서울: 문학동네, 2008, 135쪽.
6 이황·이이·정약용,『세계사상대전집』22, 서울: 대양서적, 1973, 97쪽.
7 表員,『華嚴經文義要決問答』卷1,『한국불교전서』2, 355c., "壞相者 諸義各住自法 不移動故" (본 인용문의 번역은 한불전강독회 회원들이 번역한 것을 다듬은 것이다. 현재 번역되어 출간된 '김지견 감수·김천학 역주,『화엄경문의요결문답』(서울: 민족사, 1998)'도 참고하기 바란다.)
8 위의 책, 358a.
9 위의 책, 355c. "壞相以緣起爲體."
10 위의 책, 372b. "法有三義 一是持自性義."
11 표원은 법장의 오법계 중 역유위역무위법계(亦有爲亦無爲法界)를 설명하여 "물을 포함한 파도는 조용하지 않고 파도를 머금은 물은 움직이지 않음과 같다."고 하고 또한 화엄경에서 말한 바 "무위계에서 유위계가 나오지만 무위의 性을 허물지 않고, 유위계에서 무위계가 나오지만 유위의 性을 허물지 않는다."고 한 것과 같다고 하였다. (위의 책, 375b. "亦有爲亦無爲法界者 … 其猶攝水之波非靜 攝波之水非動 故經云 於無爲界 出有爲界 而不壞無爲之性 於有爲界 出無爲界而亦不壞有爲之性") 그리고 비유위비무위법계(非有爲非無爲法界)를 설명함에 있어서는 연기가 理가 아닌 연기가 없기 때문에 유위가 아니고 理가 연기 아닌 理가 없기 때문에 무위가 아니라 하였다.(위의 책, 375b-c. "非有爲非無爲法界者 … 緣無不理之緣故 非有爲 理無不緣之理故 非無爲 萬法平等 … 離有爲法無爲法不可得 離無爲法有爲法不可得") 결국 理로써 事를 융섭하기에 모든 事가 分齊가 없고, 事로써 理를 융섭하기에 全理가 나뉘어 있지 않음이 없다. 이를 일컬어 '一多無礙礙' 라 한다. 혹 一法界, 혹 諸法界라 한다. 이는 총상 별상에 응하는 것으로써 원융한 육상에 근거한

것이다.(위의 책, 375c. "以理融事故 全事無分齊 … 以事融理故 全理非無分 謂一多無礙 或云一法界 或云諸法界… 應以總別圓融六相准之")

12 위의 책, 373b. "法名自體 自體本來空 不二不盡 … 有爲無爲謂二用 非有非無 卽爲有無之 本體也 體不從緣造 名爲自法 自法本來空也"

13 表員,『華嚴經文義要決問答』, 위의 책, 356b. "若不別者 總義不成 由無別時卽無總故"

14 위의 책, 356c. "由總卽別故 是故得成總 如椽卽是舍 故名總相 卽是椽故 名別相 若不卽舍 不是椽 若不卽椽 不卽舍 總別相卽"

15 서까래란 지붕판을 만들고 추녀를 구성하는 가늘고 긴 각재(角材)로 처마도리와 중도리 및 마루대에 지붕물매의 방향으로 걸쳐 대고, 지붕널을 덮는다.

16 http://search.naver.com

17 表員,『華嚴經文義要決問答』, 앞의 책, 356c. "椽等諸椽 和同作舍 不相違故 皆名舍緣 … 名 同相也 … 同相約椽等諸緣 雖體各別 成舍力義齊故 名同相也"

18 위의 책, 356c. "異相者何耶 … 椽等諸緣 雖自形類 相差別故 … 由異故 所以同耳 若不異者 椽旣丈二 瓦應亦爾 壞本緣法故 卽失前齊同成舍義也"

19 위의 책, 357a. "成相者 … 由此諸緣 舍義成故 由成舍故 椽等名緣 … 由椽等諸緣不作故 舍 義得成 所以然 若椽作舍者 卽失本椽法故 舍義不得成 今由不作故 椽等諸緣現在前"

20 위의 책, 357b. "壞相者 … 各住自法 本不作故 … 只由不作 舍法得成 … 若言椽作者 卽失 椽法 失椽法故 舍卽無緣不得有"

21 表員,『華嚴經文義要決問答』, 앞의 책, 357c. "如世界成壞者 … 如三千界成一世界 卽成卽 壞"

22 이동희, 앞의 책, 162-172쪽. (이동희는 이 유전공학적 설명을 주자학에 적용하고 있는데 이를 필자가 그대로 불교에로 빌려왔다. 현재 유학 연구자들은 주자학이 생태학적·전일체적 사유체계라 말하지만 이는 잘못된 인식이라 본다. 불교라면 몰라도 주자학은 생태학적·전일체적 사유체계라 할 수 없는 측면이 많다. - 정혜정, 앞의 글, 235-247쪽, 참고)

23 주렴계의 『태극도설』은 도가 參同契의 圖說에 영향받은 것이다. 그러나 도설은 참동계뿐만 아니라 종밀의 『禪源所詮集都序』에도 있고 특히 水火匡郭圖를 개조하여 기신론의 교리를 설명하고 있다. 周子는 이 책에 의해 우주 생성의 단계를 도해하였고 종밀의 원인론에 나오는 문구가 그의 태극도설 가운데 많이 나타난다. 주렴계는 계림사의 승 奏涯과 동림사의 常聰에게서 화엄 이사법계설을 들었다. 그러므로 그의 도설에 종밀의 영향이 있다는 것은 부인할 수 없다.(武內義雄,『中國思想史』, 東京: 岩波書店, 2005, 232쪽)

24 여기서 삼법계는 두순(杜順)이 나눈 구분으로 그는 법계를 眞空觀, 理事無碍觀, 周徧含容

觀으로 나누었다. 진공관이란 차별적 사상을 부정하여 절대의 一理를 설하는 것이고 이사무애관은 理와 事와의 일치를 설하는 것이고 주변함용관은 事象의 하나하나가 모든 사상을 서로 함용하는 것을 설한 것이다. 이천의 사리일치설은 바로 두 번째 이사무애관에 해당한다. 그러나 화엄4조 징관에 와서 삼법계는 이법계, 사법계, 이사무애법계, 사사무애법계 등 사법계로 나누어진다. 본체와 현상이, 현상과 현상이 서로 걸림 없이 상즉상입하는 것이다.(武內義雄,『中國思想史』, 위의 책, 240-241쪽).

25 『잡아함경』卷1(『大正藏』2, 1a)
26 『주자어류』卷126, 釋氏. "釋氏則以天地爲幻妄 以四大爲假合 則是全無也."
27 『주자어류』卷6, 性理三. "屋只是一箇道理 有廳有堂 如草木只是一箇道理 有桃有李 如這衆人只是一箇道理 有張三有李四 李四不可爲張三 張三不可爲李四."
28 이동희, 위의 책, 223쪽, 참고.
29 주희 저,『사서집주』, 맹자(한상갑 역,『맹자·대학(사서집주II)』, 서울: 삼성출판사, 1990, 68쪽. "不得而非其上者 非也 爲民上而不與民同樂者 亦非也". 이하『맹자·대학(사서집주II)』라 명칭
30 이황, 이이, 정약용,『세계사상대전집』22, 서울: 대양서적, 1973, 97쪽.
31 『맹자·대학(사서집주II)』, 443쪽.
32 위의 책, 205쪽. "墨子愛無差等 而視其至親 無異衆人 故無父 無父無君 則人道滅絶 是亦禽獸而已".
33 이승연,「종법과 公私論」,『동양사회사상』제7호, 동양사회사상학회, 2003, 177-178쪽.
34 朱喜,『朱子文集』下, 東京: 明德出版社, 1983, 67쪽. 이하『朱子文集』下라 명칭.
35 『朱子文集』下, 81쪽.
36 『朱子文集』下, 57쪽.
37 『朱子文集』上, 東京: 明德出版社, 1982, 316쪽.
38 『朱子文集』下, 57쪽.
39 변원종,『주자학의 형성과 논변의 사유구조』(서울: 한국학술정보, 2007), 69쪽.
40 『주자어류』卷18, 大學五 或問下. "萬物皆有此理 理皆同出一原 但所居之位不同 則其理之用 一如爲君湏仁 爲臣湏敬 爲子湏孝 爲父湏慈 物物各具此理 而物物各異其用然."
41 고려대학교민족문화연구소 역주,『국역 화담집·신주도덕경』, 서울: 고려대 민족문화연구소출판부, 1971, 91쪽.
42 고려대학교민족문화연구소 역주, 위의 책, 8쪽.
43 『퇴계집』, 答寄明彦(一), 82쪽.

44 퇴계, 장기근 역, 『퇴계집』, 서울: 명문당, 2003, 372쪽. 이하 『퇴계집』이라 명칭.
45 충남대학교 유학연구소편, 『율곡학과 한국유학』, 서울: 예문서원, 2007, 151쪽.
46 『퇴계집』, 94쪽.
47 위의 책, 147쪽.
48 위의 책, 147쪽.
49 위의 책, 394쪽.
50 같은 책.
51 위의 책, 432쪽.
52 위의 책, 487쪽.
53 위의 책, 413쪽.
54 위의 책, 413쪽.
55 위의 책, 480쪽.
56 위의 책, 122쪽.
57 위의 책, 231쪽.
58 주자가 말한 理의 편전 문제는 다음의 3장에서 논할 인물성이론자들에게서 구체적으로 전개된다.
59 이이, 권오돈 외 공역, 『국역 율곡집』(서울: 솔출판사, 1996), 215쪽. 이하 『국역 율곡집』이라 칭함.
60 『율곡전서』卷5, 성학집요, 한국정신문화연구원, 1985, 86쪽.
61 손흥철, 「일원과 분수에 관한 성리학사적 일고찰: 녹문 임성주의 이일분수론을 중심으로」, 『동방학지』제109호, 서울: 연세대학교국학연구원, 2000, 327-329쪽.
62 『국역 율곡집』, 224쪽.
63 『율곡전서』卷3, 書二, 한국정신문화연구원, 1987, 82쪽.
64 『국역 율곡집』 333쪽.
65 위의 책, 207쪽.
66 위의 책, 211쪽.
67 위의 책』, 487쪽.
68 위의 책, 198쪽.
69 위의 책, 184쪽.
70 위의 책, 187쪽.
71 위의 책, 460-461쪽.

72 위의 책, 481쪽.
73 위의 책, 453쪽.

유학의 인물성동이론과 동학의 심성론

1 해월은 무왕불복지리(無往不復之理)란 곧 無形有迹의 道라 했고 이는 생멸·불생불멸의 호의 이치를 드러낸다 할 것이다. 정혜정, 「불교를 통해 본 동학의 생명적 사유와 만물일체」, 『동학학보』16, 동학학회, 2008.12.
2 남당은 理를 超形氣·因氣質·雜氣質의 삼층으로 구분하고 있다. "理는 본래 하나이지만 형기를 초월하여 말한 것이 있고 기질로 인하여 말한 것이 있고 기질을 섞어서 말한 것이 있다. 형기를 초월하여 말하면 태극이라는 명칭이 이것으로 만물의 리가 동일하다. 기질로 인하여 이름하면 건순, 오상의 명칭이 이것으로 사람과 물의 성이 같지 않다. 기질을 섞어 말하면 선악의 성이 이것으로 사람과 사람, 물과 물의 성이 또한 같지 않다. 『남당집』11, 「의답이공거」.
3 이영춘은 율곡의 이통기국설(理通氣局說)과 주자의 이동기이설(理同氣異說)을 비교해 보면 다만 그 문구상으로 보아 동이를 통국으로 대치한 것일 뿐, 그들의 입장은 조금도 다를 바가 없다고 하였다. 이영춘, 「외암 이간의 심성론연구」, 건국대학교 대학원 철학과 박사학위논문, 1990, 38쪽. 그러나 율곡의 이통기국은 주자의 이동기이를 구체적으로 설명한 것이고 주자처럼 분수리에 있어서 理의 편전을 말하지 않기에 그 내용은 엄밀히 구분된다 할 수 있다.
4 한원진, 곽신환역, 『주자언론동이고』, 소명출판, 2002, 19쪽. 이하 『주자언론동이고』로 칭함.
5 『주자언론동이고』, 3쪽.
6 곽신환은 주자의 이른바 같고 다름이 하나는 같고 하나는 다른 두 극단만 있음을 의미하는 것이 아니라 같음은 다름 위에서의 같음이고 다름은 같음 위에서의 다름을 강조한 것이라 한다.(위의 책, 562쪽) 그러나 이러한 의미가 성립하는 것은 불교처럼 호/無를 토대로 한 이사무애(理事無碍) 혹은 사사무애(事事無碍)의 개념이 전제될 때만이 가능하다 할 것이다.
7 기본적으로 성리학의 난점은 理와 氣가 체용의 관계로서 체용일원이라 주장하면서도 이와 기가 선·악 개념으로 분리되기도 하고 氣가 理의 실현을 저해하는 요인으로 등장하기도 하며 理가 本用이 되기도 한다는 점이다. 퇴계는 理의 능동성을 도입한 바 있다.
8 『주자언론동이고』, 28쪽
9 위의 책, 30쪽.

10 『남당집』10, 「답이공거」.
11 『주자언론동이고』, 35쪽.
12 위의 책, 404쪽.
13 위의 책, 64-67쪽.
14 이영춘, 앞의 글, 25쪽, 참고.
15 이애희, 『조선후기인성・물성논쟁의 연구』, 고려대학교 민족문화연구원, 2004, 20-22쪽, 참고.
16 『외암유고』7, 「답한덕소별지, 미발영」.
17 『외암유고』12, 「잡저, 오상변」.
18 『외암유고』13, 「잡저, 미발변후설」.
19 『외암유고』13, 「잡저, 미발변후설」.
20 『외암유고』12, 「잡저, 미발편」.
21 『남당집』11, 「의답이공거」.
22 『녹문집』19, 「녹려잡식」.
23 『녹문집』9, 「녹려잡식」.
24 『녹문집』, 「자미호신기음삼편재정인족성심성잡영」.
25 『녹문집』19, 「잡저, 녹려잡식」.
26 위의 책.
27 위의 책.
28 이애희, 앞의 책, 351-352쪽.
29 『녹문집』19, 「잡저, 녹려잡식」.
30 위의 책.
31 『녹문집』5, 「書, 答李白訥」.
32 『녹문집』2, 「書, 答渼湖金公」.
33 『녹문집』4, 「書, 答宋時偕」.
34 『녹문집』2, 「書, 答渼湖金公」.
35 박학래, 『기정진』, 성균관대학교출판부, 2008, 405쪽.
36 『노사선생문집』4, 「답권신원」.
37 김봉곤, 「노사학파의 형성과 활동」, 한국학중앙연구원한국학대학원, 2007, 48쪽.
38 물론 그는 평생의 지우였던 권우인에게 편지를 보내 유학이나 노・불이 모두 一理를 종지로 삼지만 유학은 인간의 만법의 본연이 갖추어진 실상으로 보는 데 비해 노불은 인간의

만법이 본래 있다가 없어지는 허망한 것으로 간주하는 점에 차이가 있다고 주장하였다. 김봉곤, 위의 글, 55-59쪽.
39 『노사선생문집』4, 「답권신원」.
40 박학래, 『기정진 철학사상 연구』, 고려대학교 민족문화연구원, 2003, 53쪽.
41 『노사선생문집』1, 「답문류편」.
42 『노사선생문집』9, 「답민극중」.
43 『노사선생문집』16, 「猥筆」.
44 『노사선생문집』1, 「답문류편」.
45 김봉곤, 앞의 글, 65쪽, 참고.
46 박학래, 『기정진』, 앞의 책, 375-382쪽.
47 박학래, 위의 책, 395쪽.
48 노사가 말하는 理의 편전 역시 인물성이론이 주장했던 바와 같이 善一邊만을 가리켜 말한 것이다. 一이면서 일찍이 分이 없지 않고 殊이면서 一에 방해되지 않는 것이 바로 理의 자연이다. 또한 노사는 동론적 입장을 취하여 하나의 성이지만 그 分이 一에 방해가 되지 않는 점에서 그것을 일러 오상을 한가지로 한다고 못박아 말하고 동시에 一이 分에서 벗어나지 않는다는 점에서 편전의 성이라고 하는 것 또한 옳다는 이론적 관점을 통해 절충적 입장을 취한다. 그는 인물성동론과 이론을 이분원융적 입장에서 결합해 갔다 할 것이다.
49 『해월신사법설』, 「天地人・鬼神・陰陽」.
50 위의 책.
51 율곡의 이통기국이 理와 氣를 나누고 인물성동이론자들이 理와 分을 나눈 오류를 비판하여 녹문은 理氣圓融을, 노사는 理分圓融을 제시한 바 있는데 이 양자를 다시 종합한 것이 동학의 일리만수라 할 수 있다.
52 『해월신사법설』, 「天地理氣」.
53 『해월신사법설』, 「기타」.
54 『의암성사법설』, 「기타」.
55 『해월신사법설』, 「天地人・鬼神・陰陽」.
56 『해월신사법설』, 「虛와 實」.
57 『해월신사법설』, 「기타」.
58 김지하는 동학적 생명의 특성을 네 가지로 말한다. ① 인간과 자연생태계 사이의 순환성 ② 인간과 인간 사이의 공동체적 관계성 ③ 인간과 자신의 노동 사이에서의 다양성 ④ 인간과 우주 혹은 인간과 신 사이의 관계로서 영성이다. 특히 ③과 ④에서 모든 인간은 자기

스타일만의 노동을 통해서 자기 나름의 독특한 개성적인 인격과 그 나름의 인간적 완성을 이루려고 하고 인간 생명은 無를 내포한 神靈한 활동으로서 영성적 활동, 즉 無의 활동이다.(김지하,『디지털 생태학』, 이룸, 2009, 236, 250쪽 참고.)
59 『해월신사법설』,「靈符呪文」.
60 『해월신사법설』,「篤工」.
61 『해월신사법설』,「修道法」.
62 『해월신사법설』,「修道法」.
63 김지하,『방콕의 네트워크』, 이룸, 2009, 13쪽.

유식학의 마음 이해

1 『유식삼십송』은 30개의 송으로 유식학의 핵심을 말하고 유식학을 완성시킨 세친(世親)의 저술이다. 이는 식전변설(識轉變說)과 삼성(三性)·삼무자성설(三無自性說), 그리고 분별을 떠나 智를 얻는 전의(轉依)의 내용으로 구성되어 있다. 원래『유가사지론(瑜伽師地論)』,『해심밀경(海深密經)』에 바탕을 두고 발전하기 시작한 유식학은『대승장엄경론(大乘莊嚴經論)』과『중변분별론(中邊分別論)』을 거쳐 무착의『攝大乘論』에서 대승의 교학 내지 철학으로서 종합되고 체계화되기에 이르렀다. 그리고 무착의 동생이었던 세친은 형의 유식사상을 배우고 계승하는 한편 식전변이라는 새로운 개념을 도입하여 30송이라는 짧은 글 속에 유식의 근본 사상을 통합시켰다. 따라서 세친은 고전 유식학의 완성자라는 평가를 받는다. 세친 이후의 유식학은 그의 30송에 대한 주석의 역사라고 할 수 있다. 특히 중국, 한국, 일본의 유식학파인 법상종은 호법으로부터 유식학을 배웠던 현장법사가 30송에 대한 10대 논사들의 해석을 종합·정리하여 찬술한『성유식론(成唯識論)』에 바탕을 두고 있다는 사실로서도 30송이 갖고 있는 의의와 중요성을 짐작할 수 있다.(이지수, 안혜의 釋에 따른 유식삼십송의 이해,『불교학보』35, 1998.12, 69-70, 80쪽, 참고).
2 『해심밀경』3, 大正藏16, 698上.
3 이러한 유식무경(唯識無境)설은 다음과 같이 설명될 수 있다. 첫째, 같은 사물에 대해서도 그것을 인식하는 사람이 다르면 그 사물은 다른 모습으로 인식된다. 둘째, 실재하지 않는 사물을 대상으로 하는 인식이 현실적으로 있음을 안다.(예를 들면 과거나 미래의 일, 꿈속의 대상, 물이나 거울에 비친 영상 등은 실재하지 않는데 그것을 대상으로 인식하기 때문이다.) 셋째, 어떤 대상은 사색하는 대로 갖가지 형상으로 나타난다. 만약 인식된 대상이 실재한다면 이 같은 일은 있을 수 없다.(『성유식론』7, 大正藏31, 39上). 한편 인도 유식문헌인

『유식이십론』과 『섭대승론』의 유식무경설은 '인식과 인식 대상의 허망성' 및 '마음에 대한 인식 대상의 종속성'을 주장한다.(김사업, 唯識無境에 관한 해석상의 문제점과 그 해명, 『불교학보』35, 1998.12, 267쪽).

4 舊유식에서는 9식으로 나눈다.
5 太田久紀, 정병조譯, 『불교의 심층심리』, 서울:현음사, 1983, 92쪽.
6 平川彰・梶山雄一・高崎直道 編, 『唯識思想』, 講座・대승불교8, 서울: 경서원, 1993, 161-163쪽.
7 호법보다 안혜의 입장을 지지하는 글은 앞의 이지수의 글과 이종철, 「식전변에 관한 안혜와 호법의 해석 차이The Proceedings the All-Korean Buddist Studies Conference」, 『한국불교학결집대회논집』, vol.2 No.2, 2004.5,의 글을 참고하기 바람. 두 논자는 호법으로 인하여 유식사상을 관념론으로 파악하게 되는 오해가 일어났다고 말한다. 그러나 안혜와 호법 모두 唯識無境의 공통적 입장을 취하고 있기에 양자를 실재론 혹은 관념론으로 구분하는 것은 무리가 있다고 본다.
8 이는 선도 악도 아닌 무부무기로 주관과 객관이 접촉하여 감각이 이루는 마음작용도 이와 같다. 폭류와 같이 항상 전변하는 것으로 아라한위에 이르러서 버려진다(是無覆無記 觸等 亦如是 恒轉如瀑流 阿羅漢位捨), 세친, 『유식삼십론송』, 大正藏31, No.1586.
9 이지수, 앞의 글, 70, 80쪽
10 김동화, 『유식철학』, 서울:보련각, 1973, 268쪽.
11 불교사상의 기본 개념은 연기(緣起), 무아(無我), 무상(無常), 중도(中道), 공(空)으로 말해진다. 이는 모두 상호 결합된 개념이다. 모든 존재는 이것이 있음으로 저것이 있고 저것이 사라짐으로 이것이 사라지는 관계와 인과연기의 존재이다. 처음부터 고정불변하는 실체의 존재는 없다. 그러므로 나라 할 것이 없고(無我), 항상함이 없다(無常). 그러므로 모든 존재는 있음도 없음도 아닌 非有非無의 존재이기에 중도이며 공인 것이다.
12 富貴原章信, 『唯識の硏究: 三性と四分』, 東京:圖書刊行會, 1985, 165쪽.
13 安慧 著, 박인성 역주, 『唯識三十頌釋』, 민족사, 2000, 33쪽.
14 가지야마유이치, 정호영 역, 『공의 논리』, 서울:민족사, 1989, 155쪽, 참고.
15 중관사상이 팔불중도(八不中道)에 의해 무자성(無自性)의 존재론을 규명했듯이 유식은 이러한 무자성에 기초하여 인식론을 규명하고 있다. 아뢰야식이 찰나상속하는 가운데 인간은 존재를 상정하고 집착하지만 그 유래하는 바가 아뢰야식 자체 속에 있는 감관을 포함한 신체와 언설・희론의 습기로부터이다. 이 역시 무자성이지만 찰나상속에 의해 개체의 존재는 유지된다. 인간 개체가 생주이멸(生主離滅)하고 세계 존재가 성주괴공(成主壞

空)하는 가운데 존재가 지속하는 것은 상속전변에 의한 것이다.
16 이는 호법계의 설명에 따른 삼성의 의미이다.
17 『유가사지론』28, 大正藏30, 439上.
18 요코야마 코이치, 장순용 역, 『유식이란 무엇인가』, 서울:세계사, 1996, 223-224쪽.
19 25頌 : 원성실성은 모든 존재의 궁극적 실재이며 또한 진여이다. (그것은 바로 '오직 표상뿐' 임을 체득한 상태이다). 그 성품이 항상하기 때문에 유식의 참된 성품이라 한다. (此諸法勝義 亦卽是眞如 常如其性故 卽唯識實性).
20 28頌 : 대상에 대한 인식 조차도 지각되지 않을 때, '오직 표상뿐' 이라는 유식에 머물게 된다. 인식대상이 없음에 그것에 대한 인식도 없기 때문이다(若時於所緣智 都無所得 爾時住唯識 離二取相故).

29頌 : 무득, 불사의로 이는 출세간지를 말하는 것이다. 두 가지 추중을 떠난 고로 다시 전의를 증득한다.(無得不思議 是出世間智 捨二鹿重故 便證得轉依).

30頌 : 이는 무루계로서 불사의하고 선이며 항상한 것이다. 안락 해탈한 몸으로써 대무니 법신이라 이름한다(此卽無漏界 不思議善常 安樂解脫身 大牟尼名法).
21 요코야마 코이치, 앞의 책, 33쪽.
22 19頌 : 모든 업의 습기가 두 가지 습기(能取와 所取 혹은 我執習氣, 名言習氣)와 함께 앞의 이숙이다 하여 다시 다른 이숙을 생기게 하는 것이다(由諸業習氣 二取習氣俱 前異熟旣盡 復生餘異熟).
23 이는 개념 작용에의 통찰, 즉 이름과 대상존재와 의미내용은 각각 실체를 갖지 않고 우연적이면서도 일시적인 것이라 반성하고 말에 의거한 집착을 여의는 것이다.

『대승기신론』에 나타난 마음 이해와 '정법훈습' 의 내감교육

1 현재까지 연구된 불교교육 관련 박사논문으로는 총 9편 정도가 있다.(① 박선영,「佛敎的 敎育觀에 關한 硏究」, 동국대 박사학위논문, 1980 ② 정희숙,「'覺'과 '善性'에 대한 敎育學的 意味: 원효와 루소를 중심으로」, 이화여대 박사학위논문, 1985 ③ 김광민,「敎育理論으로서의 知訥의 佛敎 修行理論: 敎育認識論的 관점」, 서울대 박사학위논문, 1998 ④ 서명석,「선문답의 탈근대 교육적 독해」, 한국학중앙연구원, 1999 ⑤ 정석환,「대승기신론 일심사상의 교육학적 의의」, 동아대 박사학위논문, 2003 ⑥ 이지중,「교육에 있어서 언어와 앎의 근원적 성격: 유식학의 관점을 중심으로」, 동국대 박사학위논문, 2004 ⑦ 윤용섭,「원효의 심식전변이론과 그 교육적 의의」, 경북대 박사학위논문, 2006 ⑧ 이미종,「불교의 방편 개념에 비추

어 본 교과교육의 의미」, 서울대 박사학위논문, 2007 ⑨ 천병영, 「불교 여래장사상의 교육적 함의」, 경상대 박사학위논문, 2010.
2 이하 『大乘起信論』을 기신론으로 표기함.
3 연기란 '말미암아 일어난다' 는 뜻으로 산스크리트어 paṭiccasamuppāda의 번역어이다. 모든 존재는 다른 것들로부터 독립되어 존재할 수 없고 또한 조건 없이 존재할 수 없다고 말한다. 이것이 있기에 저것이 있고 이것이 멸하기에 저것이 멸하며 모든 존재는 조건으로 말미암아 생기고 소멸한다는 상대적 입장으로 無我, 無常, 空의 개념을 수반한다.
4 업감연기론은 소승불교의 것이고 유식학의 아뢰야연기론, 기신론의 진여연기론, 화엄학의 법계연기론 등은 대승불교의 연기론이다. 각각의 연기론에 대해서는 "김동화, 『불교학개론』, 雷虛佛敎學術院, 2001, 132-217쪽" 참고.
5 기신론은 인도의 아쉬바고샤(馬鳴, Aśvaghoṣa:100-160)가 2C에 저술한 것으로 추정되고 있다. 그러나 기신론의 산스크리트어 원본이나 티베트어 번역본이 존재하지 않고 중국 양(梁)나라 진제(眞諦, 499-569)와 당(唐)나라 실차난타(實叉難陀, 652-710)의 한역본만 존재한다. 전체 내용은 일심(一心)・이문(二門)・삼대(三大)・사신(四信)・오행(五行)으로 요약되는데 기신론이 대승불교에 미친 영향이 컸던 만큼 그 주석서는 30종이 넘는다. 이 중에서 수나라 혜원(慧遠: 523-592)의 『大乘起信論義疏』, 신라 원효(元曉: 617-686)의 『大乘起信

유식학의 아뢰야연기	기신론의 진여연기
・모든 존재를 둘로 나누어 인연・생멸을 떠나 상주 불변하는 참된 존재로서 무위법과 인연・생멸하는 만유일체로서의 유위법으로 나누었다. 유식에서 진여(眞如)는 무위법에 속하고 부동(不動)으로서 생멸・동작이 없는 공적(空寂)한 이체(理體)이다.	・모든 존재는 무위법과 유위법으로 이분화되어 있는 것이 아니라 하나로 결합되어 있다. 기신론에서 진여는 염연(染緣)과 정연(淨緣)의 이연(二緣)에 의해 생멸・동작하는 만유의 근본이 된다.
・모든 존재가 현현하는 제1원인은 아뢰야식으로 아뢰야는 한순간도 쉬지 않으며 일체제법을 연기한다. 이것이 아뢰야연기론이다.	・모든 존재의 현현은 진여의 본체가 만법을 연기하는 "隨緣眞如作諸法"이기에 진여연기론이 된다. 아리야는 존재 현현의 제2원인이 된다.
・아뢰야는 순연한 생멸법이다.	・아리야는 생멸과 불생멸을 겸한 화합체로서 비일비이(非一非二)의 관계에 의하여 아리야식을 성립시킨다.
・아뢰야는 일체중생의 개별적 존재로서 갑을이체(甲乙異體)이다.(상대적 유식론)	・아리야는 본체 진여의 파동으로서 표면으로는 개별이나 갑을동체(甲乙同體)이다.(절대적 유심론)
・아뢰야는 망염법(妄染法)이다.	・아리야는 진망(眞妄)화합법이다.
・유식론의 아뢰야연기론은 법상종만의 우주관이 된다.	・기신론은 널리 대승불교에 통하는 론(論)으로서 한 종파에 국한되지 않는다.

論疏』, 당나라 법장(法藏: 643-712)의 『大乘起信論義記』를 대표적인 주석서로 꼽아 기신론 삼소(三疏)라고 부른다.

6 기신론과 유식학은 식전변이라는 공통점을 갖고 있지만 차이점 또한 크다. 한춘은 기신론과 유식학의 차이를 아래와 같이 말하고 있다.(韓椿,「대승기신론연구」,『룸비니』4, 1940, 33-34쪽)

7 진여(眞如)는 '있는 그대로의 것'을 뜻하는 산스크리트어 tathātā 의 번역어로, 사물의 '있는 그대로의 모습'을 뜻한다. 모든 존재는 진여라 하겠지만 이는 공간적으로 따로 있는 것이 아니라 망념을 여의어 일체 경계의 모습이 없어질 때 모든 존재는 진여로서 인식된다. 원효는 "버릴 것도 보탤 것도 없는 것"을 진여라 하였다.(元曉,『大乘起信論疏』, 言眞如者 無遣曰眞 無立曰如)

8 元曉,『大乘起信論疏』, 所言法者 謂衆生心 是心則攝一切世間法出世間法.

9 馬鳴菩薩造, 眞諦譯,『大乘起信論』, 是心眞如相 即示摩訶衍體故 是心生滅因緣相 能示摩訶衍自體相用故 … 一者 體大 謂一切法眞如平等不增減故 二者 相大 謂如來藏具足無量性功德故 三者 用大 能生一切世間出世間善因果故.(본 논문에서 인용한 기신론은 진제의 번역본을 저본으로 하였고 한글번역은 이기영(이기영,『대승기신론강의』상·하권, 한국불교연구원, 2004)과 가마타 시게오(鎌田茂雄, 장휘옥 역,『대승기신론이야기』, 장승, 1991)의 것을 참고하였다.

10 『起信論』, 自性淸淨心 依無明風動.

11 원어는 알라야식(ālaya-vijñāna)인데 진제는 아리야식(阿梨耶識)이라 번역하였고 실차난다는 아려야식(阿黎耶識)으로 번역하였다. 본 연구에서는 진제 번역본을 저본으로 하였으므로 이하 아리야식으로 표기하고자 한다.

12 『起信論』, 心生滅者 依如來藏故 有生滅心 所謂不生不滅與生滅和合 非一非異 名爲阿梨耶識 此識有二種義 能攝一切法 生一切法 云何爲二 一者覺義 二者不覺義.

13 『起信論』, 自性淸淨心因無明風動.

14 韓椿, 앞의 글, 36-37쪽.

15 흔히 一法界는 "the one World of Reality"로 영역된다.

16 『起信論』, 所謂心性 不生不滅 一切諸法 唯依妄念 而有差別.

17 『起信論』, 云何爲三 一者無明業相 以依不覺故心動 說名爲業 覺則不動 動則有苦 果離因故 二者能見相 以依動故能見 不動則無見 三者境界相 以依能見故 境界妄現 離見則無境界.

18 鎌田茂雄, 앞의 책, 171쪽.

19 『起信論』, 云何爲六 一者智相 依於境界 心起分別愛與不愛故 二者相續相 依於智故 生其苦

樂覺 心起念 相應不斷故 三者執取相 依於相續 緣念境界 住持苦樂 心起著故 四者計名字相 依於妄執 分別假名言相故 五者起業相 依於名字 尋名取著 造種種業故 六者業繫苦相 以依業受果 不自在故 當知無明能生 一切染法 以一切染法 皆是不覺相故.

20 일심의 진여는 離言眞如로서 말을 떠나 있으나 언설에 가탁하여 眞實空, 如實不空, 중생심, 청정심, 覺 등 서로 다른 이름으로 설한 것이 依言眞如이다. 본 연구에서는 청정심과 진여, 覺 등을 병칭하였다.(김용남,『성리학, 유불도의 만남』, 운주사, 2002, 109-115쪽, 참고)

21 가마타 시게오는 이 선정삼매를 여래장이라 불러도 좋을 것이라 말한다(鎌田茂雄, 앞의 책, 100쪽).

22 『起信論』, 所言空者 從本已來 一切染法 不相應故 謂離一切法差別之相 以無虛妄心念故 … 所言不空者 已顯法體空無妄故 卽是眞心.

23 성정본각은 구체적으로 여실공경(如實空鏡), 인훈습경(因熏習鏡), 법출리경(法出離鏡), 연훈습경(緣熏習境)을 말한다. 이는 더러움을 떠나고 무소불변(無所不遍)으로서 두루하지 못하는 바가 없는 모습을 뜻한다.

24 『起信論』, 智淨相者 謂依法力熏習 如實修行 滿足方便故 破和合識相 滅相續心相 顯顯法身 智淳淨故 … 不思議業相者 以依智淨相 能作一切勝妙境界 所謂無量功德之相 常無斷絶隨 衆生根自然相應 種種而現得利益故.

25 염법이란 미망의 세계를, 정법이란 깨달음의 세계를 말한다.

26 『起信論』, 復次 有四種法熏習義故 染法淨法起不斷絶 云何爲四 一者淨法 名爲眞如 二者一切染因 名爲無明 三者妄心 名爲業識 四者妄境界 所謂六塵.

27 색·성·향·미·촉·법은 눈·귀·코·혀·몸·의식을 통한 감각의 인식 대상을 의미한다.

28 鎌田茂雄, 앞의 책, 240-242쪽.

29 『起信論』, 熏習義者 如世間衣服 實無於香 若人以香而熏習故 則有香氣 此亦如是 眞如淨法 實無於染 但以無明而熏習故 則有染相 無明染法 實無淨業 但以眞如而熏習故 則有淨用.

30 훈습하는 주체적 마음을 능훈, 훈습을 받는 수동적 마음을 소훈이라 한다. 기신론에서는 "진여법이기에 무명을 능훈습한다(眞如法故 能熏習無明)" 하였다.

31 이 세 가지 훈습을 기신론은 다시 각각 두 가지 종류로 나누어 설명한다. 먼저 첫째의 망경계의 훈습을 증장념(增長念)훈습과 증장취(增長取)훈습으로 나눈다. 증장념훈습이란 분별하는 마음을 강하게 해가는 훈습을 뜻하고 증장취훈습은 아치(我癡)·아애(我愛)·아만(我慢)·아견(我見) 등, 자기 자신에게 집착하는 생각을 자꾸 늘려가는 것을 말한다.(여기서 我癡는 자신에 대한 무지, 我愛는 자기중심적 에고이스트, 我慢은 자기 교만, 我見은

자기고집을 의미한다.) 또한 두 번째의 망심의 훈습도 업식근본훈습(業識根本熏習)과 증장분별사식(增長分別事識) 훈습의 두 가지로 나누어 설명한다. 첫째, 업식근본훈습이라고 하는 것은 업식이 근본무명을 능히 훈습해서 무상(無相)인 것을 알지 못하게 하고 능견상과 경계상을 상속시켜 연이어 일어나게 하는 것이다. 또한 증장분별사식훈습이라고 하는 것은 업의 속박으로부터 오는 고통을 받는 것이다. 망심이 무명에 훈습함으로써 업의 속박의 괴로움이 생겨난다. 끝으로 염법의 훈습 가운데서 가장 깊고 가장 미세하며 의식으로는 파악되지 않는 움직임이 무명의 훈습이다. 이 무명의 훈습에도 근본훈습(根本熏習)과 소기견애훈습(所起見愛熏習) 두 가지가 있다. 근본훈습이란 불각(不覺)훈습으로 근본무명이 진여에 훈습하여 업식, 전식, 현식의 삼세(三細)를 움직여 가는 것을 말한다. 여기서 업식은 주관이 생기기 전이고 전식은 주관적인 것, 현식은 주관과 객관이 쪼개질 때 객관으로 나타나는 것을 말한다. 업식은 무명에 의해 진여의 깨달음 그 자체가 처음으로 움직이기 시작했다는 증거를 의미한다. 마음이 움직이면 보는 것과 보이는 것으로 나누어지기 시작한다. 그것이 전식과 현식이다. 둘째의 견애훈습이라고 하는 것은 일어나기 시작하는 무명의 見·愛가 마음의 본체에 훈습하여 분별의식을 형성하는 것을 말한다. 견애의 見이란 지적인 미혹, 愛는 감성적인 어리석음이나 번민을 말한다. 지성으로는 알고 있어도 어찌할 수 없는 미혹이나 광기가 있다.

32 『起信論』, 云何熏習起染法不斷 所謂以依眞如法故 卽熏習眞如 以熏習故 卽有妄心 以有妄心 卽熏習無明 不了眞如法故 不覺念起 現妄境界 以有妄境界染法緣故 卽熏習妄心 令其念著 造種種業 受於一切身心等苦.
33 鎌田茂雄, 앞의 책, 260쪽.
34 ジョン ロック 著, 加藤卯一 譯, 『人間悟性論』, 東京: 岩波書店, 1940, 81-82頁.
35 ジョン ロック 著, 加藤卯一 譯, 『人間悟性論』, 위의 책, 85, 91頁.
36 배우순, 「E. 후설의 현상학적 내감(內感)」, 『동서철학연구』 20, 한국동서철학회, 2000, 322-323쪽.
37 배우순, 위의 글, 331쪽.
38 김우형, 『주희철학의 인식론』, 심산, 2005, 36-37쪽.
39 『주자어류』 95, 「程子之書一」. 問感只是內感 曰物固有自內感者 然亦不專是內感 固有自外感者 所謂內感 如一動一靜 一往一來 此只是一物先後自相感 如人語極須默 默極須語 此便是內感 若有人自外來喚自家 只得喚做外感 感於內者自是內 感於外者自是外.
40 김우형, 앞의 책, 155쪽.
41 『起信論』, 問云何熏習 起淨法不斷 答所謂 以有眞如法故 能熏習無明 略明以熏習因緣力故

則令妄心 厭生死苦 樂求涅槃 以此妄心 有厭求因緣故 卽熏習眞如 自信己性.

42 禪은 순수한 집중을 통해 인간 존재의 실상을 자각하는 길이다. 禪이란 산스크리트 드야아나(dhyāna)의 음을 중국에서 선나(禪那)로 번역하였고 다시 그것을 줄여 禪으로 쓰게 된 것인데 그 의미는 고요히 생각함(靜慮), 생각으로 닦음(思惟修)이다(휴정 저, 법정·박경훈 역,『선가귀감·서산대사집』, 신화사, 1983, 9쪽, 참고).

43 『起信論』, 眞如熏習義有二種 云何爲二 一者自體相熏習 二者用熏習 自體相熏習者 從無始世來 具無漏法 備有不思議業 作境界之性 依此二義 恒常熏習 以有熏習力故 能令衆生 厭生死苦 樂求涅槃 自信己身 有眞如法 發心修行.

44 鎌田茂雄, 앞의 책, 297쪽.

45 개별적 인연에는 지역적인 문화적 차이도 반영된다. 종교체험에 있어서도 서양 문화권에서는 날개 달린 천사가 나타나지만 동양의 경우에는 飛衣를 입은 선녀가 나타나는 것과 같은 것이 그 예이다.

46 『起信論』, 用熏習者 卽是衆生外緣之力 如是外緣 有無量義 略說二種 云何爲二 一者差別緣 二者平等緣 … 差別緣者 此人依於諸佛菩薩等 從初發意 始求道時 乃至得佛於中 若見若念 或爲眷屬父母諸親 或爲給使 或爲知友 或爲怨家 或起四攝乃至 一切所作無量行緣 以起大悲熏習之力 能令衆生增長善根 若見若聞 得利益故.

47 『起信論』, 平等緣者 一切諸佛菩薩 皆願度脫一切衆生 自然熏習 恒常不捨 以同體之力故 隨應見聞 而現作業 所謂衆生依於三昧 乃得平等見諸佛故.

48 鎌田茂雄, 앞의 책, 316-317쪽.

49 『起信論』, 是故一切法 從本已來 離言說相 離名字相 離心緣相 畢竟平等 無有變異 不可破壞 唯是一心 故名眞如.

50 『起信論』, 一者心眞如門 二者心生滅門 是二種門 皆各總攝一切法 此義云何 以是二門不相離故.

51 『起信論』, 心眞如者 卽是一法界 大總相法門體.

운봉 대지 선사의 심성론과 마음공부의 의미

1 운봉 대지는 벽송 지엄-서산 휴정-편양 언기-풍담 의심으로 이어지는 계보 가운데 풍담 의심의 제자로서 편양 언기의 다른 제자 우화 설청에게서도 수학한 인물이다. 운봉은 대략 1606년을 전후하여 태어나 1690년 전후에 세상을 떠난 것으로 추정되고 있다.

2 운봉 대지의 심성론과 관련한 연구로는 철학계의 연구결과물로서 2편이 있는데(송천은,

「조선조 후기 불교심성론」,『조선조의 철학사상과 시대정신』, 한국동양철학회, 1990; 박해당, 「조선후기 불교의 심성론: 대지의 운봉선사심성론을 중심으로」,『불교와문화』23, 대한불교진흥원, 1997) 이들 연구는 단순한 소개에 그치고 있고 구체적인 분석을 가한 논문으로서는 이종수가 독보적이다.(이종수,「조선후기 불교계의 심성논쟁: 운봉의 심성론을 중심으로」,『보조사상』29, 2008; 이종수,「17세기 말 심성론에 있어서 유불교섭의 가능성」,『보조사상』32, 2009; 이종수,「조선후기 불교의 수행체계 연구: 三門修學을 중심으로」, 동국대학교 사학과 박사학위논문, 2010) 이종수는 일성론과 다성론의 논쟁을 태극논변에 영향받은 것으로 말하면서도 인물성동이의 관점에서 태극논변을 이해하고 있다. 즉 낙학의 인물성동론은 운봉이 주장하는 다성설로 그리고 인물성이론은 운봉이 비판했던 일성론에 해당하는 것으로 논리를 전개하고 있다.(이종수, 위의 글, 2010, 119) 그러나 태극논변과 인물성동이론 논쟁은 논리적 연관성은 있지만 초점은 다르다고 본다. 태극논변은 무극과 태극 관계, 그리고 개체 안에서의 보편리(理一)와 특수리(分殊), 즉 통체태극과 각구태극의 개념과 양자의 관계문제에 주목한 것인 반면 인물성동이론은 분수리상에서 개체성의 동이(同異) 문제를 주목한 것이라 할 수 있기 때문이다. 또한 운봉 대지의 심성론은 인물성동이 논쟁보다 앞설뿐더러 인물성동이론(人物性同異論)의 기본 입장은 오상의 편·전 문제에 초점 둔 것이기에 운봉의 심성논쟁과는 거리가 있다. 이에 본 연구는 태극논변의 중심인물이었던 망기당 조한보와 회재 이언적, 그리고 구계 권상유와 현석 박세채에 주목하여 이들의 태극논변을 운봉의 일성론과 다성론에 연계시켜 보고 불교 심성론에 유가의 이일분수적(理一分殊的) 태극의 사유가 논리적으로 어떻게 영향을 미쳤는지 검토하고자 한다.

3 화엄의 개체성 이해와 동학의 일리만수(一理萬殊)에 대해서는 정혜정,「한국전통사유에 나타난 개체성 이해와 교육」,『불교학연구』22, 2009; 정혜정,「전통사유의 연맥을 통해 본 동학의 개체성 이해: 인물성동이론(人物性同異論)에서 동학의 일리만수(一理萬殊)까지」,『동학학보』12, 2009, 참고.

4 태극논변에 대한 연구로는 곽신환,「조선유학의 태극 해석 논변」,『동양철학연구』47, 2006; 김근호,「태극: 우주만물의 근원」, 한국사상사연구회,『조선유학의 개념들』, 예문서원, 2002, 참고.

5 원래 불교 심성론에서 심과 성의 개념은 심성일치적 개념으로서 심성청정설(心性淸淨說)에 입각해 있다. 일체의 중생이 모두 청정한 본성 또는 불성을 갖추고 있고 심(心) 또한 일심(一心)으로서 본체적 의미로 쓰였다. 또한 심은 본심을 가리키고 성은 본성을 뜻하며 본심과 본성은 하나이면서 둘이고 둘이면서 하나인 개념으로 생각되어 왔다. 따라서 마음을 밝히는 것(明心)과 본성을 보는 것(見性)은 같은 것이다. 그런데 17세기 운봉을 중심으로

한 심성논쟁은 일성과 다성의 문제로 초점이 모아졌다.
6 이종수, 앞의 글, 2010, 112쪽.
7 『朱子語類』권94, 「太極圖」, 人人有一太極 物物有一太極 合而言之 萬物統體一太極 分而言之 一物各具一太極.
8 『晦齋集』5, 雜著; 「書忘齋忘機堂無極太極說後」.
9 『晦齋集』5, 雜著; 「答忘機堂第一書」.
10 위의 책.
11 위의 책.
12 夫子云 道不遠人 人自遠矣 正同我迦文之敎義也 故曰易也者緣起 原乎義覺之中 盖與吾敎相爲表裏 是亦還源入法之初門 不可不明也.
13 子曰 道不遠人 人之爲道而遠人不可以爲道.
14 如山日下凡眞隨妄轉 唯背無順持珠作丐 所謂衆生日用不知也 … 故一古人曰 道不遠人人自遠矣.
15 정혜정, 앞의 글, 2010, 207쪽.
16 有人云此衆生心 與彼太極一體非也 何性覺必明 妄爲明覺者是也.
17 여기서 性覺은 여래장의 本覺이고, 明覺은 業을 따라 발현한 業相이다. 性覺은 明과 無明의 구별이 없는 진여이지만 업을 따라 발현하면 妄하여 明과 無明의 구별이 있는 상대적인 明覺이 된다. 운봉은 이러한 성각과 명각의 이치를 유가의 易에 부여하고 있다.
18 向者易義 更嘗論之 故曰 夫易之爲道 原於太極 而太極又本乎無極. 無極者 湛寂虛明 抱括十虛之謂也 卽佛之法身 是也.
19 又極乎無極之中 靈妙將發 謂之太極 太極者 含畜一眞 充塞六合之謂也.
20 然則太極者 性覺必明 妄爲明覺者也 無疑矣 何也 易也者緣起 原乎性覺之中(云云) 正謂明覺也 如所謂七大 皆因識變故 摠之以識 識則性覺之中 妄爲明覺者也 故論云 當知世間一切境界皆依衆生無明妄心而得住持.
21 太極者一氣也 一心者法身也 儒釋不同 於此可知矣.
22 夫易之爲道 原於太極 而太極又本乎無極 無極者 湛寂虛明 抱括十虛之謂也 卽佛之法身 是也. 極乎無極之中 靈妙將發 謂之太極 太極者 含畜一眞 充塞六合之謂也 靈妙發矣 一氣盛矣 謂之太初 氣之轉旋 謂之太始 靈妙純眞 謂之太素 二氣判而淸濁分 謂之兩儀 氣淸而上者 謂之陽 氣濁而下者 謂之陰 卽佛之報身 是也 陰陽乃分 二六爲二十四氣 四六錯綜 而五行生乎其中矣 如有一顆種子 初若混沌未分 然衆妙揚在裏許 卽法身 太極之體也 及其萌動也 根盤于下 芽少于上 卽報身 兩儀之象也 上下根枝 分擡一狀 氣脉錯綜 而枝葉花果 生

焉 卽佛之化身 造化之用也.

23 夫子云 道不遠人 人自遠矣 正同我迦文之敎義也 故曰易也者緣起 原乎義覺之中 盖與吾敎 相爲表裏 是亦還源入法之初門 不可不明也 夫易之爲道 原於太極 而太極又本乎無極 無極 者 湛寂虛明 抱括十虛之謂也 卽佛之法身 是也

24 이종수, 앞의 글, 2010, 113쪽.

25 『寒水齋集』21,「太極圖說示舍弟季文兼示玄石」, 人物之性 不能無偏全 則何以曰全體各具 耶.(권상유와 박세채의 태극논변은 권상하의 문집『寒水齋集』21,「太極圖說示舍弟季文 兼示玄石」에 실려 있다)

26 『寒水齋集』21,「太極圖說示舍弟季文兼示玄石」, 所謂太極之全體 無不各具於一物之中云者 只是欲明五行各具之性 其本皆從太極之全體出來 初無不同焉異 其實太極之全體 決無該 偏合同於各具之中之理.

27 『寒水齋集』21,「太極圖說示舍弟季文兼示玄石」, 所謂各具一太極者 卽一物各具之全體也 今若以各具者爲偏 而統體者爲全 則人之性 亦萬物中各具之一也 亦謂之偏而不全乎.

28 모든 논쟁의 요인은 주자가 개체성 안에서의 같음과 다름의 이치를 구체적으로 설명하지 않은 데에 있었고 용어의 설명을 일관성 없이 상반되게 말하여 혼돈과 논란의 소지를 남 겼던 데 있다. 이에 조선 성리학자들은 주자가 말한 개체의 통체태극으로서의 온전함과 각구태극으로서의 다름을 어떻게 모순 없이 병존시킬 것인가에 대한 철학적 작업을 기울 여 왔다.

29 蓋其所謂水只有水之性 火只有火之性 非復原初渾然太極之全體者 固自正當 第其所以爲水 火者 無論精粗大小 莫不自然完具於其中 … 水中之月 非眞天上之月 而爲月卽同.

30 주렴계는『通書』,「理性命章」의 小註에서 "만물이 각각 하나의 태극을 갖추고 있다면 태 극이 분열된 것입니까?"라고 묻는 물음에 다음과 같이 대답했다. "본래는 하나의 태극일 뿐인데 만물이 각각 이를 품부받아 또 스스로 각각 하나의 태극을 완전히 갖추는 것이다. 이것이 마치 하늘에 있는 달은 하나뿐이지만 강호(江湖)에 흩어져 미쳐서는 곳에 따라 나 타나되 이것을 달이 분열되었다고 할 수 없는 것과 같다." 하였다.(周敦頤(著), 朱熹(解), 권정안・김상래 역,『通書解』, 청계, 2000, 222쪽)

31 『蓮潭大師林下錄』,「心性論序」(韓國佛敎全書10, 262下-263上), 諸佛衆生之心 各各圓滿 未 曾一箇者 默之論也 各各圓滿者 元是一箇者 愚之論也.

32 『韓國佛敎全書』9,「심성론」, 而至於人人 各具其靈心之理 … 未之有顯現處也.(이종수 역 (2011), 참고. 이하『韓國佛敎全書』9,「심성론」표기 생략함)

33 一隱覆義, 謂覆藏如來故云藏也.… 二含攝義, 謂如來法身, 含攝身相國土, 神通大用, 無量功德, 又亦含攝一切衆生, 皆在如來藏內故. 三出生義, 謂此法身, 旣含衆德, 了達證入, 卽能出生故.

34 一微塵者, 喩一衆生佛智圓滿具足也. 一切微塵者, 喩一切衆生佛智各各圓滿具足也 … 如上等說, 一切衆生, 在纏法身也.

35 問. 又有一人, 以無邊虛空, 都爲一法身喩, 故无雲處, 以爲出纏法身, 有雲處, 以爲在纏法身, 是否 … 答. 非唯一處虛空無雲, 萬里无雲萬里天, 此是出纏法身樣子. 如上等問, 俱是大有經中說, 七佛經中未之有也. 又古人云一 人人面目, 本來圓成, 豈假他人添脂着粉也《云云》… 眞化无碍, 彼此不相在... 无私一着子, 彼此無兩畔也, 然是行人報化, 非諸佛報化, 灼然灼然.

36 無量報身, 如海一浮漚, 何況千百億耶. 衆生法身, 如一小甁空, 於一人爲性, 則其恨可知也. 虛空雖有無邊, 以甁爲限矣, 未知雲峯是何佛化身. 彌陁佛化身, 釋迦佛化身也. 彼佛變地獄作蓮花, 我作蓮花乎. 論其相用, 天地懸隔. 然則非諸佛化身, 灼然灼然.

37 有經論大德問余曰, 生佛雖殊, 其性無二, 故諸佛智惠, 全在衆生身中. 故答曰, 非也, … 故知, 衆生自性如來智惠, 全在衆生身中, 非諸如來智惠也. 故圭山曰, 喩佛智全在衆生身中圓滿具足, 正謂此也.

38 有人若曰 人人法身 總爲一者 然則諸佛同證時 何故衆生法身 今在妄想中也 又若實爲一者 恒沙如來 一時同證也 各各證也 … 如今盛有經論大德 此等大德一口如出一法身 法身云云 吾未知其虛實也.

39 有人問, 能示生滅門所示三大中佛報化者, 此諸佛報化. 故答, 甚矣此問. 若然者, 後代破和合識, 行人成佛之時, 無報化乎. 然則何故緣勳習中云, 依法出離故, 徧照衆生之心, 令修善根, 隨念示現. 賢首云, 本覺出障之時, 隨照物機, 示現萬化, 與衆生, 作外緣勳力. 此言向甚麽處着, 故曰是行人之報化非諸如來報化, 灼然灼然.

40 《又一法身之問, 過甚故重疊而示諸門人》更有一事, 亦不可不知也. 各各圓滿之說, 經論所判, 如今未得謂得, 未證謂證底學者, 便以自所見, 判定一法身, 則且未論招因結果, 毁謗佛敎, 墮無間獄, 恐有識法者, 見之, 拊掌大笑, 愼之故… 若依今時之差排, 則佛與菩薩, 殺着買草鞋.

41 有人便以上方空月, 以謂一切人之公月, 都爲一法身喩, 非也. 若一者, 是賢聖之出纏法身耶, 凡夫之在纏法身耶. 若凡夫之法身, 則非賢聖之法身也, 若賢聖之法身, 則非凡夫之法身也, 是誰法身也. 又如見空月, 法身在報化身外, 分明見之乎. 人之見月者, 阿誰法身智色無可見也. 何故, 智識俱不到故也. 然又法身, 非直成能觀智, 亦乃與其觀智, 作所觀境界, 雖有能所, 其實一也. 故云, 擧動運爲一切, 皆是佛性, 更無別法, 而爲能證所證, 正謂此也… 凡夫亦有同體三寶, 性自靈覺佛, 住本寂滅法, 性無乖諍僧, 摠爲三身者也. 然則各各圓滿之意, 分明. 故楓潭日, 人各有不亡者存焉, 此其證也.

42 퇴계는 "하늘이나 물속에 있는 것이 비록 같은 하나의 달이지만 하늘의 것은 진짜 달이며 물속의 것은 비친 그림자인 까닭에 하늘의 달을 가리키면 실상을 얻으나 물속의 달을 잡으려 하면 얻을 수 없다." 하였다.(『퇴계집』, 432) 달의 모습이 물에 드러난 것을 비록 달이라고 가리키나 물의 움직임이 그 가운데에 있어 혹 물이 바람에 흔들리거나 돌에 부딪히면 달이 일렁거리고 없어진다는 것이다.(『퇴계집』, 487) 결국 이는 물(氣)의 움직임에 따라 달(理)의 명암이 달라짐을 강조하는 것으로 본연지성(이일)은 기질지성(분수)과 구분하여 추구되어야 하고 이일(理一)과 분수(分殊)가 일물(一物)이 아님을 전제로 하는 사유이기도 하다.

43 又凡聖等有之義 細細分之 河沙衆生 煩惱心中 佛性反流出纏 則是則名爲河沙諸佛也.

44 然佛與法之名 雖曰一字 其實本有之眞體 生佛等有故 箇箇圓成之義 明矣 故曰一物觀之 則人人面目 本來圓成 豈假他人添脂着粉也 故曰人各有不亡者存焉 此其圓滿之證也.

45 又沙界衆生云一性 然則一人之心 分爲多衆心則可也 又一切人之心 合爲一人之心也 則汝心分爲幾人之心也 以幾人之心 合爲汝心也 聖說但有分形千億之說 身分諸佛之說 而未聞心分之說 智者思之 虛空有形之物 難作兩端 何況心有分而合之之事乎 … 然則各各圓滿之義 秋毫不忒矣.

46 정이천이 주창하고 주자가 발전시킨 이일분수론(理一分殊論)은 주자의 심성론을 논의함에 있어서 빠질 수 없는 핵심이다. 이일(理一)은 전체의 같음을, 분수(分殊)는 개체의 다름을 전제한다. 즉 이일분수란 전체의 이치(理)는 하나이지만 개체로 나뉨에 그 理가 다름이 있다는 것인데 이는 각기 '서로 다른 理로 나뉨'으로써 각각의 총합이 완전한 전체의 리를 실현할 수 있다는 주장이다.

불교를 통해 본 동학의 심성론 이해와 만물일체

1 『동경대전』,「포덕문」, "吾有靈符 其名仙藥 其形太極 又形弓弓 受我此符 濟人疾病 受我呪文 教人爲我則 汝亦長生 布德天下矣".
2 『해월신사법설』,「영부주문」, "弓乙其形 卽心字也 … 太極 玄妙之理".
3 『해월신사법설』,「기타」.
4 『해월신사법설』,「천지·귀신·음양」, "心卽天 天卽心".
5 『해월신사법설』, 위의 책, "心是虛靈 造化無窮".

6 『해월신사법설』,「虛와 實」, "經曰 心兮本虛 應物無迹 虛中 有靈 知覺自生 器虛故 能受萬物 空虛故 能居人活 天地虛故 能容萬物 心虛故 能通萬理 … 無生有也 有生無也 生於無 形於虛 無無如 虛虛如 視之不見 聽之不聞 虛能生氣 無能生理 … 體此虛無之氣 用此虛無之理 虛虛 靈靈 至眞無妄 眞者 虛中生實 天地之至公 妄者 虛中生氣 天地之無功也".

7 사전적 의미로 체(體)란 본체, 근원을 말하고, 용(用)이란 작용, 현상, 표현을 의미한다. 또한 체는 사물의 본체나 주체를 의미하고 용은 귀속되는 부속성을 의미하기도 한다. 유·불·도 사상은 근본적으로 체용론의 사유이다. 불교는 우주 근원인 본체(本體)와 그 운용으로서의 용(用)을 하나라는 관점에서 세계를 보고자 한다. 동학 역시 그러하다. 서양 전통철학에서는 현상계 너머에 초월적인 본체계를 상정하여 본체와 현상이 이분되지만 불가나 노장 사상에 기반을 갖고 있는 동양철학의 사유는 체용일치로서 우주 본체가 작용으로 그대로 드러난다. 따라서 현상계 이외에 다른 본체계를 전제하지 않는다. 이는 4장에서 다시 논하고자 한다.

8 『後經二』.
9 『無體法經』,「三心觀」.
10 『大宗正義』
11 『授受明實錄』
12 『明理傳』
13 『無體法經』,「見性解」.
14 『神通考』,「心本虛」.
15 『無體法經』,「神通考」.
16 『無體法經』,「三性科」.
17 『의암성사법설』,「衛生保護章」.
18 『의암성사법설』,「降書」.
19 『降書』.
20 『용담유사』,「도덕가」.
21 『동경대전』,「수덕문」.
22 『용담유사』,「도수사」.
23 『해월신사법설』,「기타」.
24 『해월신사법설』,「聖人之德化」.
25 위의 책,「靈符呪文」, "心者 在我之本然天也 天地萬物 本來一心."
26 『無門關』, 大正藏47, 299b, "惺惺不昧 帶鎖擔枷 思善思惡 地獄天堂 佛見法見二鐵圍山 念起卽覺".
27 『海月神師法說』, 守心正氣, "我心不敬 天地不敬 我心不安 天地不安 … 守心正氣之法 孝悌 溫恭 保護此心 如保赤子 寂寂無忿起之心 惺惺無昏昧之心 可也 心不喜樂 天不感應 心常 喜樂 天常感應 我心我敬 天亦悅樂 守心正氣 是近天地我心也 眞心天必好之 天必樂之".
28 『해월신사법설』, 「守心正氣」.
29 『동경대전』, 「논학문」.
30 『降書』.
31 『의암성사법설』, 「降書」.
32 정혜정, 『동학·천도교 교육사상과 실천』, 혜안, 2001, 237-249쪽.
33 澄觀, 『華嚴經演義鈔』권1, 大正藏36, 1b-c, "往復無際至其唯法界歟 … 往者去也起也動也 復者來也滅也靜也 … 周易復卦云 復其見天地之心乎 然往必復 易泰卦云 無往不復 天地際也."
34 『降書』.
35 『無體法經』.
36 『無體法經』, 「三性科」..
37 『해월신사법설』, 「向我設位」.
38 『해월신사법설』, 「천지부모」.
39 『해월신사법설』, 「천지부모」, 『의암성사법설』, 講論經義.
40 『해월신사법설』, 「靈符呪文」, 吾道義 以天食天 以天化天.
41 『해월신사법설』, 「三敬」.
42 『해월신사법설』, 「靈符呪文」.
43 『해월신사법설』, 「기타」.
44 『의암성사법설』, 「無體法經」.
45 『無體法經』, 「三心觀」.

성리학의 격물치지 공부와 동학 시정지의 마음공부

1 황금중, 「주자 공부론의 형성과정과 문제의식」, 『한국교육사학』31-1, 한국교육사학회, 2009, 112, 137쪽.
2 이승환, 「주자는 왜 미발체인에 실패했는가」, 『철학연구』35, 고려대 철학연구소, 2008, 4쪽.
3 이승환, 앞의 글, 24-28쪽.

4 황금중, 앞의 글, 116쪽.
5 이승환, 「찰식에서 함양으로:호상학의 이발찰식 수행법에 대한 주자의 비판」, 『철학연구』 37, 고려대철학연구소, 2009, 51쪽.
6 쓰시다 겐지로, 『북송도학사』, 서울: 예문서원, 2006, 359쪽.
7 賴永海, 김진무역, 『불교와 유학』, 서울: 운주사, 1999, 143-145쪽.
8 변원종, 『주자학의 형성과 논변의 사유구조』, 서울: 한국학술정보, 2007, 145쪽.
9 『주자대전』中, 권64, 「與湖南諸公論中和第一書」, 서울: 保景文化社, 1984, 542쪽.
10 이이, 권오돈 외 공역, 『국역 율곡집』. 서울: 솔출판사, 1996, 492쪽.
11 주희·여조겸 역음, 이기동 옮김, 『근사록』. 서울: 홍익출판사, 1998, 103쪽.(이하『근사록』이라 표기함)
12 이불 저, 조남호·강신주 역, 『주희의 후기철학』, 서울: 소명출판, 2009, 253쪽.
13 『주희집』6, 권67, 「中庸首章說」 四川: 四川敎育出版社, 1996, 3526쪽.
14 『근사록』, 245쪽.
15 위의 책, 487쪽.
16 주희, 한상갑 역, 『맹자·대학(사서집주II)』, 삼성세계사상3, 서울: 삼성출판사, 1990, 509-510쪽. "間嘗竊取程子之意 以補之曰 所謂致知 在格物者 言欲致吾之知 在則物而窮其理也 蓋人心之靈 莫不有知 而天下之物 莫不有理 惟於理 有未窮故 其知有不盡也 是以大學始敎 必使學者 卽凡天下之物 莫不因其已知之理而益窮之 以求至乎其極 至於用力之久而 一旦 豁然貫通焉 則衆物之表裏精粗 無不到而吾心之全體大用 無不明矣 此謂格物 此謂知之至也."
17 友枝龍太郎, 『朱子の思想形成』, 東京: 春秋社, 1969, 59쪽.
18 『근사록』, 147쪽.
19 주희, 黎靖德編, 허탁·이요성 역주, 『朱子語類』1, 성남: 청계출판사, 1999, 266쪽.
20 주희, 黎靖德編, 허탁·이요성 역주, 『朱子語類』2, 성남: 청계출판사, 1999, 397쪽.
21 友枝龍太郎, 위의 책, 326-331쪽.
22 『주자어류』27, 「論語九」(국회도서관 소장본), 69-70쪽. "聖人未嘗言理一多 只言分殊 蓋能於分殊中 事事物物頭頭項項理會得其當然 然後方知理本一貫 不知萬殊各有一理 而徒言理一 不知理一在何處 聖人千言萬言敎人 學者終身從事 只是理會這箇要得 事事物頭頭件件各知其所當然 而得其所當然 只此便是理一矣."
23 『근사록』, 122쪽.
24 위의 책, 149쪽.

25 위의 책, 147쪽.
26 『주희문집』67, 「未發已發說」, 東京: 明德出版社, 1983, 100쪽.
27 이이, 앞의 책, 429쪽.
28 『근사록』, 446쪽.
29 김우형, 『주희철학의 인식론』, 서울: 심산, 2005, 206쪽, 재인용.
30 주희, 『四書集註』, 「中庸章句」, 서울: 보경문화사, 1983, 17쪽. "聖人因人物之所當行者而品節之 以爲法於天下則謂之教 若禮樂刑政之屬是也."
31 『근사록』, 150쪽.
32 주희, 黎靖德 編, 허탁·이요성 역주, 앞의 책, 416쪽.
33 주희, 임헌규 역, 『인설』, 서울: 책세상, 2003, 126쪽.
34 주희, 『四書集註』, 「孟子」, 萬章上. "知謂識其事之所當然 覺謂悟其理之所以然."
35 牟宗三 저, 양승무·천병돈 공역, 『심체와 성체』, 서울 : 예문서원, 1998, 169쪽.
36 주희, 한상갑역, 앞의 책, 510쪽. "至於用力之久 而一旦豁然貫通焉 則衆物之表裏精粗無不到 而吾心之全體大用無不明矣."
37 황금중, 앞의 글, 138-139쪽, 참고.
38 『의암성사법설』, 「성령출세설」. "宇宙元來靈之表顯者也 靈之積極的表現 是有形也 靈之消極的攝理 是無形也."
39 『의암성사법설』, 「성령출세설」. "故靈與世 不過同一理之兩側面而已."
40 『이기대전(理氣大全)』. "心天相合 方可謂之侍定知 心天相違 人皆曰 侍天主 吾不謂之侍矣."
41 『의암법설』, 「수수명실록」. "以侍定知三字 以明天地無窮之根本 布于天下 人人合德成道 永世不忘者也."
42 위의 책, 故性靈根本出世的矣.
43 『해월신사법설』, 「도결」. "天常干涉則慧然一靈物 是日生矣."
44 『의암법설』, 「성령출세설」. "同一性靈 無量大德之妙法 順化大天大地之各個差別 鳶飛於天 魚躍於淵."
45 개체의 다양성을 말하는 주자의 이일분수와 동학의 일리만수는 차이가 있다. 정이천이 주창하고 주자가 발전시킨 이일분수론(理一分殊論)은 전체의 리(理一)는 같음을, 개체의 리(分殊)는 다름을 전제한다. 그러나 솔개의 이치, 물고기의 이치, 사람의 이치가 서로 다름만을 강조했지 그것이 어떻게 하나로 통일될 수 있는가에 대한 답을 제시하지 않았다. 이 과제를 떠안은 것이 조선 성리학자들이라 하겠는데 그 대표적인 산물이 율곡의

이통기국(理通氣局)이라 할 것이다. 또한 인물성동이 논쟁에서 개체성 이해는 주자의 관점과 율곡의 이통기국을 놓고 또 다른 논의가 전개되는데 남당 한원진의 이동성이(理同性異), 외암 이간의 이기동실(理氣同實)이 그것이다. 그리고 이것이 녹문의 이통기통(理通氣通), 노사의 이분원융(理分圓融) 등의 개념으로 개진되고 동학에 와서 "일이기(一理氣)의 일리만수(一理萬殊)"로 완전한 통섭이 이루어진다 할 것이다. 동학의 일리만수는 이일분수를 둘러싼 전통 사유의 연맥 속에서 탄생했다 할 것이고 그것은 理와 氣를 융섭하고 理와 分을 평등하게 인식한 것에 특징이 있다. 동학에서 모든 존재는 우주 근원의 다양한 표현으로서 거기에는 존비나 서열, 편전의 개념이 부재하다.(정혜정,「전통 사유의 연맥을 통해 본 동학의 개체성 이해: 인물성동이론에서 동학의 '일리만수' 까지」, 『동학학보』17, 2009, 155-189쪽, 참고)

46 유가의 제사는 향벽설위로 벽을 향하여 위패를 모셔놓고 제사음식을 차려 절을 하지만 동학의 향아설위는 나를 향하여 절을 하고 제사음식 대신 청수(맑은 물 한 그릇)를 올린다.

47 『의암법설』,「성령출세설」. "前代億兆之精靈 爲後代億兆之精靈之點 祖先之精靈 與子孫之精靈 融合表現 先師之精靈 與後學之精靈融合 永遠出世의 活動 有之也."

48 주문은 수운의 21자를 말한다. 수운 최제우(1824~1864)는 아버지 근암 최옥으로부터 성리학적 교양 속에서 성장했지만 성리학뿐만 아니라 불교와 예수교, 제자백가서를 모두 섭렵했다 한다. 아버지 근암 최옥은 영남지방의 퇴계 학풍을 이었던(대산 이상정- 기와 이상원-근암 최옥) 유학자로 명망이 높았다. 그는 과거제 혁파와 민전 제한, 과부개가 허용, 서얼차별 폐지 등을 주장했다. 수운은 재가녀의 소생이라는 신분적 제약 때문에 문과시험을 볼 수 없었고 무과에 응시하기 위해 무예연마를 하다가 21세에 홀연히 전국을 방랑하게 된다. 10년간 팔도를 주류하다가 31세 되던 해(1854) 처가인 울산에 내려와 정착하였는데 여시바윗골에서 어느 한 스님으로부터 『을묘천서』를 건네받게 된다. 을묘천서가 어떤 책인지는 정확히 알 길이 없지만 '하늘에 49일 기도하라' 는 글귀가 있었다고 한다. 김용옥 교수는 이 을묘천서가 『천주실의』라고 주장하지만 그 가능성은 희박하다. 수운은 36세에 고향 경주 용담으로 다시 돌아와 비장한 각오로 도를 깨닫고자 수행에 들어가 37세 경신년 4월 5일에 한울을 체험 하게 되고 강화(降話)를 받게 된다. 이 강화가 21자 주문이다.

49 『의암성사법설』,「명리전」. "敎人有道 守其天然之心 正其天稟之氣 博學知識而施於行道 行之不失經緯則 斯可謂人爲人事之有經緯."

50 『해월신사법설』,「수도법」. "只誦呪而全 不窮理則不可 只欲窮理而一 不誦呪則亦不可 兩行兼全."

51 『해월신사법설』,「수심정기」. "人得心神敎訓以後 意思靈靈矣."
52 『동경대전』,「탄도유심급」. "我心柱 乃知道味 一念在玆 萬事如意 消除濁氣 兒養淑氣 非徒心至 惟在正心 隱隱聰明 仙出自然 來頭百事 同歸一理."
53 『의암법설』,「명리전」. "天與人 言語相聽 意思唯一 萬事能通也."
54 『해월신사법설』,「강시」. "天地精神令我曉."
55 『해월신사법설』,「천어」.
56 『해월신사법설』,「기타」.
57 염불선은 보조 지눌, 태고 보우, 나옹 혜근, 등 역대 선사들이 선과 염불을 결합시켜 염불을 선수행의 방편으로 삼았던 것이다. 오늘날 선불교는 간화선이 대세이지만 염불선 또한 전통선의 계승이라 할 것이다.
58 『普度編集』, 大正藏47: 317b.
59 무극은 곧 무궁을 의미한다. 무극은 도교나 성리학에서도 많이 쓴 용어이지만 무극을 본체로 한 동학은 동학이 無개념에 바탕하고 있음을 보여준다. 한울은 활동하는 무, 주재자, 만물일체 등의 개념을 지닌다.
60 『용담유사』,「도수사」.
61 량만석,「동학의 지기설에 대하여」, 『철학연구』107, 평양: 과학백과사전출판사, 2006, 33쪽.
62 『해월신사법설』,「영부주문」. "吾道義以天食天以天化天 萬物生生稟此心此氣以後 得其生成 宇宙萬物總貫一氣一心也."
63 이는 주자학에서 말하는 허령지각(虛靈知覺)·심구중리(心具衆理)를 연상케 한다. 그러나 주자학에서 말하는 허령지각은 기질의 氣이고 심구중리는 오상으로 귀결된다.
64 『의암법설』,「명리전」. "研究天然之物理則 五行相成無物不成"
65 『해월법설』,「기타」.
66 『해월신사법설』,「성·경·신」. "人之修行 先信後誠 若無實信則 未免虛誠也 心信誠敬自在其中也."
67 위의 책, "純一之謂誠 無息之爲誠 使此純一無息之誠 與天地 同度同運則 方可謂之大聖大人也."
68 『동경대전』,「수덕문」. "心信爲誠."
69 『의암성사법설』,「기타」.
70 위의 책.
71 『해월신사법설』,「독공」.

72 『해월신사법설』,「수심정기」. "人能淸其心源 淨其氣海 萬塵不汚 欲念不生天地精神總歸一身之中 心無淸明 其人愚昧 心無塵埃其人賢哲."

염불선과 동학 주문의 마음공부론

1 휴정, 법정·박경훈 역,『선가귀감·서산대사집』, 신화사, 1983, 9쪽.
2 데일 라이트, 윤원철 역,『선불교에 대한 철학적 명상』, 지식과교양, 2011, 388쪽.
3 데일 라이트, 앞의 책, 2011, 261, 301-302쪽.
4 「태고어록」,『한국불교전서』6, 679下.
5 태고 보우는 나옹 혜근, 백운 경한 등과 함께 중국 임제종을 한국 법맥으로 계승시킨 대표적 선승이다.
6 「태고어록」,『한국불교전서』6, 680上.
7 위의 책.
8 「나옹화상어록」,『한국불교전서』6, 743上.
9 「나옹화상어록」,『한국불교전서』6, 727下~728上.
10 「나옹화상어록」,『한국불교전서』6, 743上.
11 지관은 앞에서 언급한 사마타와 위빠사나의 명상수행을 의미한다.
12 견문각지(見聞覺知)란 외부 대상과 접촉하는 인식의 총칭. 시각의 작용을 견(見), 청각의 작용을 문(聞)이라 하고, 후각, 미각, 촉각의 작용을 각(覺)이라 하며, 의식(意識)의 작용을 지(知)라고 한다.
13 기화, 권오돈 외역,『한국의사상대전집』5, 동화출판사, 1972, 298-299쪽.
14 금강신이란 깨달음을 이룬 몸이 금강과 같이 굳고 단단하여 변하지 않는 본체라는 뜻을 이르는 말이다.
15 「함허당득통화상어록」,『한국불교전서』7, 234中~下.
16 기화, 권오돈 외역, 앞의 책, 383쪽.
17 동국역경원,『서산대사집』, 동국역경원, 1970, 671쪽.
18 위의 책, 1970, 670-671쪽.
19 위의 책, 673쪽.
20 위의 책, 671쪽.
21 위의 책, 97쪽.
22 위의 책, 93쪽.

23 『心法要抄』, 念頌, 心想一金山 手回珠百八 返觀念者誰 非心亦非物.
24 『心法要抄』, 凝心日沒謝娑婆 十六觀經聽釋迦 無限色聲淸耳目 許多天地一彌陀(四) 西方念佛法 決乏超生死 心口若相應 往生如彈指 … 叅禪卽念佛 念佛卽叅禪 本性離方便 昭昭寂寂然.
25 동국역경원, 앞의 책, 701-702쪽.
26 법장이라는 비구가 서원을 세워 말하기를 "내가 성불할 때에 시방의 한량없는 많은 세계의 모든 하늘 사람과 인간들은 물론이고 작은 벌레까지라도 나의 이름을 열 번만 부르면 반드시 나의 정토에 와서 날 것이다. 만약 이 원이 실현되지 못한다면 나는 성불하지 않겠다." 하였다. 법장은 자신의 서원을 모두 이룬 뒤 아미타불로서 극락(極樂 Sukhāvatī)이라는 서방 정토를 주재하게 되었다.
27 『心法要抄』,「念佛有四種」, "一口誦 二思像 三觀相 四實相 根有利鈍 隨機得入."
28 『心法要抄』, "阿彌陀佛在何方 着得心頭切莫忘 念到念窮無念處 六門常放紫金光."
29 동학의 교육사상에 대해서는 정혜정, 『동학의 교육사상과 실천』, 혜안, 2001, 참고.
30 동학의 궁리공부에 대해서는 정혜정, 「주자(朱子)의 공부방법론과 동학(東學)의 영성(靈性)교육: 주자(朱子)의 격물치지(格物致知)와 동학(東學)의 시정지(侍定知)를 중심으로」, 『동학학보』18, 2009, 참고.
31 정혜정, 위의 글, 2009, 252쪽.
32 정혜정,「동학 의례와 수심정기 수행의 유불적 이해」,『한국사상과문화』34, 2006, 222쪽.
33 수운은 이 21자 주문의 각 글자의 뜻을 다음과 같이 구체적으로 설명하고 있다.

至란 지극한 것을 말함이요, 氣라는 것은 비고 신령함(虛靈)이 창창(蒼蒼)하여 일에 간섭하지 아니함이 없고 일에 명령하지 아니함이 없다. 모양이 있는 것 같으나 형상하기 어렵고 들리는 듯하나 보기 어렵다. 이는 또한 혼원(渾元)한 한 기운이다.

今至라는 것은 도에 들어 처음으로 지기(至氣)에 접함을 안다는 것이요, 願爲라는 것은 간청한다는 것이요, 待降이라는 것은 기화(氣化)를 원하는 것이다.

侍라는 것은 안에 신령이 있고 밖에 기화가 있어 온 세상 사람이 각각 알아서 옮기지 않는 것이요, 主라는 것은 존칭으로 부모와 같이 섬긴다는 것이요, 造化란 무위이화(無爲而化)를 말함이요, 定이란 그 덕에 합하고 그 마음을 정한다는 것이요, 永世라는 것은 사람의 평생을 말함이요, 不忘이란 생각을 보존한다는 뜻이다.

萬事라는 것은 수가 많은 것이요, 知라는 것은 그 도를 알아서 지혜를 받는 것이다.

그러므로 그 덕을 밝고 밝게 하여 늘 생각하며 잊지 아니하면 지극히 지기에 화하여 지극한 성인에 이른다.(『동경대전』, 논학문)

34 『천도교회월보』68, 1916.3.
35 『普度編集』, 大正藏47, 317b.
36 『해월신사법설』,「수심정기」.
37 정혜정,「『대승기신론』에 나타난 마음이해와 '정법훈습(淨法熏習)'의 내감(內感)교육」, 『한국교육사학』33-1, 2011, 201-223, 참고.
38 『동경대전』,「탄도유심급」.
39 『해월신사법설』,「영부주문」.
40 동학의 본래일심(本來一心)이란 내 안에 모셔진 '한울'로 본연의 마음, 본연의 성품을 일컫는다. 이는 생생불식(生生不息)하고 순전(純全)하면서 바른 지혜로 활동하는 생명성으로 내 안에서 살아 움직이고 쉬지 않는 활동성, 그러면서도 만물에 통하고 전체와 합하며 어긋남이 없는 순일무망(純一無妄)을 뜻한다.
41 정혜정, 앞의 글, 2009, 265쪽.
42 『동경대전』,「수덕문」.
43 『義菴聖師法說』,「以身換性說二」.
44 『義菴聖師法說』,「人與物開闢說」.
45 김지하,『디지털 생태학』, 이룸, 2009, 236-250쪽.
46 『해월신사법설』,「수도법」.

동학의 성심신 이해와 마음공부

1 본 3장은 공저『의암 손병희와 3·1운동』(모시는사람들, 2008)에 실렸던 필자의 글을 다시 다듬어 수정한 것임을 밝혀 둔다.
2 雲峰,『心性論』, "衆生法身 如一小甁空 於一人爲性 則其恨可知也 虛空雖有無邊 以甁爲限矣."
3 이 병공(甁空)의 비유는 율곡도 사용한 바가 있다. "물은 그릇을 따라서 모가 나고 둥글며, 허공은 병을 따라 작고 커진다."(『栗谷全書』, 卷9,「四七論」, 水遂方圓器 空隨小大甁) 병 안에 허공이 있다는 비유는 불교에서 인용한 것이다. 율곡에게 있어서도 性은 心中의 理요 心은 性을 담는 그릇이다.
4 『後經二』.
5 『後經(二)』.
6 『大宗正義』.

7 『授受明實錄』.
8 『無體法經』, "覺所左岸 性天理天 覺所右岸 心天身天…性心身三端 合以示之 分以示之 三端無一 非道非理."
9 『後經(一)』.
10 『後經(二)』, "心入性裏則 空空寂寂 性入心裏則 活活潑潑 空寂活潑 起於自性自心 自性自心 吾心本地 道求何處 必求吾心"
11 『무체법경』, 見性解.
12 有의 입장에서 理를 생각한 유자들의 시도는 불교의 허에 대한 실의 주장과 평행하고 있는 것으로서 불교에 대한 사상적 열등감의 불식에도 도움이 되는 것이었다. 그중에서도 '유'의 장에 일관할 수 있는 원리로서의 '리'를 체계적으로 제시할 수 있었던 것은 주자 이전에 정이로부터 시작한다. 이는 중국의 전통사상이 불교를 경유하여 도학으로 흘러 간 것이라 할 것이다.(쓰치다 겐지로, 『북송도학사』, 앞의 책, 66쪽, 참고)
13 정혜정, 「동학사상의 탈근대성과 교육철학적 전망」, 『동학학보』 10-1, 2006.6, 57쪽.
14 『後經』.
15 범어로 Tathātā 라 칭하는 진여는 우주 만유에 널리 상주불변하는 본체를 일컫는다. 이는 오직 성품을 증득한 사람만이 알 수 있는 것이며 거짓이 아닌 진실이란 뜻과 변하지 않는 여상(如常)함을 뜻하여 진여라 한다. 대승기신론에서 진여는 잠연 적정한 무활동체가 아니고 이것이 무명의 연을 만나면 진여의 체가 온통 그대로 일어나 생멸변화하는 만유가 되거니와 진여의 자체는 조금도 변전되는 것이 아니라 말한다.
16 야나기타 세이잔 주해, 양기봉 역, 『달마어록』, 김영사, 1993, 75쪽.
17 위의 책, 194쪽.
18 달마에 의하면 여래라 칭하는 것은 그대로의 진리를 깨닫고 물질세계로 나오기 때문이다.(解如應物) 붓다 또한 이법 그대로 깨달으면서도 깨달을 대상에게 사로잡히지 않기 때문에 붓다라 한다 하였다.(위의 책, 90쪽.)
19 지눌이 말한 '공적영지'를 뜻하는 '진심(眞心)'과 통한다. 지눌의 공적(空寂)은 의암의 성리(性理)를, 지눌의 영지(靈知)는 의암의 마음을 지칭하는 것이라 할 수 있다. "공적하기에 모양이 없고 모양이 없으므로 크고 작음이 없다. 크고 작음이 없으므로 한계가 없고 한계가 없기 때문에 안팎이 없으며 안팎이 없기 때문에 멀고 가까움이 없다. 멀고 가까움이 없기 때문에 저것과 이것이 없고 저것과 이것이 없으므로 가고 옴이 없으며 가고 옴이 없으므로 나고 죽음이 없고 나고 죽음이 없으므로 예와 지금이 없으며 예와 지금이 없으므로 미혹과 깨침이 없고 미혹과 깨침이 없으므로 범부와 성인이 없으며 범부와 성

인이 없으므로 더럽고 깨끗함이 없고 더럽고 깨끗함이 없으므로 옳고 그름이 없으며 옳고 그름이 없으므로 모든 이름과 말이 있을 수 없다. 그러나 모든 법이 다 공한 곳에 신령스런 앎이 어둡지 않아 무정한 것과는 같지 않게 성이 스스로 신령스러이 아니니 이것이 바로 인간의 비고 고요하며 신령스러이 아는 청정·공적한 마음의 본체라 한 것이다. 『韓國佛敎全書』 4册, p.710c, 「修心訣」, "不空之體 日亦無相貌 … 旣無相貌 還有大小麼 旣無大小 還有邊際麼 無邊際故無內外 無內外故無遠近 無遠近故無彼此 無彼此則無往來 無往來則無生死 無生死則無古今 無古今則無迷悟 無迷悟則無凡聖 無凡聖則 無染淨 無染淨則無是非 無是非則一切名言 俱不可得 旣揔無如是一切根境 一切妄念 乃至種種相貌 種種名言 俱不可得 此豈非本來空寂本來無物也 然諸法皆空之處 靈知不昧 不同無情 性自信解 此是汝空寂 靈知淸淨心體 而此淸淨空寂之心."

20 도가에서는 無를 빈그릇의 쓰임에 비유하기도 한다. 그릇의 虛가 그릇이 되게 한다. 그러나 일반적으로 선불교에서 無는 깨달음의 경지에서 인식된다. 선사들은 그 경지가 언어가 끊어지고 생각이 끊어진 곳에서 체험되므로 사람들에게 표현할 때는 때로 "할!"을 외치거나 동문서답으로 표현했다.

21 『後經二』

22 柳田聖山, 『臨濟錄』, 東京: 大藏出版株式會社, 1972, 333-334쪽.

23 松本史朗, 『禪思想批判的研究』, 東京: 大藏出版株式會社, 1994, 243-244쪽, 재인용.

24 『無體法經』, 「見性解」, "我心則天地萬物 古今世界 自裁之一造化翁 是以心外無天 心外無理 心外無物 心外無造化."

25 『神通考』, 「心本虛」.

26 의암은 한울을 性靈, 靈性, 性理로도 말한다.

27 『無體法經』, 「성심신 삼단」.

28 『無體法經』, 「見性解」, "覺所左岸 性天理天 覺所右岸 心天身天 靈發本地 我性我身 性無身 無 理無天無 理亦我天後理 古亦我心後古."

29 『無體法經』, 「성심변」, "性合則 爲萬物萬事之原素 性開則 爲萬理萬事之良鏡 萬理萬事入鏡中 能運用日心… 運用最始起點日我 我之起點 性天之所基因."

30 『馬祖語錄』, "心眞如者譬如明鏡照像 鏡有於心 像有諸法 若心取法 卽涉外因緣 卽是生滅義 不取諸法 卽是眞如義."(이리야 요시타카, 박용길 역, 『마조어록』, 고려원, 1988, 66쪽 참고)

31 『心性論』, "心如鏡之體 性如鏡之光云云 體相異稱 其實一也 故云現示眞心卽性."

32 『心性論』, "又鏡如心也 像如境也 像外無鏡 鏡外無像者 此喻中鏡像無碍 境外無心 心外無

境者 此法中心境無碍."

33 앞의 책, 114-136쪽.

34 유가의 경우도 天을 형이상자로서 포함하지 않는 것이 없는 우주생명의 통일체로서 보는 입장이 있다. 정호는 "무릇 天이 싣고 있는 것은 소리도 없고 냄새도 없으니 그 체를 易이라 부르고 그 理를 道라 부르며 그 작용을 神이라 부르고 그것이 인간에게 명해진 것을 性이라 부른다"『河南程氏遺書』, 卷第一, 4쪽, "蓋上天之載 無聲無臭 其體則謂之易 其理則謂之道 其用則謂之神 其命於人則謂之性."(황종원, 「중국유학의 생철학과 동학의 생태적 이념」, 『한국사상사학』 25, 2005.12, 255쪽, 재인용)

35 『其他』.

36 『栗谷全書』, 卷9, 「四七論」, "性如水 清淨器中儲水者 聖人也 器中有沙泥者 中人也 全然泥土中有水者 下等人也."

37 『無體法經』.

38 불교의 십지경에는 性을 불생불멸이라 설명하고 모든 것이 이 법 가운데 현전하는 것임을 아는 것이 곧 반야바라밀이라 말하고 있다.(『十地經』, 卷5, 大正藏10, 556b, 於性不生不滅法中現前之忍 是彼般若波羅密多.)

39 위의 책, 「三性科」, "常無住處 不能見動靜 以法而不能法 萬法自然具體 … 無變而自化 無動而自顯 天地焉 成出 還居天地之本體 萬物焉生成 安居萬物之自體 只爲天體因果 無善無惡 不生不滅 此所謂本來我也."

40 『無體法經』, 「삼성과」, "無變而自化 無動而自顯 天地焉 成出 還居天地之本體 萬物焉生成 安居萬物之自體 只爲天體因果 無善無惡 不生不滅 此所謂本來我也 … 我體用之 實有三性 一曰圓覺性 二曰比覺性 三曰血覺性 圓覺性以爲萬法因果 無爲而爲故 守心煉性者 不得法體因果 難得善果 比覺性以爲萬相因果 有現無量 修心見性者 若非正觀思量 不得眞境 血覺性以爲禍福因果 有善有惡而無時相視 爲其善而世得果者 擇其好好化頭 以此三性 爲科 善守不失 見性覺心 有時有刻."

41 모든 존재방식과 본성을 有와 無, 假와 實이라 하는 것으로부터 갖가지 因緣의 가립된 존재가 생겨나는데 이를 실체라 誤認하는 것을 변계소집성(遍計所執性), 모든 존재는 인연에 의해 일어난다고 하는 의타기성(依他起性), 그 진실의 체인 眞如의 원성실성(圓成實性) 이 3종을 三性이라 한다. 삼성은 각각 자성이 없고 공이므로 三性三無自性이라 부른다.(『成唯識論』, 大正藏 31, 45c)

42 『無體法經』, 「三心觀」, "道有三心階梯 修心見性者 若非三階梯妙法 難得善果 一曰虛光心 天天物物 各有性心 自體自動 皆有法相色相也 修者念頭 必在兩端 勤勤不息 惺惺不昧 寂

寂不昏 虛中生光 必是萬理具存 無相法體 覺所現發 有相色體 回光返照 無所不明 無所不知 此曰 虛光心力 止此不求 吾必不贊 自肅奮發 且進一階 二曰 如心如心 一超上界 空空寂寂 無問無聞 如心如眞 森羅萬象 本吾一體 唯一無二 我我彼彼 善善惡惡 好好惡惡 生生死死 都是法體自用 何人作成 且以法中妙用 皆吾性心 性心本體 空亦斷矣 何求心外 休休喘息 更加一層 三曰自由心 天亦不空 物亦不斷 道可止空 物可止斷 性無本末 理無始終 但因吾心一條 萬法萬相 量而考之 … 每事每用 無心行無碍行 此之謂天體公道公行."

43 사지(四智): 성소작지란 자타(自他)의 마땅히 해야 할 것을 성취하는 智, 묘관찰지는 제법(諸法)을 바르고 정당하게 관찰하고 추구하는 智, 평등성지는 제법의 평등을 알고 평등을 구현하는 智, 대원경지는 거울과 같이 법계의 만상(萬象)을 그대로 현현하는 智를 말한다.(『成唯識論』, 大正藏 31, 39a)

44 한울과 한울, 만물과 만물이 각기 성품과 마음이 있어 자체가 스스로 움직이는 것이 다 법상과 색상에 말미암은 것이다. 수행하는 사람이 깨달아서 어둡지 아니하고 적적하여 혼미하지 아니하면 빈 가운데서 빛이 난다. 반드시 모든 이치가 갖추어 있어 형상 없는 법체가 깨닫는 곳에 나타나며 형상 있는 색체에 돌아오는 빛이 돌려 비치어 밝지 아니한 곳이 없고 알지 못할 곳이 없으니 이것을 허광심력이라 이른다.

45 『無體法經』,「神通考」.

46 『無體法經』,「眞心不染」, "解脫卽見性法 見性在解脫 解脫在自天自覺… 萬法萬相 一切具心 事理不錯 我天不二 性心不二 聖凡不二 我世不二 生死不二 故眞心 不二不染."

47 위의 책,「聖凡說」, "聖人 我性不染 我心不變 我道不惰 用心用世 一無拘礙 持心用道 非善不行 非正不用 非義不行 非明不爲 凡人 我性我不知 我心我不知 我道我不知 … 性本無賢愚 然用心必有賢愚 聖人之爲爲心卽自利心 自利心生則 利他心自生 利他心生則 共和心自生 共和心生則 自由心自生 自由心生則 極樂心自生."

48 위의 책,「眞心不染」, "乳兒眼見物 發愛心 喜而笑 奪物 怒而厭 此曰物情心 物情心卽第二天心 人人億億 皆留不脫 然我本來天 不顧不尋 但以物情心 行于世 此曰凡愚 聖賢不然 恒不忘我本來 固而守之 强而不奪故 觀得萬理根本 萬理具體 徘徊心頭 圓圓不絶 自遊遊 不寂于慧光內 萬塵之念 自然如夢想 是謂解脫心 解脫卽見性法 見性在解脫 解脫在自天自覺."

49 雲峰禪師,『心性論』, "然則迷悟凡聖, 雖異, 其實衆生心也."

50 『이신환성설一』, "以身換性 大神師本旨 … 肉身性靈換者 先苦樂知可."

51 『이신환성설二』.

찾아보기

[ㄱ]

가유 111
각 121
각·불각 122
각각원만 159,167,168
각각원만설 166
각구태극 60,87,144-147,155-159
각일기성 87
각지불이 100
간화선 221,228
감성 193
감춤의 보편성 161
강화지교 214,222
개벽 102
개별리 48-50,57,60,80,83,146
개별성 92
개별자 56,92
개체리 65,77
개체성 63,67,71,74,93,94
갠지스강 168-170
거경 198
거경궁리 197,200,210,215,218
격물 201
격물 공부 61
격물 대상 204,205
격물궁리 45
격물궁리지 208
격물치지 45,60,62,149,193,195,196,200,202,
205,206,208
견분 109,111,124
견상 124

경 198,216,218
경 공부 195
경계상 123,124
경물 181
경심 181
경인 181
경천·경인·경물 218
계명자상 124
공 32,105,110,113,148,154
공계송심 179,181
공공심 186,189
공공적적 187,242
공도공행 187,252
공병 71
공병의 비유 78
공성 51,184,200
공수대소병 71
공시 73
공심 171
공자 150,151
공적 152,207,242
공적활발 177,178,241,244,245
공진화 171
공평무사 42
공화심 188
광대영통 160
괴상 20,47,52
교기질 78
구송 233,238
굴신동정 237
궁구 200
궁궁 174
궁극성 92
궁리 206,208,210,217
궁리 공부 215

291

궁리주문 218
궁을 175
궁을기 174,175
궁을장 175
궁천을인 175
권동진 174
권상유 144,157,158,159
극락심 188
극락정토 229
극발 130
근본불각 122
근본의식 106
기 84
기신론 125,134,139,140,151
기신론의 3대 154
기업상 124,125
기의 편전 64,68,69
기일분수 79
기정진 94,96
기질지성 49,63,77,85,87,89
기화 222
김지하 101

[ㄴ]

나예장 196
나옹 혜근 226,227
남당 82,83,85-87
내감 133,134,139,194,209
내감교육 117,118,134,136,137,139-141,234
내유강화지교 234
내유신령 100,237
내인 137
내훈 118,129,136,137
노사 78,79,94,97

기정진 78,79
노자 148
노장 149
노장사상 50
녹문 90,91,93
능건상 123,124
능통만리 216
능훈 130

[ㄷ]

다성론 143-147,155,163,170
다양성 92,96,170,211
다자 56
단예 24
달의 비유 77
담일청허지기 69,92
담적허명 152,154
대극도설 143
대승기신론 26,117,118
대원경지 114,116
대지혜광명 125,131,141
덕성지 208
데일 라이트 224
도가 31
도교 196
도남학 196-198
독경 139
독서 204,205
동상 20,47,48,51,54
동상·이상 65
동시인과 111
동체대비 195
동학 80,98,101,102,174,181,185,186,189,195,
    209,210,212,215,217,233-235,238

드러냄의 다양성 161
득통 227
득통 기화 229

[ㄹ]

리 84,200
리의 온전 64
리의 편전 59,64,67,69,75,87

[ㅁ]

마음 100,176,177
마음공부 227,229,235,252
마음공부론 221
마음공부법 238
마음교육 209,211
마음공부 143,193,241
마탈심 188
만기만상 211
만물 72
만물의 리 84
만물일원 60
만물일체 32-35,37,38,41,42,50,95,173-175,
　　　　177,184,186,195,200,210
만물일체관 185
만수 102
만인만화 102
만트라 136,212
망경계 128
망기당 조한보 144
망념 124
망심 129,136
명각 150-152,153
명상 136,222

명언종자 115
모심 102,237
모종삼 208
묘관찰지 114,116
묘유 152
무 32,67,148
무거무래 183,184
무경 111
무경유식 116
무궁성 210
무극 31,147,148,150,152,155
무극이태극 31,32
무기종자 115
무명 121-125,128,130,131,137,151
무명업상 123
무분별지 114
무사불명 100
무상 55,57
무상법체 187
무선무악 249
무선악 82
무시불섭 100
무심행 252
무아 55,73,171
무왕불복 183
무왕불복의 이치 182,184
무왕불복지리 209
무위 52
무위이화 180,214
무위이화의 개벽 213
무자성 113,177
무주 184
무체법경 188
무체성 245
무형유적 173,179-184

무형한 한울 209
묵암 최눌 159,160
묵자 50,75
묵조선 196
문훈습 114
물 위의 달 158
물속의 달 66
물정심 254
미발 24
미발·이발 공부법 208
미발기상체 197
미발체인 195,196

[ㅂ]

박세채 156,158,159
박이약 215
밥 한 그릇 185
범인 252
법계연기 119
법신 168,170
법신·보신·화신 155
법장 52
법체자용 187
변계소집성 112,115
별상 20,47
보신 165
보편리 48,49,70,77,80,83,90,204
보편성 71,163,170
본각 125-127
본공 244
본래 마음 224,236,239
본래아 249
본래의 나 254
본래의 청정심 135

본연성 85,86,196
본연지성 49,61,63,68,77,82,85,87,89
본체 19
본허 244
본훈 127,136
부도 174
부증불감 71,78
부처 165
분수 58,59,62,68,73,95,155
분수리 140,44,46,68-70,82,90,196,197,200, 201,203,204
분수지리 61
불가리 65
불각 121,129
불공 125,252
불교 50,51,149,173,196,250
불교 심성론 171
불교심리학 105
불립문자 221
불사약 235
불사의업상 126
불상리 29
불상잡 29,65
불상잡 불상리 30
불생불멸 183,184,249
붓다 105,150
붓다의 삼신 154
비각성 250
비유비무 105

[ㅅ]

사단 37
사단이발 64
사리일치 56

사마타 223
사법계 19
사분설 109
사사무애 57
사사무애법계 19
사회과학적 법칙 205
삼경 211
삼경의 공경 211
삼단 247
삼무자성 112
삼법계관 57
삼보 168
삼성 112,249
삼성·삼무자성설 113
삼세 123
삼세·육추 123
삼심 249,250
삼층설 82
삼칠자 214
삼칠자 주문 180
상달 공부 150
상대 120,153
상분 109,111,124
상성성 198
상속상 124
상속전변 107
생멸 242
생멸문 165
서까래 53-55
서방정토 226,230,231
서방정토사상 224
서산 231
서산 휴정 229
선 198,221
선불교 176,202,221,223,228,238

선신후성 215
선악 82,174
선정 199
선지후행 215
선함양 197
선함양후찰식 196
성 87,204,216-217,248
성각 151,152
성경신 211
성령출세 210
성리 242
성리천 249
성리학 33,56,58,59,62,145,150,193
성상 20,47,51,55
성성불매 181,251
성성적적 181
성소작지 114,116
성속 224
성심론 241
성심신 241,246,252
성심신 삼단 247
성음 212
성인 252
성정본각 126
성천 242
성체 209
성체심용 195
세친 109
소당연 133,207
소당연지리 202
소당연지칙 204
소이연 207,210
소이연지고 204
소이연지리 202
손병희 210

송불 231
송시열 82
수수방원기 71
수심견성 187
수심정기 101,179-181
수염본각 126
수운 100,174,182,214,233
수행자 165
순수한 신체 255
순일무식 216
시각 125,126
시정지 193,195,210,212,215,218
시정지 교육 210
시천 101
식고 185
식별지 202
식의 전변 107
식전변 105-109,113
신 215-218
신명 88
신인합일 213
신천 242
실유 111
심 248
심구중리 72,206,207
심분설 168,169
심성교육 116
심성론 21,25,27,82,143,160,170,173,179
심성일치 87,89
심신일체론 255
심일분수 169
심즉천 242
심천상합 173,174,195,210,211,215
심체 209
심체성용 160

심통성정론 118,195
심통성정설 28
십허 152,154

[ㅇ]

아뢰야식 107,108,110,115
아뢰야연기 119
아미타불 225-227
아집 115
안혜 108,109
양귀산 196
양의 153,155
양한묵 174
어두운 마음 120,121
어묵동정 186
언어훈습 107
업감연기 119
업계고상 124,125
업식 128
여래 163
여래장 120,160,161
여력 130
여여심 238,250,252
역 150,152,153
연기 55,151,152
연기사상 105
연담 유일 159
염,정 122
염,정의 일체 120
염법,정법 118
염법훈습 116,128-131
염불 212,221,222,224,225,227,228,231,238
염불선 136,210,214,224,227,230,233
염불선의 전통 194

염불수행 231
염송 233,237
영묘 136
영성 193
영성교육 210
영적 178,242
예전 205,209
예학 205
오상 34,37,38,80,90,154
오세창 174
오행 155
왕복무제 182
외감 133,194
외암 82,87,88,90,93
외연력 166
외유기화 100
외훈 129
용 훈습 129,136,138,139
용대 120,154
우주 마음 252,254
우주 마음 이해 246
우주 중심의 사상 186
우주만물 235
운봉 145,147,149-153,160,164-166,168,170,171
운봉 대지 선사 143
원각성 250
원만각구 170
원만공적 160
원성실성 112,113,115
원형이정 28,35,36,38
월인천강 159
위빠사나 136,223
위위심 188,254
유 67

유가 145
유교 18
유무회통 173
유불 교섭 145
유식 114
유식무경 106,111,115
유식삼십송 105,107,108
유심정토 221,224,225,229,232
유위 52
유전공학 56
유형한 인간 한울 209
육바라밀 139
육상 19,20,51
육진 128
율곡 48,62-64,67,70,77,82,91
음양 84
의암 188,210,242,245,247,248,252
의타기성 109,112,113,115
이간 82
이국기국 92
이기 63
이기 체용 63
이기국 90,93
이기동실 87,89
이기동실·심성일치 82
이기이원 95
이기일치 78,99,211
이기통 90,93
이기호발 49,63,77
이동기이 60,82
이발 24,67
이발찰식 195-197
이발찰식법 196
이법계 19
이분설 169

이분원융 79,94,96,211
이사무애 57
이사무애법계 19
이상 20,47,48,51,54,58,193
이신환성 254
이언적 145,147,148,150,151
이연평 39,196
이이무애 19
이일 30,58,60,68,95,97,146,156,197,201,203, 209
이일분수 29-31,48,51,56,62,65,79,80,94,169, 211
이일분수론 18,146,147,169
이일분수설 155
이존기비 83,95
이천봉천 80
이천식천 80,173
이천화천 80
이타심 188
이통 81
이통기국 49,68,77,82,90,91
이통기통 78,92
이함만수 94,96
인 36,41,43
인간 중심 사상 186
인류 201
인물 205
인물성동이 79,81,82
인물성동이논쟁 143
인물성동이론 78,144
인물성이론 84
인성과 물성 87
인연 55
인의 62
인의예지 36,37,45,61,179,180,209,242

인의예지신 39,85
일기 39,152
일리만수 78,80,98,145
일물 66
일법계 122
일법계 대총상법문체 140
일법신 165
일법신론 166
일성 167,169
일성론 144,146,147,163,164,166
일심 118,119,152,175,188
일심・진여 139,140
일심이문 28,118
일이기 98,100
일자 56
일즉다 30
일체종자식 106,115
일체중생 138
일체중생 실유불성 145,163
임성주 78,90

[ㅈ]

자법 52
자성 52
자성미타 224,229,230
자심정토 229,231
자유심 188,238,250
자증분 109
자체상 129
자체상 훈습 136
장생불사 235
장생주 222,235
재전법신 161,162,167
적멸 149,150

전변 108,109
전사전득 114
전상 124
전식득지 114,116
전의 113,114,116
전일성 116,170,171,210
전일아 171
전일체 237
전체 144
전통교육 193,195
절대무 200
정 204
정감록 175
정명도 42
정법 128
정법훈습 116-118,128-131,134-136
정이 50,59
정이천 155
정좌 198
정좌 수행 197
정혜 199
정혜쌍수 181
제1능변 108
제2능변 108
제3능변 108
제7식 108
제8식 106,108
제법무아 105
제행무상 105
조한보 145,147-149,150,152
조화옹 178
존덕성 198
종종상의 현현 111
좌선 198,238
주객일치 42

주돈이 143,148
주렴계 31,65,66
주문 210-212,214,233,238
주문수행 194,210
주문공부 211,233,234
주일무적 198
주자 25,29,39,42,51,56,59,60,62,64,66,83,90, 157,195,197,206,210,218
주자언론동이고 82
주자학 18,45,216
주재성 210
주희 81,95,133,134,146,155,198,199,204
준적 217,218
중도 105
중생심 119,152
중체 209
중화구설 196
중화신설 196
증자증분 109
지공성 213
지관 198,199,221
지관수행 139,228
지관의 지 199
지관적 전통 194
지말불각 122
지상 124
지정상 126,127
직지인심 221
직지인심 견성성불 176
진공 152
진공묘유 125,245
진신 162
진실무망 216
진심 253
진여 119,122,123,125,128-130,136,141,151,

161
진여연기 119
진여의 용대 136
진여의 훈습 135
진진여여 242,245
집취상 124,125
징관 182

[ㅊ]

차별연 137,138
찰나생멸 111
찰식 24
참선 228,231
채용일원 43
천당지옥설 229
천리 36,149,197
천명 87
천어 213
천인동체 175
천인합일 40
천지 185
천지공경 189
천지마음 235
천지만물 99
천지만물 본래일심 212
천지무궁 178
천지부모 182,184
천지부모관 186
천지합일 244
천체자용 187
청정심 188
청정한 마음 120,121,125,127
청탁수박 59,75
체·상·용 26,153

체·상·용의 삼대 155
체대 120,153
체용 21,218
체용론 19,21,22,27,195
체용일원 90,95
체용일치 186,187,243
총상 20,47,51
최제우 233
출전법신 161,162,167
충 201
치지 208
칠정 64

[ㅌ]

탁사현법 168
태고 보우 225
태극 31,60,84,86,146-148,150,152,153,156,158,174,175
태극논변 143-146,150,155,159
태극도 143
태극론 147,154
태허 148,150
통체태극 145-147,155-159
퇴계 48,62-67,77,78,81

[ㅍ]

평등성지 114,116
평등연 138

[ㅎ]

하늘의 달 65
하학 149,151

하학이상달 149,208
한울 98-100,189,209,210,245
한울님 173,174,181,184,186,233,238
한울본체 187,252
한원진 82,84
해성 114
해심밀경 105,106
해월 100,176,177,181,185,211
해탈심 188,254
행주좌 186
행주좌와 202
향벽설위 211
향아설위 211
허 67
허공의 달 166
허광심 238
허령 93,176,207
허령불매 93,207
허령지각 207
허무적멸 57
허정 93
현상 19
현석 박세채 144
혈각성 250
호락논쟁 81
호법 108,111,112
호상학 196,197
호흡 186
화담 63
화신 139,153,162,165
화엄 19,20,30,51,56-58,65,74,249
화엄 육상 18,47,54
화엄사상 145
화엄적 사유 73
활연관통 41,43,45,134,201,206,208,215

활연관통의 리 200
활연관통지 200,202,206
활활발발 242
회재 이언적 144
효의 도리 201
후찰식 197
훈몽요초 118
훈습 115,129,130

[기타]

21자 212,233
21자 주문 233
8식 107

동학의 심성론과 마음공부

등 록 1994.7.1 제1-1071
1쇄 발행 2012년 11월 25일

지은이 정혜정
펴낸이 박길수
편집인 소경희
편 집 김문선
관 리 위현정
디자인 이주향
펴낸곳 도서출판 모시는사람들
　　　110-775 서울시 종로구 경운동 88번지 수운회관 1207호
전 화 02-735-7173, 02-737-7173 / 팩스 02-730-7173

인 쇄 (주)상지사P&B(031-955-3636)
배 본 문화유통북스(031-937-6100)
홈페이지 http://blog.daum.net/donghak21

값은 뒤표지에 있습니다.
ISBN 978-89-97472-24-6　93150

* 잘못된 책은 바꿔드립니다.
* 이 책의 전부 또는 일부 내용을 재사용하려면 사전에 저작권자와 도서출판
  모시는사람들의 동의를 받아야 합니다.

이 도서의 국립중앙도서관 출판시도서목록(CIP)은 e-CIP 홈페이지
(http://www.nl.go.kr/ecip)에서 이용하실 수 있습니다.
(CIP제어번호:2012004996)